한국학 고전 자료의 해외 번역: 현황과 과제

한국학연구 총서 21

한국학 고전 자료의 해외 번역: 현황과 과제

조동일 외

계명대학교 출판부

발간에 부쳐

계명대학교 한국학연구원은 2007년 5월 17일과 18일에 걸쳐 '한국학 고전 자료의 해외 번역 현황과 과제(Translating Korean Classical Materials Abroad: the current state and the tasks ahead)'를 주제로 제 3회 한국학 국제학술대회를 개최하였습니다. 한국학연구원은 한국학을 세계화하는 노력의 일환으로 국외의 한국학연구자들을 초청해 2001년부터 정기적으로 한국학 국제학술대회를 개최해 왔습니다.

최근 10여 년 간 한국 사회에서 가장 중요한 변화는 세계화의 급속한 진행입니다. 이런 추세는 앞으로도 지속될 것입니다. 국제적 교류가 확산됨에 따라 문학 · 역사 · 철학 등을 중심으로 한 한국학 고전 자료 역시 빠른 속도로 다른 나라에 번역되고 있습니다. 한국학 고전 자료는 역사적 가치와 미래적 가치를 동시에 지닌 인류의 소중한 학문적, 문화적 자산입니다. 한국학 고전 자료가 세계인에게 제대로 공유될 수 있도록 지금 이 시점에서 고전 자료의 해외번역 현황을 점검하는 일은 매우 긴요합니다. 2007년의 한국학 국제학술대회는 이러한 필요에서 개최되었습니다.

학술 대회는 크게 두 부분으로 나뉘어 진행되었습니다. 먼저, 중국어, 일본어, 영어, 불어, 독어, 노어권 등 언어권별 한국학 고전 자료의 번역 현황과 그 전망에 대해 종합적 보고가 이루어졌습니다. 다음으로 시대별, 분야별로 분과를 나누어 한국학 고전 자료의 해외 번역 현황에 대해 보다 깊이 있게 점검하였습니다. 2007년도 한국학 국제학술대회에는 미국, 일본, 중국, 러시아, 독일, 프랑스, 캐나다, 이탈리아 등지에서 권위 있는 17명의 한국학 고전 자료번역자들이 참가하였습니다. 이 분들이 국내의 연구자들과 어울려 유익한 정보를 나누고 고전 자료의 방법론을 검토하고 나아가 한국학연구자로서의 연대와 우정을 돈독히 했습니다.

제 3회 한국학 국제학술대회가 성공적으로 개최될 수 있도록 배려해 주신 계명대학교 이진우 총장님, 경비 일부를 지원해주신 한국문학번역원의 윤지관 원장님, 발표주제 구성에 큰 도움을 주신 인문대학의 조동일 석좌교수님, 해외 한국학연구자들과 연락업무를 담당해 주신 Michael Finch 교수님과 Sem Vermeersch 교수님, 김윤조 교수님께 특별히 감사드립니다.

이 책은 제3회 한국학 국제학술대회에서 발표된 논문들을 한 권으로 묶어 펴낸 것입니다. 다수의 발표자들이 국제학술대회가 끝난 후 발표논문을 수정, 보완해 다시 보내 주셨습니다. 외국어로 보내 온 논문들은 해당분야 전공연구자들에게 맡겨 번역하였습니다. 이 자리를 빌어 발표자와 번역자들에게 감사드립니다. 이 책이 한국학 고전 자료 번역 작업을 보다 확대하고 발전시키는 데 기여하기를 바랍니다.

2008년 5월

계명대학교 한국학연구원

원장 이윤갑

차 례

2부. 한국 역사 자료 번역

3부. 한국 사상 자료 번역

4부. 한국 문학 자료 번역

한국의 고전에서 무엇을 찾을 것인가

조 동 일(계명대학교 석좌교수, 한국)

1. 고전에 대한 새로운 이해

고전이란 무엇인가? '古典'은 '고'와 '전'의 두 가지 특징을 가진 저작이다. '고'는 오래 되었다는 뜻이다. '전'은 모범이 된다는 뜻이다. 오래되고 모범이 되는 두 가지 조건을 함께 갖춘 저작이 고전이다.

모범이 된다는 것은 지속적인 가치를 가진다는 말이다. 시대의 한계를 넘어서서 계속 평가되어야 고전이다. 평가되는 기간이 오랠수록, 평가가 높을수록 상위의 고전이다. 그러나 그 과정은 단순하지 않다. 시대가 바뀌면 평가가 달라질 수 있다. 모르고 있던 것을 찾아내 대단하게 여길 수도 있다.

한국의 고전에는 어떤 것들이 있으며, 무엇을 높이 평가해야 하는가? 이 질문에 대한 대답은 어느 시기의 평가를 들어 말하는가에 따라 달라진다. 19세기까지는 한문 저작이라야 고전일 수 있고, 한문 글쓰기를 동아시아의 보편적인 규범에 맞게 잘 한 작품이 높은 평가를 얻었다. 국문 작품도 평가해야 한다는 주장은 받아들여지지 않았다.

20세기에는 고전을 평가하는 기준을 동아시아의 보편주의에서 한국의 민족주의로 바꾸었다. 한문 저작은 글쓰기 수법이 아닌 내용으로 평가해, 민족의 삶이 훌륭했다고 하는 것들이라야 고전으로 지속될 수 있다고 했다. 국문으로 쓴 글은 모두 민족문화의 발전을 입증하는 의의가 있다고 하면서 언어 표현이 뛰어난 것들을 우선적으로 평가했다.

20세기 말에 모색한 바를 발전시켜 21세기에는 고전 평가에 새로운 기준이 필요하다고 나는 주장한다. 하나는 고전일 수 있는 범위를 확대하는 것이다. 또 하나는 지향하는 가치를 다시 설정하는 것이다. 두 가지 전환을 거쳐 한국 고전 재평가를 적극적으로 시도해야 한다. 20세기까지의 기준에 의해 평가한 고전을 현대화하고 외국어로 번역하는 데서 한국은 이웃 나라들보다 뒤떨어졌다. 그렇기 때문에 방향 전환에서 앞설 수 있다.

고전의 범위를 넓히자. 고전일 수 있는 저작이 종이에다 글을 쓴 책이기만 한 것은 아니다. 종이를 사용하지 않은 금석문, 글을 사용하지 않은 구비전승도 고전일 수 있다. 구비전승을 행위전승과 함께 이해하고 평가하는 것이 마땅하다.

지향하는 가치를 다시 설정하자. 한국의 민족문화가 그 자체로 소중하다고 여기는 데 머무르지 말고, 동아시아 또는 세계 전체의 보편주의 가치관을 이룩하는 데 기여하는 바를 소중하게 여기자. 누구나 소망하는 바람직한 미래를 이룩하는 구체적인 방법을 찾아내는 것을 소중한 과업으로 삼자.

2 기존 목록 재검토

한국 고전 해제본과 출간본을 들면 다음과 같은 것들이 있다.

(가) 동아일보사 편,《한국의 古典百選》(동아일보사, 1969)

(나) 고려대학교 교양학부 편,《한국의 고전》(일신사, 1970)

(다) 독서신문사 편,《한국 고전에의 초대》(독서신문사, 1972)

(라)《한국의 사상 대전집》(동화출판공사, 1972)

(마)《한국명저대전집》(대양서적, 1972~1973)

(바)《한국고전문학전집》(고려대학교 민족문화연구원, 1993)

(사) 성균관대학교 인문과학연구소 편,《교양고전 100선 해제》(성균관대학교출판부, 1995)

다룬 수를 보면, (가) 100편, (나) 14편, (다) 49편, (라) 24권 (마) 35권, (바) 36권, (사) 세계 전체의 100편 가운데 한국 것 24편이다. (라)·(마)·(바)에는 한 권에 몇 편씩 들어간 것도 있다. (바)는 계속 간행된다.

(가)를 기본으로 삼고 다른 것들을 참고하면서 목록을 다시 작성하기로 한다. 100이 적절한 숫자이다. 고전 100선을 다시 만들기로 한다.

세 목록 이상에 올라 있는 것들을 (가)에 수록된 순서대로 들면 다음과 같다.

李滉 〈論四端七情書〉

李珥 〈栗谷全書〉

元曉 〈金剛三昧經論〉 (또는 〈大乘起信論疏〉)

休靜 〈禪家龜鑑〉

崔濟愚 〈東經大全〉

金富軾 〈三國史記〉

一然 〈三國遺事〉

柳成龍 〈懲毖錄〉

趙斗淳 〈大典會通〉

柳馨遠 〈磻溪隧錄〉

丁若鏞 〈牧民心書〉

李重煥 〈擇里志〉

朴趾源 〈熱河日記〉

金時習 〈金鰲新話〉

鄭澈 〈松江歌辭〉

金萬重 〈九雲夢〉

李瀷 〈星湖僿說〉

이 17편은 고전으로 공인되어 있다고 여겨 그대로 받아들인다. 그러면서 몇 가지 수정을 한다. 李滉 〈論四端七情書〉는 저자를 李滉・奇大升으로 하고 두 사람의 편지를 수록해야 한다. 李珥 〈栗谷全書〉는 너무 방대하고 〈論四端七情書〉와 짝이 맞지 않는다. 李珥 〈論說選〉으로 바꾸는 것이 좋다. 元曉의 저작은 〈金剛三昧經論〉과 〈大乘起信論疏〉이 뽑혔는데, 앞의 것으로 한다.

(가)에 올라 있는 그 밖의 저작을 재검토해보자. 〈高麗史〉, 〈朝鮮王朝實錄〉, 〈國朝五禮儀〉, 〈東國輿地勝覽〉, 〈增補文獻備考〉, 〈東文選〉 등은 소중한 고전이지만 분량이 너무 많다. 독서용 단일 저작을 우선적으로 선택하기 위해 제외한다. 朴世堂 〈四書思辨錄〉, 韓元震 〈南塘集〉, 義天 〈新編諸宗

敎藏總錄〉, 金正喜 〈金石過眼錄〉, 李縡 〈四禮便覽〉, 世宗 命撰 〈鄕藥集成方〉 등은 전문적인 연구에서 계속 중요시해야 하지만 오늘날은 이해하고 공감하기 어려워 포함시키지 않는다. 李廷龜 〈月沙集〉, 李植 〈澤堂集〉, 洪奭周 〈淵泉集〉 같은 것들은 표현에서 정통 한문학의 최고봉에 이르렀다고 평가되었으나 문학관이 달라지면서 의의가 줄어들었다.

선택 가능한 많은 후보 가운데 다음과 같은 것들을 골라내 제목을 일부 수정한다. 崔漢綺 저작은 〈氣測體義〉 대신에 〈氣學〉을 든다.

徐敬德 〈論說選〉

鄭齊斗 〈論說選〉

任聖周 〈論說選〉

崔漢綺 〈氣學〉 外

義湘 〈華嚴一乘法界圖〉

知訥 〈修心訣〉

慧超 〈往五天竺國傳〉

李舜臣 〈亂中日記〉

韓致奫 〈海東繹史〉

鄭道傳 〈朝鮮經國典〉 外

洪大容 〈論說選〉

朴一源 〈秋官志〉

朴齊家 〈北學議〉

世宗 〈訓民正音〉

柳僖 〈諺文誌〉

正祖 命撰 〈武藝圖譜通誌〉

許俊 〈東醫寶鑑〉

李濟馬 〈東醫壽世保元〉

洪萬選 〈山林經濟〉

成周悳 〈書雲觀志〉

徐有矩 〈林園十六志〉

崔致遠 〈作品選〉

李齊賢 〈作品選〉

申緯 〈作品選〉

鄭麟趾 外 〈龍飛御天歌〉

尹善道 時調

許筠 〈洪吉童傳〉 外

〈春香傳〉

〈興夫傳〉

金天澤 〈青丘永言〉

惠慶宮 洪氏 〈閑中錄〉

成俔 〈樂學軌範〉

이상 32편을 추가하면 모두 49편이다.

(나)에서 추가할 것은 다음 한 편이다.

柳得恭 〈京都雜誌〉

이 한 편을 보태면 모두 50편이다.

(다)에서 추가할 것은 다음 두 편이다.

李奎報 〈作品選〉

洪錫模 〈東國歲時記〉

李奎報가 (가)·(나)에 빠져 있는 것은 이해할 수 없다. 이 둘을 보태면 모두 52편이다.

(마)에서 추가할 것은 다음 세 편이다.

申叔舟 〈海東諸國記〉

姜沆 〈看羊錄〉

李穡 〈作品集〉

이 셋을 보태면 모두 55편이다.

(바)에서 추가해야 할 것은 다음 네 편이다.

冲止 〈作品集〉

〈彰善感義錄〉

〈趙雄傳〉

〈沈淸傳〉

이 넷을 보태면 모두 59편이다.

(사)에서 추가할 것은 다음 세 편이다.

朴殷植 〈韓國痛史〉

申采浩 〈朝鮮上古史〉

金九 〈白凡逸志〉

근대의 저작도 고전일 수 있어 추가하는 것이 마땅하다. 이 셋을 보태면 모두 62편이다.

38편은 다시 선정해 모두 100편이 되게 한다.

3. 추가할 것들

〈廣開土大王陵碑〉

眞興王 巡狩碑 〈黃草嶺碑〉 外

〈聖德大王神鐘銘〉

이런 금석문도 고전에 포함해야 한다. 모두 당대 최고의 명문이며, 사실을 말해주는 데 그치지 않고 사상을 나타내는 데 커다란 의의가 있다. 현실의 어려움을 넘어서서 커다란 조화를 이룩하고자 하는 보편적인 이상을 말한 것을 재평가해야 한다.

金克己 〈作品集〉

權韠 〈作品集〉

李鈺 〈作品集〉

金鑢 〈作品集〉

이들 작가의 한문학 작품이 높이 평가되고 있다. 민중의 삶에 대해 깊은 관심을 가지고 생동하는 표현을 한 것이 공통된 특징이다. 李鈺과 金鑢는 한문학을 혁신해 현실인식을 나타냈다.

柳麟錫 〈宇宙問答〉

柳寅植 〈大東史〉, 〈大東詩史〉

일제 침략에 맞서서 민족을 수호하고 문명을 재인식한 저작이다. 앞의 것은 사상, 뒤의 것은 역사에서 각성의 근거를 찾았다.

羅萬甲 〈丙子錄〉

劉在建 〈里鄕見聞錄〉

金河洛 〈陣中日記〉

역사의 증언, 사실의 기록 가운데 이런 것들을 높이 평가해야 한다. 나만갑은 병자호란의 경과를 증언했다. 유재건은 지체 낮은 사람들의 삶을 정리했다. 김하락은 항일의병의 투쟁을 기록했다.

崔溥 〈錦南漂海錄〉

洪大容 〈乙丙燕行錄〉

金仁謙 〈日東壯遊歌〉

대외관계를 여러 측면에서 고찰한 저작이다. 홍대용은 국문을 사용해 중국 기행문을 썼다. 홍대용의 저작은 성격이 아주 달라 둘 들어간다. 김인겸은 일본을 다녀온 경험을 국문 가사를 지어 나타냈다.

金淨 〈濟州風土錄〉

朴淙 〈白頭山游錄〉 외

柳義養 〈남해문견록〉, 〈북관노정록〉

국내 기행문 가운데 이런 것들이 특히 중요하다. 유의양은 국문을 사용했다.

均如 〈普賢十願歌〉

〈月印千江之曲〉

〈樂章歌詞〉

李運永 부자의 가사 〈순창가〉 외

具康 가사 〈북새곡〉 외

漢山居士 〈漢陽歌〉

李世輔 시조집 〈風雅〉 외

金中建 〈笑來集〉

국문시가 작품 추가해야 할 것들이다. 이운영, 구강, 이세보의 작품은 새로 발견되었다. 김중건은 시대 비판과 항일의 주제를 담은 새로운 작품을 창작했다.

〈青邱野談〉

〈玉樓夢〉

〈泉水石〉

〈報恩奇遇錄〉

〈玩月會盟宴〉

국문산문 가운데 추가해야 할 것들이다. 〈완월회맹연〉은 180책이나 되는 장편이다.

南平曺氏 〈丙子日記〉

韓山李氏〈고행록〉

廣州李氏〈閨恨錄〉

여성이 국문으로 쓴 실기이다. 처음 것은 병자호란 때 고난을 겪은 내력을 다루었다. 뒤의 둘은 일생 회고이다.

蔡無易(1537~1594) 아내 順天金氏 무덤에서 나온 편지

郭澍(1569~1617) 아내 晉州河氏 무덤에서 나온 편지

여성이 쓴 편지가 무덤에서 나왔다. 어문생활의 실상을 보여주는 소중한 자료이다.

제주도 당본풀이〈송당본향당본풀이〉외

탈춤〈봉산탈춤〉외

구비전승에도 고전이 있다. 대표적인 것 둘 든다.

4. 古典百選, 다시 선정한 목록

지금까지의 논의에서 얻은 목록을 성격에 따라 분류한다. (가) 한문본 고전, (나) 국문본 고전, (다) 구전 고전으로 나눈다. 한문본과 국문본이 다 있는 것은 국문본에 넣는다. (가)는 (가1) 금석문, 역사서, 실기, (가2) 철학, 사상, (가3) 실용서, (가4) 문학으로 나눈다. (나)는 (나1) 실기, 편지, (나2) 시가문학, (나3) 서사문학으로 나눈다. 동일 학문 안에 들어가는 저작은 시대순으로 배열한다. 다양한 저작을 남긴 사람은 여럿을 살펴야 하므로 대표

작을 들고 "外"라는 말을 붙인다.

(가) 한문본

(가1) 금석문, 역사서, 기행, 실기

〈廣開土大王陵碑〉

眞興王 巡狩碑 〈黃草嶺碑〉 外

〈聖德大王神鐘銘〉

慧超 〈往五天竺國傳〉

金富軾 〈三國史記〉

一然 〈三國遺事〉

申叔舟 〈海東諸國記〉

崔溥 〈錦南漂海錄〉

金淨 〈濟州風土錄〉

李舜臣 〈亂中日記〉

柳成龍 〈懲毖錄〉

姜沆 〈看羊錄〉

羅萬甲 〈丙子錄〉

韓致奫 〈海東繹史〉

柳得恭 〈京都雜誌〉

洪錫模 〈東國歲時記〉

朴琮 〈白頭山游錄〉 外

劉在建 〈里鄉見聞錄〉

金河洛〈陣中日記〉

朴殷植〈韓國痛史〉

(가2) 철학, 사상

元曉〈金剛三昧經論〉

義湘〈華嚴一乘法界圖〉

知訥〈修心訣〉

鄭道傳〈朝鮮經國典〉外

徐敬德〈論說選〉

李滉・奇大升〈論四端七情書〉

李珥〈論說選〉

休靜〈禪家龜鑑〉

鄭齊斗〈論說選〉

柳馨遠〈磻溪隧錄〉

李瀷〈星湖僿說〉

任聖周 〈論說選〉

洪大容〈論說選〉

朴齊家〈北學議〉

丁若鏞〈牧民心書〉外

崔漢綺〈氣學〉外

崔濟愚〈東經大全〉

柳麟錫〈宇宙問答〉

(가3) 실용서

世宗 〈訓民正音〉

成俔 〈樂學軌範〉

許俊 〈東醫寶鑑〉

洪萬選 〈山林經濟〉

李重煥 〈擇里志〉

正祖 命撰 〈武藝圖譜通誌〉

成周悳 〈書雲觀志〉

朴一源 〈秋官志〉

柳僖 〈諺文誌〉

徐有矩 〈林園十六志〉

趙斗淳 〈大典會通〉

李濟馬 〈東醫壽世保元〉

(가4) 문학

崔致遠 〈作品選〉

李奎報 〈作品選〉

金克己 〈作品集〉

冲止 〈作品集〉

李穡 〈作品集〉

李齊賢 〈作品選〉

金時習 〈金鰲新話〉 外

權韠 〈作品集〉

朴趾源 〈熱河日記〉

李鈺 〈作品集〉

金鑢 〈作品集〉

申緯 〈作品選〉

(나) 국문본

(나1) 편지, 실기, 역사

蔡無易 아내 順天金氏 무덤에서 나온 편지

郭澍 아내 晋州河氏 무덤에서 나온 편지

南平曺氏 〈丙子日記〉

韓山李氏 〈苦行錄〉

惠慶宮 洪氏 〈閑中錄〉

柳義養 〈남해문견록〉, 〈북관노정록〉

洪大容 〈乙丙燕行錄〉

廣州李氏 〈閨恨錄〉

柳寅植 〈大東史〉, 〈大東詩史〉

申采浩 〈朝鮮上古史〉

金九 〈白凡逸志〉

(나2) 시가문학

均如 〈普賢十願歌〉

鄭麟趾 外 〈龍飛御天歌〉

世宗 〈月印千江之曲〉

〈樂章歌詞〉

鄭澈 〈松江歌辭〉

尹善道 時調

金天澤 〈青丘永言〉

金仁謙 〈日東壯遊歌〉

李運永 부자의 가사 〈순창가〉 외

具康 가사 〈북새곡〉 외

漢山居士 〈漢陽歌〉

李世輔 시조집 〈風雅〉

金中建 〈笑來集〉

(나3) 서사문학

許筠 〈洪吉童傳〉 外

金萬重 〈九雲夢〉

〈彰善感義錄〉

〈趙雄傳〉

〈沈淸傳〉

〈春香傳〉

〈興夫傳〉

〈青邱野談〉

南永魯 〈玉樓夢〉

〈泉水石〉

〈報恩奇遇錄〉

〈玩月會盟宴〉

(다) 구전

제주도 당본풀이 〈송당본향당본풀이〉 외

탈춤 〈봉산탈춤〉 외

5. 논의의 심화

위의 목록에 있는 100편의 고전 가운데 10편을 택해 서두에서 말한 새로운 가치를 어떻게 발견하고 평가하는지 논의하기로 한다. 균형을 고려한 선택이지만, 새로 발견된 것들이 많이 들어간다.

〈聖德大王神鐘銘〉

一然 〈三國遺事〉

朴淙 〈白頭山游錄〉 外

崔漢綺 〈氣學〉 外

郭澍 아내 晉州河氏 무덤에서 나온 편지

具康 가사 〈북새곡〉 외

李世輔 시조집 〈風雅〉

金中建 〈笑來集〉

〈報恩奇遇錄〉

제주도 당본풀이 〈송당본향당본풀이〉 외

〈聖德大王神鐘銘〉: 현재 국립경주박물관에 있는 聖德大王神鐘(771)은 널리 알려지고 높이 평가되고 있다. 기술과 미술 양면에서 뛰어난 가치를 가진다고 거듭 밝히는 연구가 이루어졌다. 종에 새겨놓은 명문이 또 하나의 소중한 문화재이고 최고의 문학작품이라는 사실은 무시되어 재인식이 요망된다. 신라가 삼국통일을 이룩한 자부심을 드높여 바람직한 질서를 구현하고자 하는 이상을 나타낸 말이 오늘날의 상황에서 새삼스러운 의의를 가진다.

산문으로 쓴 序에서는 눈으로 볼 수 있고 귀로 들을 수 있는 것들의 한계를 넘어서서 있는 궁극의 진리를 깨닫게 하려고 종소리를 듣게 한다고 했다. 보이고 들리는 세계에서는 설사 대립과 갈등이 심각하다고 해도 궁극의 질서는 온전하다고 했다. 네 자씩 짝을 맞추어 율문을 만든 銘에서는 자랑스럽기 이를 데 없는 나라가 "合爲一鄕" 해서 더욱 빛난다고 했다. 신라가 백제와 고구려를 아우른 것이 정복이 아니고 통일임을 분명하게 하고, 통일된 조국의 미래를 위해 필요한 각오와 다짐을 말했다. 나라 구석까지 성스러운 교화를 펴 모든 것이 새롭게 뻗어나가게 하고, 다시는 흔들리지 않을 질서를 기반으로 만대의 번영을 누리자고 했다.

글을 지었다고 밝혀 놓은 金弼奧은 육두품이다. 최대의 포부를 갖추어 국가 이념을 다시 선포하는 문장을 최고관직의 진골이 아닌 하위직의 전문가가 맡아 짓도록 했다. 그런데도 이름을 새겨놓아 시대가 달라진 것을 보여준다. 종의 내력에 관한 전설도 있다. 종을 만드니 시주하라고 다니는 승려에게, 혼자 사는 가난한 여인이 아무 것도 없으니 자기 딸 봉덕이나 줄까 하고 농담했다. 종을 몇 번 만들어도 울리지 않아 그 탓이라고 했다. 딸을 데려가 쇳물 가마에 넣고 다시 만들었더니 소리가 났다고 한다. 국가에서 만든 종, 육두품 문인이 쓴 문장, 민중이 지어낸 전설이 각기 그것대로 소중한 의의를 지니고 상극이면서 상생하는 관계를 가졌다.

한문은 산스크리트, 아랍어, 라틴어 등과 함께 중세문명의 공동문어였다. 공동문어를 이용해 자국의 위업을 자랑하는 금석문은 어느 문명권에나 있었다. 산스크리트 문명권의 크메르와 함께 한문문명권의 한국이 최상의 본보기를 보여주었다. 국가의 위업을 자랑하는 금석문을 중국보다 먼저 한국에서 더욱 풍부하고 다채롭게 이룩했다. 〈廣開土大王陵碑〉, 眞興王 巡狩碑, 〈성덕대왕신종명〉, 이 세 대표작에서 사실 위주의 비문에서 상징을 중요시하는 비문으로 이행한 과정을 확인할 수 있다. 사실은 그 자체로 소중할 따름이고, 상징은 시대를 넘어선다.

一然 〈三國遺事〉: 일연(1206~1289)의 〈삼국유사〉에 관해서는 이미 많은 논의가 있었으나 새로운 이해가 필요하다. 〈삼국유사〉의 기본특징은 정통사서인 〈三國史記〉에 맞선 代案史書라고 규정하는 것이 마땅하다. 유교사관을 불교사관으로 바꾸어놓았다고 하고 말 것은 아니다. 역사 이해의 기본 개념을 道義에서 神異로 바꾸어 민족의식과 민중사상을 존중하는 새로운 보편주의를 추구했다고 평가해야 마땅하다. 도의는 행동을 제약하고 변화를 거부한다. 신이는 생각을 열어주고 비약을 마련했다.

동아시아 다른 나라에서도 대안사서라고 할 것들을 이룩했으나, 《삼국유사》 처럼 수준 높은 원리를 갖추지는 못했다. 神奇한 사건에 관심을 가진 것들은 역사서로 평가하기 어렵다. 불교사서는 불교의 연원과 직접 연결되어 자국의 국왕이 神聖하다고 하는 것이 상례인데,《삼국유사》는 견해가 다르다. 기독교의 자국사도 비교 대상으로 삼은 결과, 보편주의와 민족주의를 함께 갖추는 작업은 문명권 중간부에서 할 수 있었음을 확인했다. 그런 과업을《삼국유사》에서 수행한 방법과 그 특성이 관심의 초점이 된다.

보편종교 이전의 민족사와 그 이후의 문명사를 연결시켜 이해하는 것이 비교 대상으로 삼은 여러 역사서의 공통된 과업이고 고민이었다. 민족사의 독자적인 위업과 문명사의 보편적 가치를 어느 한쪽으로 치우치는 관점에서 합치려고 하거나 병존시키는 것이 예사인데,《삼국유사》는 한 걸음 더 나아갔다. 민족문화의 자랑인 신이가 보편종교에서 추구하는 이상과 둘이면서 하나이고 하나이면서 둘이라고 하는 논리를 마련했다.

국가의 내력을 다룬 역사서는 모두 통치자의 행적을 칭송했다. 보편종교 신앙이 더욱 빛나는 위업을 이룩하게 해주었다는 것이 흔한 주장이다. 오직《삼국유사》만은 통치자가 아닌 사람들도 다수 등장시키고, 정치의 범위에서 벗어나 삶의 의미를 다양하게 살폈다. 이른 시기의 위대한 군주뿐만 아니라 무명의 승려나 하층 민중도 신이를 발현할 수 있어 새로운 가능성을 가진다고 했다. 누구나 자기에게 잠재되어 있는 신이를 알아차리고 각성의 주체가 될 수 있다고 하는 보편적인 원리를 제시했다.

朴琮 〈白頭山游錄〉 外: 기행문은 국토 인식의 확대와 정신사의 변모를 함께 말해준다. 한국인은 산을 숭앙하고, 명산을 찾아 정신의 고향으로 삼아왔다. 고려 후기에는 금강산에, 조선 전기 영남의 사림파는 지리산에 특별한 애착을 가졌다. 그러나 백두산은 멀고 험한 산이어서 가기 어려웠다. 멀리서 바라보면서 글을 짓는 것이 예사였다.

申光河의 〈白頭錄〉처럼 산에 올라 지은 기행시도 있었다. 백두산에 올라

갔다 와서 지은 기행문은 시만큼 많지 않다. 1712년(숙종 38)에 청나라와의 경계비를 세우는 일에 참가한 朴權은 〈北征日記〉에서 백두산 일대를 둘러본 소견을 적었다. 백두산에 오른 유람 기행문은 徐命膺의 〈遊白頭山記〉에서 비롯했다.

박종(1735~1793)의 〈白頭山游錄〉은 백두산 기행문 가운데 특히 풍부한 내용을 갖추었다. 1764년(영조 40)에 백두산에 열두 번이나 올랐다는 사람의 안내를 받고, 험준한 길을 개척하는 벅찬 모험을 되풀이한 끝에 마침내 정상에 올라 天池를 굽어보는 기백을 자랑했다. 백두산 일대에서 사는 주민의 생활상을 파악한 것이 또한 특기할 사실이다.

지체 높은 유람객이 찾아오면 시달리기만 하는 탓에 산중 백성들은 삶을 개척하는 비경을 공개하지 않으려고 했는데, 작자는 쉽게 물러나지 않는 성미여서 깊숙이 들어갔다. 산 밑 곳곳에서 농사짓고 사냥하며 장사도 하는 백성들이 관가의 수탈에 찌들지 않고 꿋꿋한 자세로 오지를 개척하는 모습을 보았다. 원시림을 헤치고 길을 내며 장사꾼들은 강 건너 오랑캐 땅으로까지 왕래하는 것을 알았다.

박종은 3년 뒤에 칠보산을 찾아 〈七寶山遊錄〉을 지었다. 그 다음 해에는 경주를 찾아간 내력을 〈東京遊錄〉에다 기록했다. 함경도에서 동해안을 거쳐 경주까지 39일 동안 걸어가면서 곳곳의 명승지를 소개했다. 경주에 이르러서 고적에 따라 항목을 나누어 관찰하고 고증한 바를 서술하면서, 국토를 사랑하는 마음에다 역사의 자취를 찾는 깊은 회고의 정을 보탰다. 귀로에는 조령을 넘으면서 임진왜란 때의 패전을 탄식하고, 충주 忠烈祠에 이르러 林慶業을 간절하게 사모하는 뜻을 나타냈다. 그 뒤에 다시 74일 동안 영남지방 각 고을을 순방하고 〈淸凉山遊錄〉을 짓기도 했다.

박종은 함경도 선비였다. 변방에 밀려나 있어 진출이 막힌 울울한 소회를 여행으로 풀고자 했다. 국토 곳곳을 찾아다니면서 기행문을 거듭 짓는 데 한문을 익힌 실력을 썼다. 기행문 작가라고 할 수 있는 사람이 출현해 18세기 한국의 모습을 소상하게 보여주면서 많은 것을 이야기했다.

崔漢綺 〈氣學〉 外: 최한기(1803~1877)는 젊어서 쓴 〈氣測體義〉에서 전개한 논의를 만년에 〈氣學〉에서 재론하면서 학문하는 방법을 다양하게 고찰을 했다. 〈氣學〉은 나중에 발견되어 최한기에 관한 초기의 연구에 등장하지 못했으므로 보완이 요망된다. 글을 어떻게 읽고 쓸 것인가 하는 교육과 학문의 근본 문제를 해결하는 지침을 발견할 수 있어 크게 도움이 된다. 철학은 난해하다는 선입견을 떨치고 필요한 논의를 쉽게 펼 수 있게 해서 더욱 반갑다.

최한기는 말했다. 옛 사람의 책을 읽는 것은 지금 살아가고 학문을 하는 데 도움을 얻고자 하기 때문이다. 빠지면서 읽으면서 그대로 받아들이지 말고 따지면서 읽으면서 타당성을 검증해야 한다. 독서보다 체험이 진실을 판정하는 더욱 확실한 근거이다. 체험에서 얻은 진실을 가다듬고 되돌아보며, 시비하고 일반화하기 위해 독서라는 수단이 필요하다.

옛 사람이 말한 바가 자기 체험과 합치되면 그 내용을 자기 것으로 한다. 소유주가 따로 없는 보편적 진실을 체험의 내용과 의미를 확고하게 인식하면서, 보충하고 비판하는 데 쓴다. 체험한 바와 어긋나 납득할 수 없으면 버려야 한다고 했다. 이것이 따지면서 읽기이다. 따지면서 읽기는 쓰면서 읽기로 이어진다.

기존의 저술을 토론의 대상으로 삼고 쓰면서 읽기를 하면서 새로운 저술을 하는 것이 더욱 적극적인 방법이다. 독서를 하면서 마음속으로 토론을 진행해 대안을 찾고, 독서를 마치고서 또는 중단하고서 자기 글을 실제로 쓰는 것이 마땅하다. 미흡하면 보충하고, 잘못되었으면 바로잡는 데 그치지 않고 새 시대 학문의 이론을 다시 만드는 데까지 나아가자는 것이 더 큰 목표이다.

세 경우에 독서하는 시간이 다르다. 빠지면서 읽기를 책이 요구하는 시간에 맞추어 진행해야 한다. 단숨에 다 읽었다는 것이 최상의 독서이다. 따지면서 읽기를 할 때에는 완급을 독서하는 사람이 조절한다. 그냥 따라가지 말고, 따질 것이 있으면 독서 속도를 늦춘다. 책을 덮어두고 길게 시비할 수도 있다. 쓰면서 읽기는 어떻게 하는가? 마음속으로 쓰던 것을 실제로 쓰기 위해 시간을 많이 가질 수 있다. 쓸 것이 벅찰 정도로 다가오면 읽기를 그만두어도 된다.

독서는 고금의 관계에서 이루어진다. 고금의 관계에 흔히 세 가지 잘못이 있다. 옛 사람이 말한 이치가 불변이라고 여겨 섬기는 것이 상등 잘못이다. 옛날은 어쨌는지 돌아다보지 않고 지금의 상황에 이끌려 임기응변을 둘러대는 것이 중등 잘못이다. 불변도 변화도 생각하지 않고 글만 잘 쓰려고 하는 것이 하등 잘못이다. 잘못의 등급이 높을수록 피해가 더 크다.

이런 잘못은 모두 불변과 변화, 이치와 글쓰기의 관계를 잘못 알아서 생긴다. 근본이 되는 이치는 불변일 수 없고 현실에 입각한 변화에서 새로운 가치를 발휘한다. 근본이 되는 이치가 변화에서 가치를 발휘하는 모습을 생동하게 보여주는 것이 마땅한 글쓰기이다.

글읽기는 모두 같지 않고 각기 다르다고 한 것이 논의의 핵심이다. 빠지면서 읽기, 따지면서 읽기, 쓰면서 읽기가 있다고 했다. 뒤에 든 것일수록 더 나은 방법이라고 했다. 글읽기는 글쓰기를 도달점으로 해야 한다고 했다. 최한기 덕분에 글읽기와 글쓰기에 관한 오랜 의문을 바람직하게 해결할 수 있다.

郭澍 아내 晉州河氏 무덤에서 나온 편지: 근래 옛 무덤을 이장할 때 안에 넣어둔 국문 편지가 거듭 발견된 것이 특기할 일이다. 무덤의 주인은 여성이다. 자기 자신이나 주위 사람들이 평소에 주고받은 편지를 간직하거나 베껴 애독하다가 무덤에 넣으라고 하는 풍속이 있었다. 무덤이 특수한 조건을 갖추어 묻은 것들이 썩지 않고, 이장하려고 여는 두 가지 조건이 갖추어지면 시신이나 의복 등과 함께 편지가 나온다.

무덤에서 나온 국문 편지는 여성이 국문을 사랑한 생생한 증거이고, 어떻게 살고 무엇을 생각했는지 소상하게 말해주는 작품이다. 그런 것들 가운데 특히 주목할 만한 것이 경상북도 고령군 현풍에서 나왔다. 곽주(1569~1617)의 아내 진주하씨의 무덤을 이장할 때 발견된 편지는 149통이나 된다. 수신자와 발신자가 다양한 가족 관계를 가지면서 서로 다는 사연을 전했다. 백두현, 《현풍곽씨 언간 주해》(태학사, 2003)에서 자료를 모두 수록하고 주해해서 이용하기 쉽다.

1602년(선조 35)에 곽주가 장모에게 써 보낸 편지에서 시작해서, 1646년(인조 24)에 넷째 아들 형창이 어머니 하씨에게 보낸 편지에 이르기까지 40여 년 동안 그 집안에서 오고간 편지를 고스란히 간직하고 있다가 무덤에 넣었다. 발신자와 수신자의 관계가 다양하고, 편지 종류가 문안지, 平信, 사돈지, 慰狀, 賀狀 등으로 다양하게 갖추어져 언간 연구의 좋은 자료가 된다.

곽주가 1612년(광해군 4)에 장모에게 보낸 문안지를 하나 보자. 심부름 시킬 종이 없어 편지 보내지 못한 사연을 말하고, 자식들이 갔으니 언문을 가르쳐달라고 하기도 하고, 자기도 모심기하고 타작하면 가서 뵙겠다고 했다. 장모와 사위가 아주 가깝게 지낸 것을 확인할 수 있으며, 편지하고, 아이들에게 글 가르치고, 농사짓고 하는 생활방식이 드러난다.

具康 가사 〈북새곡〉 외: 가사는 새로운 작가와 작품이 계속 발견된다. 具康(1757~1832)의 가사가 나타난 것은 놀라운 사건이다. 생애를 보면 평범한 사람이다. 일찍 문과에 급제하고 여러 곳의 지방관장 및 암행어사를 역임하고 공조참의·대사간에까지 승진했으며, 특별한 시련이 있었던 것은 아니다. 그런데 남긴 가사 14편이 참신한 발상과 다채로운 표현을 갖추고 있어, 작가의 삶에는 표면과 이면이 따로 있다는 것을 실감하게 한다.

18세 때의 첫 작품 〈황계별곡〉에서 시작해 75세에 〈기수가〉를 지을 때까지 평생토록 가사 창작에 힘썼다. 작품 창작 시기가 모두 밝혀져 있어 삶의 중요한 고비마다 경험하고 생각한 바를 가사로 나타냈음을 알 수 있게 한다. 자기 심경을 술회하는 데 머무르지 않고 당대 사회의 갈등을 심각하게 인식하는 데까지 나아갔고 주제에 따라 서로 다른 표현을 썼다. 36세 때에 지은 〈제석탄〉을 보면, 시간을 "자네"라고 지칭해 의인화하고서 세상일이 뜻대로 되지 않는데 시간만 흐른다는 한탄을 아주 묘미 있게 나타냈다.

57세 때의 〈북새곡〉은 함경도 암행어사가 되어 겪은 바를 다룬 장편가사이다. 자기 행색을 나타내지 못하고 일반 백성의 차림을 한 채 누구나 겪는 고생을 하면서 추위를 견디고 험준한 산을 넘어야 했다. 낯선 고장의 기이한 풍속에 관심을 가지는 데 그치지 않고 백성들이 실제로 어떻게 살아가고 무슨 이유로 어려움을 겪는지 살피면서 문제를 해결해야 하는 책임을 통감해야 했다. 어사 노릇을 못하겠다고 한탄했다. 고생도 견디기 어렵지만 출도를 해서 어느 관원을 처벌하면 자기 자손에게 화가 미칠 수 있다고 염려하면서 주저앉고 말았다. 평생토록 가사 창작에 힘쓴 시인이 어사 노릇을 제대로 못한 것은 그리 애석한 일이 아니다. 어려운 현실을 소상하게 그린 풍속도를 남긴 공적을 평가해야 마땅하다.

64세 때 淮陽 부사로 부임해 관내의 금강산을 돌아본 풍류를 자랑하고 경치를 칭송한 가사 〈금강곡〉·〈총석사〉·〈교주별곡〉을 거듭 지었다. 그 가운데 〈교주별곡〉에서는 그 고장 백성들이 어렵게 살아가는 모습을 그리고, 자기 책임이 막중하다고 했다. 금강산 때문에 다른 데는 없는 폐단이 생겨, 지체 높은 유람객을 모시느라고 교군들은 어깨를 쉴 사이가 없고 걸핏하면 매질을 당한다고 했다.

같은 해에 지은 다른 작품 〈진희곡〉에서는, 지난날을 회고하고 여생을 생각하는 쓸쓸한 심정을 아내와 함께 나누며 말을 주고받았다. 남존여비·부부유별을 표방한 조선시대 사대부의 문학에서 찾아보기 어려운 이면의 진실을 허식 없이 전해 충격을 준다. 마지막 작품 〈기수가〉는 자기를 찾아온 농사꾼과의 대화로 전개했다. 과거에 급제해 벼슬살이를 한 생애를 농사지으며 산 것과 견주어보면 높고 낮은 구분이 있을 수 없다고 했다. 농사일을 아주 생동하게 그려 실감을 돋우며 전원 동경의 관념과는 상당한 거리를 두었다.

李世輔 시조집 〈風雅〉 외: 李世輔(1832~1895)는 왕족이고 철종과 6촌 사이였으나, 영화를 누릴 처지는 전혀 아니었다. 안동김씨 세도정권의 미움을 사서 수난을 겪었다. 고종이 즉위하는 1863년까지 3년 동안은 귀양살이를 하다가, 벼슬길에 올라 공조·형조판서를 역임했다. 근래에 개인 시조집 〈風雅〉 및 그 초고와 이본이 발견되어, 남긴 작품이 무려 459수임이 판명되었다. 자료 발견자 진동혁이 《주석 이세보 시조집》(정음사, 1985)을 냈다.

이세보의 시조는 작품 수에서 누구도 따를 수 없는 우뚝한 위치를 차지할 뿐만 아니라, 경향이 다양해서 더욱 주목된다. 말을 다듬지 않고 쉽게 써서 다작할 수 있었다. 형식을 제대로 갖춘 경우에는 으레 맨 마지막 토막은 생략하는 것을 보면 시조창을 전제로 해서 창작을 했다. 젊은 시절에 시조창을 하는 사람들과 어울려 놀면서 익힌 수법을 다채롭게 활용했다 하겠다.

애정시조는 기녀들과 가까이 하면서 서로 주고받던 사연이라고 할 수 있다. 청나라에 다녀오고 국내 여행도 해서 소재를 얻은 기행시조는 새로운 영역을 개척했다고 평가할 만하다. 그 정도에 머물렀더라면 풍류남아 소리나 듣는 범속한 작가로 기록되었을 것이다. 그런데 귀양살이를 해야 하는 수난이 닥쳐왔다. 남해 고도에서의 귀양살이를 하는 쓰라림을 〈薪島日錄〉을 국문으로 써서 전하면서 시조를 삽입했다.

사회의 최상층에서 밑바닥으로 밀려나 시달리며 번민을 하다가 세상을 새롭게 인식하는 시조를 짓게 되었다. 세도정권이 나라의 기강을 마구 무너뜨려 지방 수령은 수탈만 일삼고 백성은 목숨을 부지하기 어렵게 된 사정을 자기 일인 양 여기는 전환을 겪고, 전에 볼 수 없던 작품세계를 이룩했다. 하층민의 삶을 다루는 작품세계를 시조에서 처음으로 이룩했다.

"우리 생애 들어보소. 산에 올라 산전 파고, / 들에 내려 수답 갈아 풍한서습 지은 농사/ 지금의 동중리중 무슨 일고." 이런 작품에서는 농민의 어려움을 하소연했다. 산에 올라 山田을 파고, 들에 내려와 水畓을 갈아 바람 · 추위 · 더위 · 습기를 다 견디어내며 농사를 지었다는 데서는 씩씩한 기상이 나타나 있다. 風寒暑濕이라는 한자어가 그런 효과를 내기 위해서 적절하게 사용되었다. 그런데 농사를 다 지어놓고 나니 洞徵이니 里徵이니 하면서 마을 단위로 모조리 거두어가겠다고 하니 그럴 수 있겠느냐고 한 항변이다.

金中建 〈笑來集〉: 김중건(1899~1933)은 일제의 침략에 항거한 애국투사이다. 자기 나름대로 독자 노선을 개척하고 남다른 노래를 지었다. 고향 함경도 영흥에서 구국의 방책을 찾으려고 애쓰다가 상경해서 천도교에 투신했으나 만족하지 못하고, 그 원리를 독자적으로 활용해 스스로 새로운 도리를 깨달았다고 했다. 1910년에 저술한 〈天機大經〉에 입각한 새로운 종교 元宗을 1912년에 창선하고 1913년에 선포했다.

경전을 보고 공감해 모여드는 사람이 많지 않아 원종은 종교로 정착하는 데 실패했다. 일제통치하에서 항일운동의 종교를 키우는 것은 가능하지 않았다. 만주로 옮겨가서 경전 대신에 노래를 짓는 또 한 가지 방법에 더욱 열을 올렸다. 1908년부터 만년까지 지은 수천 편의 노래 가운데 87편 800여수가 남아 〈소래집〉이라는 저작에 수록되어 있다. 그 형식은 고전시가의 복합판이다. 가사 형식으로 지으면서 민요처럼 여음을 달고 번호를 붙여 연을 나누어놓았다. 한 연을 한 수로 보면 800여 수에 이른다.

노래에 나타난 사상을 보면, 억압과 살육의 시대를 만나 잃어버린 낙원을 되찾자고 하면서, 자연 · 농업 · 여성을 존중해 모든 갈등에서 벗어나자는 극단적인 평화주의를 주장했다. 그런 이상을 실현하려면 적극적인 투쟁을 해야 한다고 했다. 일제의 침략을 격퇴하는 데 그치지 않고 인류를 억압하는 모든 세력을 파괴해야 한다고 역설했다. 〈농부불평가〉에서는 "시대 형편은 가까운 장래에 우리 세상이 될 것이라"고 하면서, 고통을 견디지 못해 해방을 쟁취하는 농민의 투쟁이 반드시 성공할 것이라고 하는 낙관론을 폈다. 투쟁의 기치를 높이 든 노래로 〈長劍歌〉를 들 수 있다. 일제의 수탈에서 벗어나고자 하는 해방투쟁이 전 세계 피압박민족의 염원과 일치한다고 노래했다.

만주에서 항일투쟁을 하다가 1927년에는 일제에게 잡힌 포로가 되어 고국으로 끌려와 옥살이를 하고 가까스로 풀려났다. 그 때의 감회를 노래한 〈百八節〉은 현실인식이 잘 드러나 있는 문제작이다. 모두 108장이나 되는 장편으로 식민지 통치를 받으면서 타락하고 변질된 서울의 모습을 절실하게 그려 동시대 어느 현대시도 따를 수 없는 박진감을 갖추었다.

〈報恩奇遇錄〉: 작자와 창작 연대 미상인 고전소설에 〈報恩奇遇錄〉이라는 것이 있다. 18책 분량에서 아버지와 아들 사이의 긴박한 대결을 전개했다. 아버지가 보수적이고 아들이 진보적이지 않고, 그 반대인 점부터 예사롭지 않다. 아버지는 벗어부치고 일하며 장사에 힘쓰고 고리대금도 해서 돈을 모았다. 하늘의 도리니 인륜의 명분이니 하는 것들은 우습게 여기고 오직 금전의 이익만 존중했다. 놀부와 상통하는 성격이 더욱 강하게 나타나 있으며 돈벌이의 과정이 구체화되었다. 그런데 흥부보다도 더 선량한 아들이 영웅소설의 주인공으로 온통 미화되어 있으며, 성현의 가르침을 돈독하게 따르며 실현하는 데만 일신을 바치고자 했다.

아버지는 자기를 따르지 않는 아들을 가까스로 설득해 꾸어준 돈을 받는 일을 시키는 훈련을 하려고 멀리 보냈는데, 아들은 생각이 달랐다. 강산풍월을 찾아 여행을 하지 않고 장사꾼이나 가게주인을 만나 재물을 거두는 수전노가 되었으니 비참한 신세라고 했다. 맡은 일을 버리고 도망쳐, 자기가 하고 싶은 대로 글공부나 하고 시나 지어 인정받고 입신하는 길로 갔다. 아버지는 이익을, 아들은 도리를 강경하게 주장하며 조금도 양보를 하지 않아 충돌이 계속되다가 아버지가 아들을 죽이려고 하는 데까지 이르렀다. 이익을 추구하는 상인과 도리를 숭상하는 선비가 현실주의냐 이상주의냐 하면서 벌이는 싸움이 현실주의가 승리하는 방향으로 진행되다가 결말에서 역전되었다. 아버지가 첩의 모해 때문에 죽을 고비를 겪고 아들의 효심에 감동해 선인으로 바뀌고, 아들이 벼슬한 덕분에 천한 일에서 벗어났다고 해서 기울어진 사태를 역전시켰다.

이 작품은 기본설정이 일본 井原西鶴의 《好色一代男》, 독일 괴테(Goethe)의 《빌헬름 마이스터의 수업시대》(*Wilhelm Meisters Lehrjahre*)와 일치한다. 돈벌이를 잘 하는 아버지가 아들도 돈벌이를 잘 하도록 가르치려고 미수금을 받아오라고 멀리 보냈더니, 아들은 아버지 말을 듣지 않고 딴 짓을 하면서 자기 길을 갔다. 일본에서는 '町人', 독일에서는 'Bürger', 한국에서는 委巷人으로 일컬어지던 초창기의 市民의 화폐경제활동이 순조롭지 않았음을 아들의 반발을 통해 나타냈다. 아들이 《보은기우록》에서는 한시 창작, 《호색일대남》에서는 色情, 《빌헤름 마이스터의 수업시대》에서는 연극을 택해 보수적인 관습이 서로 다른 양상을 보여주었다.

제주도 당본풀이 〈송당본향당본풀이〉 외: 제주도에는 마을 신당에서 섬기는 신의 내력을 신방이라고 하는 무당이 노래한다. 당본풀이라고 하는 이런 노래가 오랜 내력을 가진 구비서사시이다. 그 가운데 탐라국 건국서사시라고 할 것도 있다. 耽羅를 건국한 내력이 〈高麗史〉에 기록되어 있는 것을 구전을 비교해보자.

기록에서는 高乙那·良乙那·夫乙那가 땅에서 솟아나 사냥을 하면서 살고 있다가, 일본국 공주라고 하는 세 처녀가 바다를 건너와 부부가 되었다. 우마와 곡식의 씨앗을 가지고 와서 농사를 지을 줄 알게 되었다. 세 부부가 땅을 나누어 가지고 후손을 퍼뜨렸다고 했다. 〈송당본향당본풀이〉 같은 당본풀이에는 전후에 다른 내용이 더 있다. 여성시조도 남성시조처럼 땅에서 솟아났으며, 자기 스스로 판단해 제주도에 와서 배필을 구했다고 했다. 태어난 아들이 아버지의 미움을 사서 버림받아 무쇠상자에 실려 바다를 표류하게 되었다. 그 시련을 이겨내고 커다란 전공을 세우고 귀환해 도망친 아버지 대신 통치권을 장악했다고 한다.

구전이 고형이고 완형이며, 기록은 축약이고 개작이다. 세 여자가 일본국 공주이고, 아버지의 분부가 있어 오게 되었다고 하는 것은 고대인의 사고를 이해하지 못하는 후대 사람들이 납득할 수 있게 고친 내용일 것이다. 후반부는 너무 허황되다고 여겨 기록에 올리지 않았다고 생각된다. 부모의 만남에 이어서 자식의 출생을 말하는 것은 고조선이나 부여·고구려계 건국신화와 공통된 설정이다. 자식을 버릴 때 상자에 넣어 바다에 떠내려 보낸 것은 脫解의 경우와 일치한다. 고대국가의 창업주를 기리는 영웅서사시의 전형적인 모습을 국내외의 어느 자료보다도 더 잘 보여주고 있다.

세계를 두루 돌아보아도 고대 영웅의 일생을 말하는 서사단락을 그만큼 온전하게 갖추고 있는 유산을 찾아내기 어렵다. 탐라국은 작은 나라이지만 필요한 과정을 제대로 밟아 이루어진 증거를 분명하게 남겼다. 탐라국이 망한 것을 원통하게 여긴 제주도민은 고대문학의 보고를 자랑스럽게 지켜왔다. 세계적인 비교연구를 위해 소중한 기여를 할 수 있는 유산을 간직하고 있다.

6. 마무리

고전은 낡았다. 고전은 난해하다. 이렇게 생각되는 것은 죽은 고전이다. 이해 가능한 표현으로 되살려 새로운 독자와 만나야 산 고전일 수 있다. 고전은 죽지 않고 살아 있어야 한다. 한문을 국문으로 번역하고, 고문을 현대어로 옮기는 일을 잘 하면 이렇게 되는 것은 아니다. 새로운 의미를 찾아내 오늘날의 것으로 만들 수 있어야 한다. 내용 재검토가 우선 과제이고, 말을 옮기는 것은 그 다음 일이다.

고전으로 존중되어온 모든 저작을 되살릴 수는 없다. 과거에 머무를 수밖에 없고 현재의 생명을 획득하기는 어려운 것들이 적지 않다. 이런 것들은 고전 명단에서 제외하고 자료로 보존하면서 별도의 평가를 해야 마땅한다. 지금까지 고전으로 인정되지 않던 것들을 발굴하고 해석해 고전의 구성을 바꾸는 데 힘써야 한다. 고전의 교체나 순위의 변동이 연구의 긴요한 과제이다. 연구 결과를 출판과 교육을 통해 널리 알려져야 한다.

한국의 고전은 특수해서 생소하다거나, 한국 연구 전문가가 아니라면 돌아볼 필요가 없다고 생각하는 것은 잘못이다. 고전에 대한 인식과 평가를 바로잡아야 한다. 한국의 고전은 한국인이 아니라도 즐겨 읽고 감명을 받는 세계의 고전일 수 있다. 이렇게 평가될 수 있는 것들이라야 살아 있는 고전이다. 다시 읽고 새롭게 탐구해 가치를 발견하고 평가해야 한다. 국내외의 한국학 연구자들이 이 일을 함께 하면서 깊은 교류와 활발한 토론을 계속해서 할 것을 기대한다.

한국의 고전을 외국어로 번역하는 것은 한국의 특수성을 알려주는 자료를 제공하려는 것이 아니다. 이 글 서두에서 말했다. 한국의 민족문화가 그 자체로 소중하다고 여기는 데 머무르지 말고, 동아시아 또는 세계 전체의 보편적 가치를 추구하는 데 기여하는 바를 소중하게 여기자. 과연 그럴 수 있는지, 몇 가지 사례를 구체적으로 고찰하면서 검증했다. 다른 고전에 대해서도 같은 정도의 논의를 해야 하는데 지면 제한으로 미완의 과제로 남겨둔다.

부기

이 논문을 발표할 때 한국문학번역원 관계자가 그 기관 홈페이지에 올라 있는 〈한국문학 번역 권장 도서 목록〉를 참고하지 않은 것이 유감이라고 했다. 알지 못해 한 실수이므로 원고를 개고할 때 바로잡겠다고 했다. 검토해보니 도움은 되지 않고 많은 결함이 발견되었다. 결함이 큰 것부터 든다.

(1) 〈한국문학 번역 권장 도서 목록〉이라는 명칭과 부합되지 않는 내용이다.

(2) 선정 원칙, 방법, 과정 등에 관한 해명이 없다. 제시한 목록에 일관성이 없고, 순서를 납득할 수 없다. 여러 사람이 각기 선정한 목록을 전후에 관한 고려 없이 무리하게 연결했다고 생각된다.

(3) 1부터 100까지 부여한 번호가 무의미하다. 32 〈退溪集〉가 있고, 52 〈聖學十圖〉, 88 〈四七理氣往復書〉가 따로 있다. 李珥의 저작도 53과 77에 나누어져 있다. 10에 〈춘향전〉·〈심청전〉·〈흥부전〉이, 16에 〈태평한화〉와 〈용재총화〉가 들어 있다.

(4) 현대 학자들의 저작이 포함된 것은 납득할 수 없으며, 선정 내역이 부당하다. 김태준의 〈조선소설사〉는 거의 다 틀린 내용이어서 외국에 소개하면 혼란을 일으킨다. 손진태의 〈조선민족설화연구〉에서 보인 전파론적 견해는 청산의 대상이다. 박용운의 〈고려시대사〉는 어떤 책이어서 근래의 국사 연구서 가운데 유일하게 선택되었는지 알 수 없다. 정민의 〈한시미학산책〉은 가벼운 내용인데 국문학 연구의 대표적인 업적으로 오해될

수 있다. 〈한국의 전통공예〉나 〈조선왕조궁중의궤복식〉은 포함시킬 수 있는 것이 아니다.

⑸ 현대 학자가 고전 자료를 집성한 책을 번역의 대상으로 삼는 것은 위의 경우와 달라 잘못이 아니다. 그러나 선정이 잘못 되었다. 임동권의 〈한국민요집〉은 자료 출처와 조사 방법에 문제가 있어 연구에서 이용되지 않는다. 이상보의 〈이조가사정선〉은 새로운 자료가 속속 발견되어 증보가 필요하다. 김용선의 〈고려묘지집성〉은 좋은 자료집이지만 더 큰 의의를 가진 자료집과 함께 들어야 한다. 〈한국도교논설자료집〉, 〈조선전기성리학논설자료집〉, 〈조선후기성리학논설자료집〉 등은 이미 있는 것인지, 만들어서 번역하라는 것인지 알 수 없다.

⑹ 이미 높이 평가된 주요 고전을 빼놓았다. 〈三國史記〉, 〈訓民正音〉, 〈月印千江之曲〉, 〈樂學軌範〉, 서경덕, 임성주 등이 보이지 않는다. 이규보, 이색 등은 산문만 있고 시는 없다.

⑺ 불균형이 심하다. 원효는 〈大乘起信論疏別記〉만 들고, 지눌은 전집을 다 넣었다.

⑻ 금석문은 고려묘지만 포함시켰다. 구비전승 자료는 민요집만 들었다. 종이에 쓴 글이라도 근래 발견된 자료는 선정하지 않고 낡은 목록을 만들었다.

⑼ 오늘날 어떤 의의가 있는지 재고해야 할 고전이 적지 않다. 〈麗韓十家文抄〉는 한문 원문을 읽어야 가치를 알 수 있고, 외국어로 번역해 이해를 구할 수 없다. 〈四禮便覽〉 또한 오늘날 어떤 의의가 있는지 의문이고, 번역하기 아주 어렵다. 〈土亭秘訣〉이나 〈鄭鑑錄〉도 고전으로 평가해 번역을 지원해야 한다는 데 동의할 수 없다.

(10) 신소설을 고전으로 들고 번역해 소개할 필요가 있는지 의문이다.

(11) 도교 관계 서적이 8종이나 들어간 것은 비중이 지나치다.

(12) 〈고려사〉, 〈경국대전〉, 〈열하일기〉 등의 일부를 지정해놓은 것은 납득할 수 없다. 번역자의 재량권을 침해하는 처사이다.

부끄럽다. 외국인이 보라고 만든 목록이어서 더욱 부끄럽다. 공연한 짓을 해서 나라 망신을 시킨다. 결함투성이인 것을 목록이라고 만들어놓고 국가 예산으로 번역을 지원하는 것은 횡포이고 낭비이다. 고전을 외국어로 번역하는 목적을 달성하지 못하고 헛수고를 해서 역효과를 낸다. 당장 폐기하고 다시 만들어야 할 목록이다.

내가 만든 목록을 초안으로 삼아 《한국고전100선》을 다시 만들어 국문본과 영문본을 함께 출판하는 작업을 계명대학교 한국학연구원에서 하자고 토론을 할 때 제안했다. 한국문학번역원의 목록을 검토하니 일이 더욱 시급하고 중요해졌다.

번역뿐만 아니라 한국학 지원 사업 전반을 검토하고 비판한 다음 시정 방향을 제시하자고 폐회 만찬을 할 때 말했다. 대학의 연구소가 예산 부족을 무릅쓰고 지원을 직접 담당하려는 것은 무리이다. 국가 예산을 쓰는 기관들의 잘못을 바로잡는 것이 사명을 가지고 힘써 해야 할 일이다.

1부

한국학 고전 자료의 해외 번역 현황

최근 20년 간 중국의 한국학 고전 자료 정리 및 연구 현황

장백위(난징대학교, 중국)

올해는 한중 수교 15주년으로 양국에서 한중 문화의 해로 지정되었다. 중국에서 한국학 고전 자료의 정리 연구는 문화의 해 주제로서 의미를 지니며, 이러한 때 회고와 전망을 해보는 것 또한 의의 있는 작업이라 믿어 의심치 않는다. 한국학 고전 자료는 매우 풍성하다. 주로 고대 한문으로 씌어져 중국에 유입되어 연구하기 시작한 역사도 유구하다. 문학에서는 통일신라시대의 최치원이 멀리 당에 들어가 빈공진사가 되었고 그의 〈계원필경집〉은 일찍이 〈숭문총목〉과 〈신당서 · 예문지〉에 기록되어 있고 중국에 여러 판본이 전해지고 있다. 고려시대 이제현의 〈익재집〉은 〈월아당총서〉에, 그의 사(詞)는 〈강촌총서〉에 실렸다. 조선시대 서경덕의 〈화담집〉은 〈사고전서〉에 수록되었다. 20세기 초기인 조선시대 말 김택영의 대다수 작품은 중국 강소성 남통의 한묵림 인서국에서 출판되었다. 남성 작품뿐 아니라 여성 작품도 마찬가지로 중시되었다. 허난설헌의 시는 오명제에 의해 〈조선시선〉에 실린 것을 시작으로, 주지번의 전집, 마지막에는 전겸익, 주이존의 〈열조시집〉과 〈명시종〉에도 실려 중국에 널리 전해졌다. 그러나 실제로 한국 학술 전반에 대한 본격적인 연구 및 소개는 한중 수교 이후부터 신속하게 발전하기 시작하였다고 하겠다.

최근 10여년간 중국에서는 많은 한국연구소 혹은 관련 연구센터가 설립되었으나 주로 현대 한국의 경제, 법률, 유행문화현상이 연구 관심대상이 되고 있다. 2000년에 들어서야 한국학 고전 자료의 정리 작업이 중요시되기 시작하였다. 본문을 기본 면모, 연구업적, 문제점, 전망의 네 가지 측면으로 나누어 소개하겠다. 개인적인 한계로 많은 부분에서 부족함을 피하기는 어려울 것이다. 시각이 서로 달라 평가 또한 타당하지 않을 수 있다. 국내외 학계 뛰어난 분들의 가르침을 기대한다.

1. 기본 면모

최근 20년간 한국학 고전 자료에 대한 중국에서의 연구 및 정리 범위는 광범위하여 사상, 역사, 종교, 의학, 문학, 서지 등을 망라하고 있다.

불교자료

1) **〈고려대장경〉**: 선장서국 영인본, 부록 경전명 색인, 2004년판.

북송 개보년에 조판한 〈대장경〉(속칭 〈개보장〉)이 중국 최초의 한문 불교 경전이다. 고려는 불교로 국가를 건립하고 송 조정에서 경전을 얻어 현종, 문종 시기에 여러 차례 조판하였으나 애석하게도 고종19년 임진년(1232) 몽고의 침입으로 훼손되었다. 그 후 고종23년 병신년(1236) 다시 조판하여

38년 신해년(1251)에 완성되었으니 이것이 재조본 〈고려대장경〉이다. 재조본은 초조본 〈고려장〉, 〈개보장〉, 〈거란장〉을 일일이 대조하여 오류를 교정하여 현존하는 한문 〈대장경〉 가운데 가장 정교하다. 종교문화출판사에서 이를 영인한 〈금판고려대장경〉이 있는데 재조본 〈고려대장경〉을 기초로 해인사 소장 보충판을 수록하여 더욱 완비된 〈고려대장경〉이 되었다.

사상사

2) **가순선 편찬** 〈퇴계전집금주금역〉(8권), 사천대학출판사, 사천인민출판사, 1991~1995년판.

대체로 〈퇴계전집〉을 근거로 간단한 주석을 덧붙였으며 원문을 현대 중국어로 번역해 놓았다.

3) **위욱승 편** 〈송자선집〉, 중화서국, 1999년판.

송자는 송시열(1607~1689)로 자는 영보, 호는 우암으로서 조선시대 손꼽히는 대유학자 가운데 하나이다. "후주자"로 불려졌으며 조선유학사에서 유일하게 "자"로 불리는 인물이다. 이 서적은 〈송자대전〉에서 문장을 발췌한 것인데 당시의 정치, 사상, 학술, 인물 및 사회, 풍속 등의 내용을 망라하고 있다.

4) **송시열 편** 〈정서분류〉, (한) 서대원 교점, 상해사서출판사, 2006년판.

송자가 〈이정전서〉의 분류를 다시 편집한 것으로 그 문하 최방언, 이희조, 권상하에 의해 정리되었다. 이 교점본은 한국 학민문화사 영인본을 저본으로 이정인 정호, 정이의 원저를 대조하면서 표점을 나누었다.

5) **갈진가 점주** 〈표해록－중국행기〉: 사회과학문헌출판사, 1992년판.

〈최부표해록연구〉, 사회과학문헌출판사, 1995년판.

〈최부〈표해록〉평주〉, 선장서국, 2002년판.

3종은 모두 최부의 〈표해록〉에 대한 주석, 평의와 연구이다.

6) **주서평 점교** 〈열하일기〉, 상해서점출판사, 1997년판.

박지원(1737~1805)의 〈열하일기〉는 조선시대 후기 실학파 사상의 중요한 문헌으로 기행문학의 걸작이다. 이 책은 〈연암집 · 별집〉에 수록된 〈열하일기〉를 저본으로 대만 중앙도서관 소장 수초본과 한국 이가원 선생의 구독본을 참조 교정한 것으로 읽기 편리하다.

7) **손문범 등 교감본** 〈삼국사기〉, 〈삼국유사〉, 길림문사출판사, 2003년판.

다수의 판본을 교감하고 간체자로 문단 구분, 표점, 오류 교정, 의문 제기 등을 하였다. 두 책은 모두 "고구려 역사 연구총서"에 수록되어 있다.

8) **양위생 등 편저** 〈10~14세기 중한관계사료 휘편〉(2책), 학원출판사, 1999, 2002년판.

중한 양국의 역사문헌에서 송과 고려 관련 사료를 폭넓게 수집하였다. 상권은 중국문헌사료, 하권은 한국문헌사료로 내용이 풍부하다. 각각 절강대학 한국연구소 "한국연구총서" 시리즈의 16, 34권에 포함되어 있다.

9) **두홍강, 구서중** (한) 최창원 수집정리 〈한국문집에서의 몽원 사료〉(2권), 광서사범대학출판사 2005년판.

〈한국문집총간〉 1~6집의 26종 문집 가운데 몽원 관련 사료의 영인본이다.

〈한국문집에서의 명대사료〉(13권), 광서사범대학출판사, 2006년판.

〈한국문집총간〉 제7~100집에서 명대 관련 사료의 영인본으로서, 양국의 정치, 경제, 군사, 외교, 문화 등과 관련되어 있다.

그밖에 〈한국문집에서의 청대사료〉가 곧 출간 예정이다.

의학

10) **고광진 등** 〈동의보감 교석〉, 인민위생출판사, 2001년판.

〈동의보감〉은 조선, 일본, 중국에 전해지는 의학서적으로 영향력이 크다. 이 책은 조선 갑술년(1814) 내의원교정 완영간본 영인본을 저본으로 하고, 조선 갑술년 영영개간본과 건륭12년(1747) 항주 왕여존 수초본, 건륭28년 좌한문각본, 가경2년(1797)각본, 광서16년(1890) 상해 교경산방 석인본(일본 향보9년[1724]판각본을 근거로 함)을 대조한 것이다. 부록으로 "방제색인"이 있다.

서지학

11) **이선죽 주편** 〈고대조선문헌해제〉, 북경대학출판사, 1997년판.

북경대학도서관 소장 조선고서 300여종을 〈사고전서총목〉의 사부분류에 따라 서명, 권수, 저자, 장서인 및 내용 등을 압축 요약하여 일목요연하다. 부록의 "일문판 고적서목"은 일본 간행 한국고적이고, "1949년 이전 중문판 간행물", "1949년 이전 일문판 간행물"은 모두 조선 관련 간행물이며, "고대 조선 금석탁편목록", "도서 표지사진", "색인"이 있다.

12) **장백위 편** 〈조선시대 서목총간〉(9권), 중화서국, 2004년판.

현존하는 80종의 조선시대서목 가운데 26종을 묶은 것이다. 〈규장총목〉, 〈내각방서록〉,〈서고장서록〉, 〈대축관서목〉, 〈융문루서록〉, 〈보문각책서목록〉, 〈군서표기〉, 〈이문원봉안총록〉, 〈서향각봉안총목〉, 〈승화루서목〉, 〈고사촬요 · 서책시준 · 책판목록 · 서책인지수〉, 〈경상도책판〉, 〈제도책판록〉,

〈완영책판목록〉, 〈누판고〉, 〈각도책판목록〉, 〈경주부원교서책목록〉, 〈영남각읍원교서책록〉, 〈동사 · 고구려예문지〉, 〈연려실지술별집 · 문예전고〉, 〈해동역사 · 예문지〉, 〈동국통지 · 예문지〉, 〈증보문헌비고 · 예문고〉, 〈해동문헌총록〉, 〈홍시독서록〉, 〈청분실서목〉을 담고 있다. 이제까지의 한국 서목을 가장 많이 수록한 총서로서 서론, 해제, 원문 및 색인으로 나누어 사용하기 편리하다.

언어학

13) **(한) 정광 주편** 〈원본노걸대〉, 외어교학여연구출판사, 2002년판.

〈노걸대〉는 고려에서 조선시대까지 통용되던 중국어교재로서 과거에 유통되던 최초의 판본은 최세진의 번역본이었다. 1998년 한국 영남 지역에서 순 한자본 〈노걸대〉가 발견되었는데 최초의 판본과 매우 유사하기 때문에 〈원본노걸대〉라고 부른다. 이 책은 2000년 처음 한국 대구에서 영인 출판되었는데 순서가 뒤섞여 있고 해제 가운데도 작은 오류들이 있다. 같은 해 북경 외어교학여연구출판사에서 〈원간노걸대연구〉라는 서명으로 다시 출판하면서 오류들을 수정하여 현재 가장 완전하다. 해제, 원문 정리, 원본 영인, 색인으로 구성되어 있다.

14) **왕유휘** 〈조선시대 한어교과서총간〉(4권), 중화서국, 2005년판.

조선시대 한어교과서 6종(〈노걸대〉, 〈박통사〉, 〈훈세평화〉, 〈화음계몽〉, 〈니니귀성〉, 〈학청〉)을 각각 해제, 영인 및 교점 하고 교점본과 영인본을 서로 대조하게 하였다. 마지막 부록 〈상관논저목록〉은 수거, 논저, 기타로 나누어 발전된 연구를 위한 단서를 제공하고 있다.

문학

15) **이예** (한) 최영희 정리 교정 〈한객시존〉, 서목문헌출판사, 1996년판.

산서성 도서관 소장본 동문환일기, 시문집 등의 자필 원고에서 〈한객시존〉, 〈한객문존〉, 〈해객시초〉, 〈좌해교유록〉, 〈완정복호도집〉 등 조선 후기 문인의 시문과 청대문인의 교류 작품을 뽑았다. 그 중에는 이상적의 제자가 많으며 조선후기 여항시인의 대표가 되고 있다. 부록에는 국내 희귀본인 장잠(1497~1552)의 〈죽정선생유사〉(정조19년 판각본)를 싣고 있는데 권말에 "조선인명색인"이 있다.

16) **기경복** 〈조선시선교주〉, 요녕민족출판사, 1999년판.

〈조선시선〉은 명대 오명제가 편찬했는데 이는 원래 명 만력 경자년(1600) 조선각본이었으나 건가시기(조선 영정조시기)에 조선인들은 이미 이 책을 찾아보기 힘들게 되었다. 이덕무, 박지원, 홍대용 등이 큰 관심을 가졌지만 모두 보지 못했다고 한다. 현재 한국에도 소장본이 없다. 허균의 도움으로 매 권마다 거의 누이 허난설헌의 시가 있어서 중한 문학교류의 한 증거가 되고 있다.

17) **(한) 백승석** 〈시경질서교주〉, 강소교육출판사, 1999년판.

〈시경질서〉는 조선시대 실학파 학자 이익(1681~1763)이 저술했다. 한국 역사에서 〈시경〉 관련 저술은 매우 많지만 중국에 소개된 경우는 드물다. 이 책은 수초본을 근거로 교주하고 주희의 판본으로 대조하여 성호 선생의 독특한 견식을 살펴볼 수 있다.

18) **양조전, 이해산** 〈한국한시선〉, 학원출판사, 2000년판.

한국 역대시인 251인의 467수의 시를 수록하였다. 서론에는 한국 한시의 역사 발전을 개술하고 있다. 매 수마다 작가 소개, 작품 배경과 주해를 나누어 담고 있다. 절강대학 한국연구소 "한국연구총서"의 제29권에 포함되어 있다.

19) **장덕수** 〈조선민족고대한문시선주〉, 요녕민족출판사, 2002년판.

한국 역대 시가 300여수를 발췌하여 작가 소전, 설명, 주석을 붙였다.

20) **광건행 등** 〈한국시화중론중국시자료선수〉, 중화서국, 2002년판.

한국 조정업 교수가 편찬한 〈한국시화총편〉 가운데서 중국 시평론 관련 자료들을 뽑아 편집한 것으로서 중국 문학연구자에게 참고자료로 활용되고 있다.

21) **사병구 정리** 〈협주명현십초시〉, 상해고적출판사, 2005년판.

〈십초시〉는 고려시대 사람들이 중국시인 중심으로 뽑은 30명의 詩 작품이다(그 가운데는 최치원, 박인범, 최승우, 최광우 4인의 신라시인이 있다). 각 인물마다 10수를 싣고 있다고 해서 서명을 붙였다. 고려말 승려 자산이 주석을 하였다. 당시 전해지던 문집에서 베낀 것이어서 唐의 유실된 시 100여수가 보존되어 있다. 또한 주석에는 중국에서는 이미 없어진 당송시대 문헌 상당수가 남아 있다. 이 책은 규장각 소장 수초본을 저본으로 점교(點校)한 것이다. 부록에 〈십초시여전당시이문대조〉와 〈십초시중당인일시고〉가 있다.

2. 연구 업적

중국 학계에서 한국학 고전연구는 출발이 늦었고 아직 그 성과도 두드러지지 못하다. 문학과 역사 방면이 비교적 이야기할 만하다. 한국의 고전은 한자로 이루어져 있기 때문에 중국에서는(현대 중국어 혹은 한국학자의 저술을 번역하는 것을 제외하면) 일반적으로 번역이 필요하지 않다. 그러므로 정리 및 연구 작업은 주로 수집 정리, 점교, 주석, 연구논문 등으로 이루어진다.

목록학은 학문을 하는 데 다리 역할을 한다. 청대 왕명성이 말했듯이 "목록학은 학문 가운데 제일 우선의 학문이다. 여기에서 길을 물어야만 비로소 문을 통해 들어갈 수 있다". 중국학자들은 목록학 면에서 계속해서 중시해오고 있다. 한국학 고전연구에서의 성과는 아래의 세 종류로 나누어볼 수 있다.

1) 연구문헌목록

항주대학(현재는 절강대학으로 합병) 한국연구소의-한국연구총서자료 편 1~3": 〈한국연구중문문헌목록(1912~1993)〉(항주대학출판사, 1994), 〈한국연구일문문헌목록(1912~1993)〉(항주대학출판사, 1995), 진화 편역 〈한국연구 스페인어, 러시아어문헌목록〉(상해역문출판사, 2000)에 1912년부터 1995년간의 연구목록을 수록. 학자들에게 연구에 큰 도움 주고 있다. 이를 근거로 필요한 자료를 찾을 수 있다.

2) 장서목록

-이선죽 주편 〈고대조선문헌해제〉, 북경대학도서관 소장.

-황건국, 김초승 주편 〈중국소장 고려고적종록〉(서명의 '고려'는 한국-조선을 가리킴): 한어대사전출판사, 1998년. 중국 51개의 장서기관(대만 3곳 포

함)이 소장한 한국고적 2754종을 수록하였다. 그 가운데 1911년 이전 출판된 2028종은 간행본 1193종, 목활자본 397종, 동활자본 86종, 초본 288종, 석인본 10종, 연인본 36종으로 구성되어 있다. 각 권마다 서명, 권수, 저자, 간각 혹은 필사 년대 및 장서기관을 기록하였다. 경사자집 4부 분류로 되어 있고, 부록에 "부분 중국소장 1911년 이후 고려출판물", "부분 중일양국출판 유관 고려자료" 및 편자가 저술한 〈고대중한전적교류개설〉이 있다. 제일 끝에 "서명색인"이 있다. 중국에 소장된 한국고적의 기본 면모 이해할 수 있다. "한국연구총서10"에 해당한다.

3) 조선시대목록의 정리

장백위 편 〈조선시대서목총간〉은 "남경대학 역외한적연구소 전간"에 포함되어 있다. 오늘날 전해지는 조선시대 서목은 80여종으로 따로 흩어져 있어 학자들이 참고하기 불편했다. 1960년대 이후 김휴 〈해동문헌총록〉, 정조 〈군서표기〉, 이인영 〈청분실서목〉 등이 따로 출간되었고, 문헌적 가치 풍부했지만 수량이 많지 않았다. 천혜봉 선생의 〈고서목록집성〉은 6종만 수록되어 있고, 정형우, 윤병태 선생 〈한국의 책판목록〉은 19종을 수록했지만 일부로 제한하여 학계의 수요를 충분히 만족시켜주지 못하였다. 〈조선시대서목총간〉의 특징은 첫째, 자료가 풍부하여 조선시대 중요한 서목 및 제발을 모두 실었다. 둘째, 체계가 완전하다. 조선시대 서목을 왕실서목, 지방서목, 개인서목, 사지서목으로 나누고 각각 시대순으로 배열하였다. 조선목록학과 중국목록학의 관계를 드러내면서 나름의 특징을 지니고 있다. 셋째, 고증 교정이 세밀하다. 각 서목의 편찬연대, 편자,

특징, 의의에 대해 간결하면서도 핵심적으로 요약하였고 한국, 일본학자의 의견을 수정하였다. 넷째, 사용이 편리하다. 제9권에 서명종합색인을 두었다.

자료의 정리 기록는 한국고전문헌 중의 중국자료 정리와 중국문헌 중의 한국고전 자료 정리로 나눌 수 있다. 고전 학술 연구는 우선적으로 사료에 의지한다. 역사문헌은 중한 각국에 대한 것을 비롯하여 상호 관련 사료가 매우 풍부하지만 이러한 사료들은 여러 역사서, 문집, 필기, 기행문 가운데에 흩어져 있어서 학자들이 참고하기에 불편했다. 자료의 정리 기록은 이러한 필요에 의해 자연스럽게 이루어졌다.

오함이 주관한 〈조선이조실록중적 중국사료〉는 가장 대표적인 것으로 1930년대 시작하여 1960년대 중반에 완성되었지만 1980년에 와서야 중화서국에서 출판되었다. 옹독건 선생은 “중국과 조선의 정치, 경제관계, 경조 교류, 문화교류 등의 중요한 기록을 담고 있다. 중국의 기록을 입증하거나 보충하는 사료로서 연구자들에게 유용한 정보를 제공하고 있다”고 평가하였다. 이러한 기획의 연장선으로 양위생 등 편저의 〈10~14세기 중한관계 사료회편〉 하권과 두홍강 등 편집의 〈한국문집중적 몽원사료〉와 〈한국문집중적 명대사료〉가 있다. 전자는 주로 송과 고려의 관련 자료로서 〈고려사〉, 〈고려사절요〉, 〈조선사략 고려기〉, 〈증보문헌비고〉 등에서 수집한 것으로서 현대식 문장 부호를 가미했다. 광범위한 내용, 과학적인 편집 배열 등에서 이전의 비슷한 자료들을 능가하고 있다. 후자는 〈한국문집총간〉에서 관련사료를 발췌하여 영인한 것이어서 원래의 면모를 살펴볼 수 있다는 장점이 있다. 이 작업을 계속 진행시켜 고려 조선 양대의 조천록, 연행록, 역대 필기 가운데서 중국 관련 사료들을 발굴해 나간다면 큰 수확

이 될 것이다.

중국역대문헌 가운데에도 정치, 경제, 군사, 종교, 과학기술, 민속, 문학, 예술 등 다방면에서 수많은 한국역사 자료가 있다. 정사 가운데 〈동이전〉, 〈조선전〉 등이 일찍이 주목받았으며, 한국 단국대학교 동양학연구소에서 중국 정사 안의 한국자료를 모아 〈이십오사초〉라는 제목으로 간행한 바 있다. 〈10~14세기 중한 관계사료휘편〉 상권은 송의 대조령, 송대 사절에 대한 1차기록, 송대 역사저서, 정사류 사서, 정치서, 백과사전류 도서 안의 사료, 송과 고려 관련 서목, 송대 시문집자료, 송원 필기사료, 불교서적, 승려 전기 및 관련 시문, 서신, 비문기록 등을 다루고 있어, 자료의 풍부함에서 전대의 성과를 훨씬 능가하였다. 중국역사문헌 가운데 명청대 실록은 방대할 뿐 아니라 읽기 불편했는데 유청화 등의 〈명실록 조선자료집록〉(파촉서사, 2005년)과 왕기구 편 〈청실록 인국조선편자료〉(중국사회과학원 중국변강사지연구중심, 1987)의 작업이 그 단점을 보완하고 있다.

문학연구에서도 마찬가지로 자료의 분산이라는 문제가 있다. 한국 역사에서 한문학은 매우 발달하였고 관련 중한문학 평론자료도 매우 풍부하지만 분산되어 있었다. 한국에서 조종업 교수가 이미 〈한국시화총편〉(17권, 태학사, 1996), 〈한국고전비평론자료집〉(8권, 2001)을 편찬하여 분산된 자료들이 기본적으로는 수집 정리되었다. 중국학자 중에서는 이러한 기초를 근거로 광건행 등이 〈한국시화논중국시자료선수〉로 엮었다. 이는 조선생의 〈총편〉에서 56종의 중국 시가 관련 평론자료를 뽑은 것인데 한국 영남대학교 이장우 교수가 다시 이를 주석하여 한국어로 번역한 바 있다. 한국 평론자료 가운데 가장 분산되어 있는 것은 비평으로서 각 서적에 흩어져 있을 뿐만 아니라 한 책에 모여 있다고 해도 각 시문 가운데 떨어져 있어서 참고하기에 불편했다. 이식(1584~1647)의 〈찬주두시택풍당비해〉는 조선시대 두보시 관련 중요한 비평 저서로 신위(1769~1845)는 〈동인논시절구〉에서 "세상 사람들이 두보를 배우는데 동방이 으뜸이라고 한다. 〈비해〉에서도 알 수 있으니 우선 그 공을 이택당에게 돌린다"고 하였다. 또한 저자 주에서도 "두보를 배우는 자 가운데 그 정수를 얻지 않고 겉에서 얻으려는 자는 드물다. 택당의 〈두시비해〉는 일찍이 초학자에게 많은 도움이 된다. 나 역시 어려서 이 책에 묻곤 했다."고 밝히고 있다. 비평 내용들을 수집 기록하였기 때문에 학자의 연구에 도움을 주었다. 나 역시 제자들과 함께 이 작업을 완성하여 중국학계에 조선시대 두시비평 자료를 제공한 바 있다.

한국학 고전 자료 중 일부는 중국에만 있다. 이 자료에 대한 정리는 한국학 고전 연구의 공헌이 될 것이고 중국학자들이 책임져야 할 작업이다. 예를 들면, 〈조선시선〉과 〈한객시존〉이 그러하다. 전자는 명대 오명제가 조선에서 편찬한 것이고, 후자는 만청 동치년 동문환이 조선 후기 시인들과의 교류 및 평론 자료이다. 오씨는 이를 편집할 당시 조선의 저명 문인이었던 허균에게 많은 도움을 받았다. 그 가운데 일부 시는 〈성소복부고〉에도 나타나지 않을 뿐 아니라 처음으로 허난설헌의 시가 중국에 소개된 것이며 선정된 작품 수량에서도 〈조선시선〉 340편 가운데 가장 으뜸이다(58수, 그 다음으로는 정몽주 17수). 동씨는 조선 문인과 자주 왕래하며 서로 서적을 교환하였다. 특히 조선 사람들은 동씨에게 〈한객시록〉 선집을 있음을 알고 다투어 시 원고를 투고하였다. 이 문헌들은 한국에 모두 남아 있지 않아서 중요한 한국학 자료이면서 중국 조선 문화교류의 결정판이라 할 수 있다.

3. 문제점

중국학계에서의 한국학 고전 자료의 정리와 연구를 전체적으로 살펴볼 때 그 문제점은 계통성와 국제성의 결핍이라는 두 가지 면에서 드러난다.

1) 계통성 결핍

최근 20년간 중국에서 정리된 한국학 고전 자료는 다방면에 걸쳐 있으나 한 방면의 자료에 대한 체계적인 정리가 부족하다. 많은 정리 작업이 우연성이라는 특징을 갖고 있다. 예를 들면 중국학자가 한국에 와서 우연히 한 서적을 알거나 찾게 되어 이를 정리하거나 연구한 것, 한 지역 혹은 학교 도서관에서 자료를 우연히 발견하고 정리 연구한 것 등이다. 그러므로 작업이 끝나면 그것으로 종결되어 대개는 연속성이 없었다.

2) 국제성 결핍

한국학 자료의 정리는 본질적으로는 국제적인 학문이다. 특히 한국과 일본학자에게 이 방면의 누적은 매우 많고 성과도 두드러졌다. 그러나 현재 중국학계가 한국 고전 자료를 정리할 때는 주관적 객관적 요인의 제약 때문에 기존의 관련 연구 성과를 참고하는 경우는 드물다. 또한 한국학 고전 자료 자체가 주로 한국 현지에 소장되어 있기는 하지만 일본과 서구에도 상당수 소장되어 있다. 정리 혹은 연구를 막론하고 각지의 자료를 최대한 수집 완비해야만 한다. 중국학자는 이러한 객관적인 조건에 큰 제약을 받고 있어서 임의로 출국하여 자료를 조사할 수 없는 상황이다. 물론 이 방면을 의식적으로 보강하려 한다면 다른 경로를 통해 해결할 수 있을 것이다. 중국학계가 이 방면에 대한 자각이 더욱 강화되어야 함은 자명하다.

현대 중국학계에서 정리 혹은 연구 성과에 대해 세부적으로 분석한다면 내포하고 있는 문제는 더욱 많을 것이다. 그러나 한마디로 요약하자면 보다 높은 학술적 추구가 결핍되어 있다는 것이다. 한국학 고전 자료의 정리와 연구는 중국학계에서 출발이 비교적 늦었다. 그렇기 때문에 더더욱 학술의 발전 궤도를 따라야 하고 그 후에야 정수가 나올 수 있는 것이다. 국제화의 시각에서 선배들의 연구 성과에 기초하여 한 걸음 나아가 이를 초월해야 한다. 솔직히 말하자면 현재 이러한 의식을 가지고 있는 학자는 아직 소수이어서 강화될 필요가 있다.

4. 전망

글로벌화 환경에서 중국학계는 한국학 고전 자료에 대한 중시가 날로 높아지고 있다. 최근 20년간 중국 전역에 많은 한국연구소가 설립되었고 그 가운데 일부 업무는 고전학과 관련되어 있다. 가장 두드러진 업적을 보이는 곳은 항주대학 한국연구소이다. 21세기 진입 이래 대학들이 새로운 연구기관을 설립하고 있다. 2000년 남경대학 "역외한적연구소", 2002년 대만대학 "동아문명연구중심", 2005년 상해사범대학 "역외한문고문헌연구중심", 2007년 복단대학 "문사연구원" 등 기관들이 활발하게 발전하고 있다. 여기에서는 남경대학 역외한적연구소의 현황에 근거하여 한국학 고전 자료 정리와 연구 작업에 대한 중국에서의 전개에 대해 개인적 의견을 발표하고자 한다.

남경대학 역외한적연구소는 2000년 2월에 설립되었는데 "역외한적"이라 함은 중국 지역 밖의 인물이 한자를 사용하여 저술한 정치, 도덕, 역사, 종교, 언어, 문학, 예술 등과 관련된 저술을 말한다. 국외에 전해지고 중국 국내에서는 유실된 문헌도 포함한다. 역외한적연구소는 한국, 일본, 베트남의 한적을 중심으로 문헌학이 기초가 되는 종합적 연구를 제창하고 실천하고자 한다.

현재 연구소의 사업은 "2종의 총서, 1종의 간행물(양서일간)"을 중심으로 전개되고 있다.

1) "역외한적자료총서"

제1단계(2002~2007) 작업은 문학자료를 중심으로 한다. 〈전당오대시격휘고〉(강소고적출판사, 2002), 〈희귀본 송대 시화 4종〉(강소고적출판사, 2002), 〈조선시대서목총간〉(중화서국, 2004), 〈당송천가련주시격교증〉(봉황출판사, 2007)이 이미 출간되었다. 현재 진행되고 있거나 2년 안에 출간되는 것으로는

〈역외중국문학평론자료휘편〉(한국편)

〈한국역대사부휘편〉

〈조선시대여성시문집휘편〉

"조선시대두시연구자료집"

〈일본시문평휘집〉(漢文권)

"일본15~19세기 송시 연구 자료집"

"일본 강호시대 〈세설신어〉 주석집성"이 있다.

2) "역외한적연구총서"

제1집 5종은 2007년 8월 중화서국에서 출판될 예정이다. 세부 목록은
〈청대시화동전략논고〉
〈역외한적연구총고〉
《이식〈찬주두시택풍당비해〉연구》
〈일본한시논고〉
〈월남한남고적의 문헌학연구〉이다.

3) 〈역외한적연구집간〉

2005년에 창간되어 연간지로 출간되며 한국, 일본, 베트남의 한적과 한적 교류연구에 대한 논문을 등재하고 있다. 현재 3집까지 출판되었고 그 가운데 한국관련 연구논문은 다음과 같다.

제1집:
최치원 〈계원필경집〉의 문헌가치
〈고려사 악지〉 "당악"의 문화성격과 그 당대 연원
〈십초시〉와 그 주석본의 문헌 가치
〈십초시〉 총차
조선 안평대군 이용과 "비해당소상팔경시권" 석론

〈찬주분류두시〉 연구

화서선생설 〈맹자〉 "호연장" 의평의

유중교 〈시강의발문〉 질의 주희〈시〉설 문제연구

송인 찬술 려,조 양조고

논 동월 〈조선부〉-고대 외교와 사부 관계를 논함

제2집

일본국회도서관 소장 〈계원필경집〉 문헌가치

주희 〈소학〉의 조선 문헌학사 의의

〈국조시산〉 연구

〈국당배어〉 작자고

예겸 〈요해편〉과 〈경오황화집〉

조선시대의 송인 시문선본

청대시화 동전 약술고

제3집

청대조선연행사단 식숙고

〈해동요람〉 교석(1)

이옥〈백가시화초〉 소고

〈역외한적연구집간〉의 취지는 다음과 같다. "철저함과 과장되지 않음을 추구하여 허망한 것들을 물리친다. 학문과 사고가 함께 발전하여 사실과 이치가 서로 단절되는 것을 경멸한다. 여러 가지 방법을 수용하여 편협되거나 고정된 태도를 피한다. 결론적으로는 문헌학이 기초가 되는 연구를 중시한다." 5~10년의 노력을 통해 한국학 고전 연구는 중국의 학술 토양에서 뿌리를 내리고 개화하여 결실을 맺을 것이다.

이상 남경대학 역외한적연구소의 "양서일간"을 소개하였는데 이는 중국학계에서 동아시아학 고전(한국과 일본, 베트남을 포함) 연구의 상징적 의미를 지닌다. 이로써 본인은 머지않은 장래에 중국의 한국학 고전 연구가 찬란하게 빛을 발하게 될 내일을 가질 수 있을 것이라고 자신 있게 말할 수 있다.

한국 고전의 일본어 번역의 현상과 과제

하마다 코사쿠(큐슈대학교, 일본)

1. 들어가는 말

한 나라 또는 한 민족의 긴 역사 속에서 창조되어 계승되고 있는 문화를 긴 역사와 문화를 가진 또 다른 나라나 민족이 번역해서 소개하고, 그것을 수용하고, 다른 나라나 국민의 문화로 평가하고 이해한다는 것은 발신하는 측의 문화와 수용하는 측의 문화 교섭이며, 수용하는 측은 발신하는 측의 문화의 반사경이 되기도 한다는 의미이다.

문화를 발신하는 측의 고전이 반드시 수용하는 측에 받아들여지지 않는 경우가 가끔 발생하는가 하면, 발신하는 측이 생각지도 않았는데 고전이 수용되는 경우가 있다는 사실로도 이것은 납득이 될 것이다. 바꿔 말하면, 현대 일본의 정신문화가 바라는 문제에 맞추어, 한국의 고전이 적절하게 소개되고 있는지 어떤지가 문제시되고 있는 것이며, 그것은 한국 문화에 대한 일본의 연구가 어느 정도 심화되어 있는지, 그 수준을 한국 측이 주시하고 있다는 것이다.

또한 한국 고전의 소개가 일본 문화 욕구에 충분히 응하고 있지 못한다면 그것이야말로 한일의 문화 차이이며, 그것은 또한 상호 문화 이해를 높이는 첫걸음이 될 수도 있을 것이다.

그래서 한국의 고전이 오늘날까지 일본에 어떻게 수용되어 오고 있는지, 그 현상을 정리하고, 일본에서는 지금까지 한국의 역사와 문화를 이해하는 방법으로 한국 고전의 어떤 분야에 관심을 두고 있는지, 그 방향을 탐구하고 과제를 고찰해 한국 고전의 일본어 번역 장래를 전망하고자 한다.

2. 한국 고전 번역의 현상

일본에 한국 고전을 소개하는 문화의 영위는 우선 고전의 번각(飜刻)에서 시작되었지만, 광범위한 독자들의 요구를 충족시키기는 데에는 고전을 번역해서 소개하는 것이 가장 바람직하다고 여겨졌다. 그러나 이것은 원본의 내용을 정확하게 번역해야 한다는 어려움이 따를 수 있을 것이다. 일본에서의 한국 고전의 번역 출판 사업은 아래의 세 가지 자료로 정리해 볼 수 있다. 여기서 주목되는 오늘날의 번역 사업 중에는 헤본사(平凡社)가 간행하는 총서인 「동양문고(東洋文庫)」이다. 아래의 자료에서 알 수 있듯이, 약 800종의 총서 중에서 많지는 않지만 한국 고전의 번역이 포함되어 있다. 그 중에는 22종의 한국 고전 번역, 그것과는 별도로 서양인에 의한 한국여행기 등 5종의 풍속견문록의 일본어 번역본도 포함되어 있다. 그리고 중국 정사 중에서 한국 고대사에 관한 기록도 2종 번역되어 있다.

【자료 1】

○ 혜본사의 동양문고

저 자	번역주자	서 명	부 제	간행 년도
오지영	가지무라 히데키(梶村秀樹)	『동학사(東学史)』	조선민중운동의 기록	1970년11월
홍석모	강재언	『조선세시기(朝鮮歳時記)』(홍석모 『동국세시기(東國歳時記)』 김매순 『열양세시기(洌陽歳時記)』 유득공 『경도잡지(京都雑志)』권1)		1971년8월
박은식	강덕상	『조선독립운동의 혈사(朝鮮独立運動の血史)』1~2		1972년8월 1972년9월
김구	가지무라 히데키	『백범일지(白凡逸志)』	김구 자서전	1973년1월
신유한	강재언	『해유록(海游禄)』	조선통신사의 일본 기행	1974년5월
김태준	안우식	『조선소설사(朝鮮小説史)』		1975년4월
박지원	이마무라 요시오(今村与志雄)	『열하일기(熱河日記)』1~2	조선 지식인의 중국 기행	1978년3~4월
류성룡	박종명	『징비록(懲毖禄)』		1979년7월
김부식	이노우에 히데오(井上秀雄)	『삼국사기(三国史記)』1 ~4		1980년2월~ 1988년10월
신재효	강한영·다나카 메이(田中明)	『판소리(パンソリ)』	춘향가 심청가 외	1982년5월
	정대성	『조선 요리서(朝鮮の料理書)』(이시명 부인장씨 『음식지미방(飲食知味方)』 <규호시의방(閨壺是議方)>, 서유본 부인이씨 『규합총서(閨閤叢書)』 주식(酒食)편, 허균 『도문대작(屠門大嚼)』)		1982년12월
강 항	박종명	『간양록(看羊録)』	조선 유학자의 일본 억류기	1984년12월

김인겸	다카시마 요시로 (高島淑郞)	『일동장유가(日東壯遊歌)』	한글로 엮은 조선통신사의 기록	1999년11월
(김경진)	노자키 미쯔히코 (野崎充彦)	『청구야담(青邱野談)』	이조세속담	2000년5월
이순신	기타지마 만지 (北島万次)	『난중일기(乱中日記)』1~3	임진왜란의 기록	2000년10월~2001년2월
	김문경·현행자 사토 하루히코 (佐藤晴彦)	『노걸대(老乞大)』	조선중세의 중국어회화 독본	2002년2월
김립	최석의	『김립시선(金笠詩選)』		2003년3월
이중환	히라키(平木実)	『택리지(択里志)』	근세조선의 지리서	2006년6월

○ 서양인의 여행기

샤를르 다레	김용권	『조선사정(朝鮮事情)』	조선교회사 서론-그 역사제도, 언어, 풍속 및 습관에 대해	1979년12월
티아가이(Galina Davydovna Tyagai)	이노우에 고이치 (井上紘一)	『조선여행기(朝鮮旅行記)』		1992년3월
이사벨라 버드 (Isaballa L. Bird)	박상득	『조선여행기(朝鮮輿地紀行)』1~2		1993년12월~1994년1월
이사벨라 버드	도키오카 게이코 (時岡敬子)	『조선여행기(朝鮮紀行) -영국부인이 본 이조말기-』		1998년8월, 講談社
H. 하멜	이쿠타 시게루(生田 滋)	『조선유수기(朝鮮幽囚記: 하멜표류기)』		1969년2월
F. A. 맥켄지	와타나베 마나부 (渡辺學)	『조선의 비극(朝鮮の悲劇)』		1972년12월

○ 중국정사

우치다 긴부(内田吟風) 다무라 지쯔조(田村実造) 외 역주(2는 사구치 토오루(佐口透) 야마다 노부오(山田信夫) 모리 마사오(護雅夫) 역주)	『기마민족사(騎馬民族史)』 정사북적전(正史北狄伝)	1971년10월, 1972년12월
이노우에 고이치 외 역주	『동아시아민족사(東アジア民族史)』 정사동이전(正史東夷伝) 1~2	1974년12월, 1976년1월

헤본사가 간행하는 「동양문고」는 일본의 광범위한 독자들에게 지지를 얻고 있는 총서이다. 「동양」이라는 이름에서도 알 수 있듯이 중국의 철학, 문화, 종교 등에 관한 고전 번역이 주류를 이루는데, 이슬람 문화, 인도 문화의 고전도 번역하고 있다. 또한 서양인에 의한 동양문화연구를 번역하는 것 이외에도 일본 고전을 현대어로 번역한 책도 포함되어 있다. 그 중에서 한국 고전의 번역은 1970년대부터 시작해 지금까지 이어지고 있으며 중국 고전의 번역 사업에 비해, 그 시작도 늦으며 수도 많지 않다.

그런데 이 「동양문고」에 수록된 한국 고전의 번역서를 훑어보면 아래의 내용과 같은 특징을 지적할 수 있다. 우선 첫 번째로 1970년대부터 「동양문고」의 총서 중 한국 고전은 점차 증가하는 추세이기는 하지만, 역사서의 번역에 집중되고 있다는 것이 특색이다. 그 중에서도 일본 역사와 큰 관련이 있는 고전의 번역부터 이루어지고 있다. 한국 근대 역사서 중에서도 한국의 독립과 한일합병, 그리고 식민지배에 저항하는 민족운동을 한국의 입장에서 기록한 역사서를 다수 번역하고 있다. 이것은 70년대 일본에 있어서의 미일안보조약을 둘러싼 정치동향이나 학생운동의 고양과 관계가 있을 것이다.

또한 임진왜란과 그 후 통신사의 일본기행도 번역되었다. 이러한 일본 근세, 근대와 큰 관련이 있는 한국 역사서이자, 일본사 연구자를 비롯한 일본 독자들의 요구에 부응하는 한국 고전이 번역 출판되고 있는 것이다.

두 번째 특징은 1980년대 이후에는 한국의 경제성장과 더불어 한국을 방문하는 일본인이 증가하고 한국의 문화를 직접 접하는 사람이 증가함에 따라 한국의 독자적인 문화나 민속에 관한 고전이 번역되고, 거기다 서양 지식인이 저술한 한국기행문 등도 한국의 풍속을 소개하는 역사적인 출판물로 번역되었다는 것이다.

그런데 「동양문고」의 한국 고전 번역에서 보이는 이 같은 특징 중, 특히 첫 번째 특징은 아래의 【자료 2】에서 알 수 있듯이 「동양문고」와 같은 시기에 간행된 다른 출판사의 한국 고전 번역 출판에서도 찾아볼 수 있다.

【자료 2】다른 번역출판

저자	역 자	서 명
류성룡	용증아창륭(竜曽我昌隆)	『징비록』(쇼와(昭和) 41년 〈1966〉 9월, 신코쇼보(新興書房))
김부식	하야시 히데키(林 秀樹)	『삼국사기』(쇼와 49년 〈1974〉 산이치쇼보(三一書房))
일연	미시나 쇼에이(三品彰英) 遺撰	『삼국유사(三国遺事)』(5책, 하나와쇼보(塙書房), 쇼와 50년 〈1975〉 5월~1995년5월)
일연	하야시 히데키	『삼국유사』(쇼와 50년 〈1975〉, 산이치쇼보(三一書房))
일연	김사엽	『완역삼국유사(完訳三国遺事)』(아사히신문, 쇼와 51년 〈1976〉 4월)

<table>
<tr><td colspan="3">송희경 『노송당일본행록(老松堂日本行禄)』, 신숙주 『해동제국기(海東諸国紀)』, 황신 『일본왕환일기(日本往還日記)』(외제 『동사록(東槎錄)』), 강항 『간양록』, 신유한 『해유록』(이상의 5점은 번역이 아님)［일본서민생활사료집성(日本庶民生活史料集成)』 제27권·삼국교류지(三國交流誌), 쇼와 56년 〈1981〉년 11월, 산이치쇼보(三一書房)］ 수록)</td></tr>
<tr><td>김부식</td><td>김사엽</td><td>『완역삼국사기(完訳三国史記)』(쇼와 56년 〈1981〉12월, 록코출판(六興出版))</td></tr>
<tr><td>이중환</td><td>가지이 노보루(梶井 陟)</td><td>『택리지』 (쇼와 58 〈1983〉 년7월, 세이코쇼보(成甲書房)〈한국어역의 번역〉)</td></tr>
<tr><td>송희경</td><td>무라이 쇼스케(村井章介)</td><td>『노송당일본행록(老松堂日本行錄)－조선사절단이 본 중세일본－』 이와나미분코(岩波庫) (쇼와 62년 〈1987〉 3월)</td></tr>
<tr><td></td><td>사에키 아리키요(佐伯有清)</td><td>『삼국사기왜인전(三國史記倭人伝)』 이와나미분코(岩波文庫) (쇼와 63 〈1988〉년3월)</td></tr>
<tr><td>신숙주</td><td>다나카 다케오(田中健夫)</td><td>『해동제국기(海東諸国紀)－조선인이 본 중세일본과 류큐(琉球)－』 이와나미분코(岩波文庫) (헤이세이(平成)3년 〈1991〉 12월)</td></tr>
<tr><td></td><td>다케다 유키오(武田幸男)</td><td>『고려사일본전(高麗史日本伝)』 이와나미분코(岩波文庫)(2 책, 헤이세이1〈2005〉 5월)</td></tr>
<tr><td>서 긍</td><td>박상득</td><td>『선화봉사고려도경(宣和奉使高麗図經)』 (1995년9월, 국서간행회)</td></tr>
</table>

여기서 주목할 사실은 이중환의 『팔역지(八域誌)』(혹은 『택리지』)는 『조선팔역지(朝鮮八域誌)』라는 제목으로 메이지(明治) 14년 〈1881〉에 이미 조선의 사정을 알 수 있는 지리서로서 훈독되고 있었다는 것이다(青華山人 [이중환] 저, 곤도 신조(近藤眞鋤) 훈독, 「조선팔역지」 [메이지 14년 5월, 일취사(日就社) · 도쿄]). 또한 유성룡이 저술한 『징비록』은 이보다 이전인 에도시대(江戸時代)의 겐로쿠(元伝) 8년(1695)에 교토의 송백당(松栢堂)에서 훈점을 달아 출판했는데, 이보다 앞서 간분(寛文) 7 년(1667)에는 역시 송백당이

『동국통감(東国通鑑)』에 훈점을 붙여 간행해, 에도, 교토를 비롯한 일본의 여러 독자층이 조선의 역사, 지리에 관한 지식을 얻을 수 있는 정보원이 되었다.

이러한 사실에는 조선통신사의 영접을 위해서 필요했던 조선의 역사, 문화에 관한 지식이 쓰시마번(対馬藩)과는 별도로 교토, 에도 등의 유학자 층에 요구되었다는 배경이 있었을 것이다.

단 『징비록』에 훈점을 달아 간행한 데에는 다른 목적도 있었는데 이는 그 서문을 쓴 유학자인 가이바라 에키켄(貝原益軒. 1630~1714)이 밝히고 있다. 그것은 『징비록』이 매우 정확하게 「임진왜란 · 정유재란」(文禄 · 慶長の役)에 대해 서술하고 있으며, 이것을 통해 「용병의 훈련」을 습득하고자 하는 목적이기도 했다.

그런데 일본에서 한국의 역사, 지리, 정치제도나 문화의 여러 사정을 현실의 정치관계의 진행과 더불어 알고자 하는 목적으로 한국 고전의 번역 사업을 활발하게 진행시킨 것은 역시 1910년의 한일합병 전후부터이다. 합병을 전후해서 통치자 계층이 고전을 통해서 조선인의 민족성이나 심정을 읽어내고자 했던 것이다.

먼저 사쿠오 준조(釈尾春仍)가 조선고서간행회(朝鮮古書刊行会)를 「경성」에 조직하고 총서 「조선군서대계(朝鮮群書大系)」를 간행했다. 이것은 메이지 42년(1909)에서 다이쇼(大正) 6년(1917) 사이에 제1집인 『삼국사기』를 시작으로 역사서나 『중경지(中京誌)』 등의 지리서, 『퇴계집(退渓集)』 등의 문집 43종의 고전을 한문에 쉼표를 달아 간행한 총서이다. 이것은 책의 내용을 번역한 것은 아니었기 때문에 한문을 훈독할 수 없는 사람은 해석이 곤란했지만, 이후 한국 고전의 해석 소개 사업의 선례로써 주목할 만 하다.

사쿠오는 메이지 33년(1900)에 한국으로 건너가 각지에서 교원 생활을 하던 중 한국의 역사, 지리, 풍속 등에 관한 지식의 필요성을 자각했는데, 그 사업은 한국 고전의 번역 사업으로 이어지는데, 그것을 담당한 것은 언론인이었으며, 그 주요한 번역은 다음의 【자료 3】에서 볼 수 있다.

【자료 3】한국 고전만 게재. 논평, 시평은 생략

○ 조선연구회 고서진서간행(朝鮮硏究会 古書珍書刊行) (경성, 아오야기 쯔나타로(青柳鋼太郎), 편저 메이지 44년(1911) 1월~다이쇼 7년(1918) 10월) 56책

[제1기 · 메이지 44년(1911) 1월~메이지 45년(1912) 12월] 10책		
제1집		『각간선생실기(角干先生実記)』
	강항	『간양록』
	민주면	『동경잡기(東京雑記)』
제2 · 3 · 5집	정약용	『목민심서(牧民心書)』
제4집	권화·박경여	『장릉지(荘陵誌)』
	윤유	『평양속지(平壌続志)』
제6~8집	정약용	『경세유표(経世遺表)』
제9집		「조선야담집(朝鮮野談集)」
제10집	류성룡	「조선인이 기록하는 풍태합 정한전기(鮮人の記せる豊太閤征韓戦記)」(『징비록』)
이 제1기의 한국 고전은 번역서가 아니다. 한국 한문을 훈독한 것이며, 주석은 달려있지 않다.		

[제2기 다이쇼 3년(1914) 3월~7년(1918) 10월]23책			
제1집		원문 일역대조	『사씨남정기(謝氏南征記)』·『구운몽』
제2 · 3집	김부식	원문 일역대조	『삼국사기』
제4·5집	오경원		『소화외사(小華外史)』(상 · 하)
제7~12집	이용원 등	원문 일역대조	『동국통감(東国通鑑)』
제13집	신유한	원문 일역대조	『해유록』
제14집	일연	원문 일역대조	『삼국유사』

제15집	김충선	원문 일역대조	『모화당집(慕華堂集)』附, 모화당 사론(慕華堂史論)
제16집	박태석	원문 일역대조	『한당유사(漢唐遺事)』
제17집	문종명	원문 일역대조	「조선외구사(朝鮮外寇史)」(『동국병감』)
제18~19집	정약용 장지연	원문 일역대조	『대한강역고(大韓疆域考)』
제20·21집	박지원		『연암외집(燕巖外集)』(열하일기)
제22·24집	전계		『여사제강(麗史提綱)』(상·중·하)
제25~26집		원문 일역대조	『청야만집(青野漫輯)』(상·하)
제27~28집		원문 일역대조	『이순신전집(李舜臣全集)』(상·하)
제29~31집	이수광	원문 일역대조	『지봉유설(芝峰類説)』
제32집	이문전	원문 일역대조	『원조비사주(元朝秘史註)』
제33~37집	이용원 등	원문 일역대조	『국조보감(国朝宝鑑)』
제38~47집	홍문관	원문 일역대조	『증보문헌비고(増補文献備考)』

이 총서의 간행과 같은 시대인 메이지 44년(1911)부터 다이쇼 4년(1915) 사이 최남선은 광문회(光文会)(경성)를 조직해서「조선총서」18책 20종의 고전을 간행했는데, 이 가운데 『택리지』, 『동국병감』, 『경세지표(経世遺表)』『해동역사(海東繹史)』, 『해동역사속(海東繹史続)』, 『경도잡기(京都雑記)』, 『열하일기』, 『중경지(中京誌)』, 『동국통감(東国通鑑)』, 『삼국사기』 10종은 이보다 앞서 「조선군서대계」와 「조선연구회 고서진서간행」의 총서에도 포함되어 있는데, 그 외에 이에 포함되어 있지는 않은 『도리표(道里表)』, 『임충민공실기(林忠愍公実記)』, 『해동명장전(海東名将伝)』 등 10종을 선정해 한국 고전의 보급을 위해 노력한 것은 주목할 만하다.

○ 통속조선문고(通俗朝鮮文庫)(경성, 호소이 하지메(細井肇)편저, 자유토구사(自由討究社), 다이쇼10년[1921]3월~다이쇼11년[1922]5월)12책

제1집	『목민심서』 호소이 하지메 역
제2집	『장릉지』(호소이 하지메 역)·『(사씨남정기)謝氏南征記』(김춘택 역)
제3집	『구운몽』(호소이 하지메·나가노(長野虎太郎) 편저)
제4집	『조선세시기』(이마무라(今村鞆) 역주·『광한루기(広寒楼記)』(시마나카(島中雄三) 역술)
제5집	『징비록』(니기노(長野直彦)역)『남훈태평가(南薫太平歌)』
제6집	『병자일기(丙子日記)』(시미즈(清水鍵吉) 역술)
제7집	『홍길동전(洪吉童伝)』(백석중 역)
제8집	『팔역기』(시미즈(清水鍵吉)역)·『추풍감별곡(秋風感別曲)』(조경하 역)
제9집	『심양일기(瀋陽日記)』(오사와(大沢竜二郎)역)·『심청전(沈清伝)』(조경하역)
제10집	『아언각비』(호소이 하지메 역·『장화홍련전(薔花紅蓮伝)』(조경하 역)

○ 선만총서(鮮滿叢書)(경성, 호소이 하지메 편저, 자유토구사, 다이쇼11년[1922]7월~다이쇼12년[1923]8월)11책

제1권	신유한	호소이 하지메	『해유록』(상)·『연의각(燕の脚)』(흥부전)
제2권	신유한	호소이 하지메	『해유록』(하)·『봉황금(鳳凰琴)』(상, 노승갑 역)
제3권		호소이 하지메 설명	『동경정의(東経正義)』(상)·『봉황금(鳳凰琴)』(하, 노승갑 역)
제5권		호소이 하지메 해석	『동경정의(東経正義)』(하)
제6권	일연	히라이와(平岩佑介)	『삼국유사』
제7권		호소이 하지메	『정감록』
제8권		시미즈(清水鍵吉)	『화영편』(상)·『숙향전(淑香伝)』
제10권		히라이와(平岩佑介)	『파수록(罷睡録)』
제11권		시미즈(清水鍵吉)	『화영편』(하)·『운영전(雲英会)』(호소이 하지메 역술)

○ 조선총서(朝鮮叢書)

제1권(호소이 하지메 쇼와11년(1936)7월, 동경·조선문제연구소)		
정약용	호소이 하지메	『목민심서』
정약용	호소이 하지메	『아언각비』
정동유	시미즈(清水鍵吉)	『주영편』
신유한	호소이 하지메	『해유록』
제2권(쇼와11년(1936)7월, 조선문제연구소)		
나만갑	시미즈(清水鍵吉)	『병자일기(丙子日記)』
류성룡	나가노(長野直彦)	『징비록』
남학명	호소이 하지메	『장릉지』
제3권(쇼와11년(1936)7월, 조선문제연구소)		
일연	히라이와(平岩佑介)	『삼국유사』
최동주	시미즈(清水鍵吉)	『오백년기담(五百年奇譚)』
이자유	이마무라(今村　鞆)	『동국세시기(東国歲時記)』
이중환	시미즈(清水鍵吉)	『팔역지』
	호소이 하지메	『정감록』

이 【자료3】을 통해 알 수 있는 근대 일본에서 한국 고전을 간행하고 번역 소개했던 4종의 총서는 일본에서 한국학 연구성과가 그다지 많지 않았던 시대부터 교육자인 사쿠오를 비롯해, 언론인이었던 아오야기 쯔나타로(青柳鋼太郎)와 호소이 하지메(細井肇)와 그 주변의 인물들에 의해 시작되었다. 단, 번역되는 책은 역사서, 지리서 등에 비중을 두고 선택했으며, 문학서는 많지 않았다. 그 이유는 기록문의 독해와 번역이 문학의 번역에 비해 쉬웠기 때문이기도 하지만, 한국의 역사, 지리의 이해가 한국의 사회와 사람을 알기 위한 필수의 제1차 정보이기 때문이기도 하다.

교육자였던 사쿠오에 이어 한국의 고전을 한국에 있는 일본인을 비롯해 한국의 전통문화나 풍속에 관심이 있는 일본인에게 보급하는 것의 가치를 깊이 깨달은 아오야기 쯔나타로는 메이지34년(1901)에 오사카 마이니치신문(大阪毎日新聞)의 통신원으로 한국으로 건너가, 한국정부에 근무했으며, 합병이 이루어진 1910년에는 사직한 후, 조선연구회를 발족해 한국 고전을 번역하고 간행했던 것이다.

또한 아오야기의 뒤를 잇는 호소이 하지메는 도쿄 아사히신문(東京朝日新聞)의 기자로서 중국으로 갔다가, 일본으로 돌아오는 길에 조선을 돌아보다가 경성의 일한전보통신사(日韓電報通信社)에 근무하면서 조선의 문화, 풍속에 관심을 가지고 되고, 다이쇼10年(1921)에는 자유토구사를 세워 쇼와11年(1936)까지 한국 고전의 번역과 간행에 힘썼다.

그런데, 사쿠오의 「조선군서대계」와 아오야기의 조선연구회가 「고서진서」로 선택한 기준을 확인하는 일은 어렵지만, 역사서, 지리서, 민정서(民政書)에 비중을 두고 있으며, 후자에는 『사씨남정기』와 『구운몽』 2종의 문학서가 포함되어 있다는 사실이 주목된다. 그것은 이 총서에 이어서 호소이가 편집한 「통속조선문고」 전12집에는 문학서 번역이 『홍길동전』 등 6종이며, 「선만총서」 전11권에서는 4종, 그리고 호소이는 다이쇼13년(1924) 「조선문학걸작집(朝鮮文学傑作集)」을 편집해 그때까지 소개한 문학서 10종을 다시 번역, 간행했는데, 1936년에 간행의 「조선총서(朝鮮叢書)」 전 3권 중에서는 문학서 번역소개는 포함되어 있지 않다.

그 중에는 1919년 3월의 「3·1독립운동」이 발생하자, 이 민족운동의 고양에 대응해 「한국과 일본의 융화」를 도모하는 일이 정책과제가 되고, 이에 따라 문학서 고전 중에서 한국인의 전통적 정신과 심성을 이해하고자 하는 번역 간행이 기획 진행되었다는 사실도 알 수 있다.

3. 일본에서의 한국 고전 번역의 과제

일본에서뿐만 아니라 여러 나라의 한국 고전 번역 간행 사업을 보면, 일본 혹은 다른 나라가 한국문화의 어떤 방면에 관심을 두는지를 알 수 있을 것이다. 또한 그 관심에 따라 번역 간행되는 것이기도 하다. 그러한 이유로 지금까지 일본에서의 한국 고전이 어떻게 번역 간행되어 왔는지를 회고해 보았는데, 여기서는 그러한 경향의 문제점을 지적하고, 이후의 과제를 전망하도록 하겠다

우선 첫 번째로 일본에서는 에도시대(江戸時代) 겐로쿠 시대(1688~1703) 이후부터 「임진왜란」이나 「조선통신사」 등 일본의 역사를 같은 시대 한국의 기록에서 찾아내는 자료로 한국 고전을 해석했으며, 그러한 경향은 지금까지도 계속되고 있다. 오늘날에는 일본고대 국가형성의 역사를 고대 한일관계사에서 고찰하는 관점으로 한국고대사의 고전에 관심이 집중되고, 동시에 거기에 중점을 두고 계속적으로 번역하고 있다. 그것은 고대를 시작으로 중세인 고려를 거쳐 조선왕조에까지 진행되어 있다. 고대, 중세, 근세 중에서 일본과 밀접하게 관계한 이웃나라인 한국의 고전 중에서 일본의 역사를 이해하려는 관심에 호응한 번역 간행인 것이다(『삼국사기』, 『삼국사기 왜인전』, 『삼국유사』, 『고려사 일본전』, 『해동제국기』, 『징비록』 등).

두 번째는 이러한 일본의 역사를 이웃나라의 기록에서 이해하고자 하는 목적으로, 바꿔 말하면 일본 역사의 「반사경」으로 한국 고전을 번역 간행해 왔고, 한국 풍속·관습을 비롯해 이국적인 「한국의 전통사회」에 관심이 모아지고 있다. 그러나 고대 헤이안시대(平安時代) 이후, 중국의 고전을 수용해 온 일본의 문화에서는 한국 고전의 지명도는 높지 않다. 한국 고전은

그 명칭뿐만 아니라 내용 또한 일본에서는 충분이 알려져 있지 않은 것이다. 그래서 한국 고전에는 원래는 붙어있지 않은 부제를 붙여 고전의 내용을 알려주어야 했던 것이다(【자료 1】참조).

세 번째로는 일본에 충분히 알려져 있지 않은 한국 고전에 부제를 붙여 그 내용을 알려주더라도 번역상의 곤란함은 남아 있다. 한국의 고전에는 한국의 긴 역사 가운데 중국과의 문인이나 서적 등을 통한 오랜 기간의 문화 교류 속에서 한국의 전통을 배경으로 한국에서 창조된 한자 숙어나 역사적 명사(名辞)가 나오는데 이를 적절하게 일본어로 번역해야 한다는 어려움이다. 이 곤란함을 극복하는 방법은 한국 고전 연구의 성과를 충분히 흡수하는 것일 것이다.

네 번째로는 한국 고전에 대한 중국 문학자의 관심에 부응하는 한국 고전의 일본 번역이다. 한국 고전에 관심을 가지는 독자는 단지 한국 문화의 애호가뿐만 아니라 한국 고전 중에서 한국문인이 어떻게 중국 문화를 이해하고 있었는가에 대한 문제 관심을 가지고 있다. 즉 고전의 저서인 한국지식인의 정신을 소화하고 거기다 한국의 역사에 근거해 재창조된 중국 문화, 바꿔 말해 중국 문화의 한국적 이해를 구하고자 하는 연구자의 관심이다. 한국 고전의 번역은 이 방향에서 진행되고 있다. 중국 문화의 연구자 또한 「한국 지식인과 중국과의 관계」에 관심을 기울이고, 한국의 지식인이 중국 문화를 어떻게 이해하고, 또한 그것을 어떻게 소화하고 있는가라는 문제에 관심을 두고 한국 고전을 읽었던 것이다(『열하일기』 등).

다섯 번째는 앞서 말한 문제와 경향의 반영이기도 한데, 지금까지 일본에서 한국 고전을 번역 간행되는 총서가 기획될 때마다 선정되어 번역되는 고전이 고정되어 있는 경우가 적지 않다(『삼국사기』, 『삼국유사』, 『징비록』, 『팔역지』 등). 새로운 고전이 좀처럼 나오지 않았다는 문제이다.

그러나 번역된 책에서는 새로운 경향이 보이기도 한다. 그것은 최근 한국을 방문하는 일본인이 증가하는 것과 더불어 이문화로서의 한국 문화가 다방면으로 일본에 소개되고 있는 것과도 밀접한 관련이 있으며, 지금까지 역사서나 지리, 풍속서가 번역되어 왔지만, 지금은 「판소리」로 대표되는 전통예술 외에 음식 문화나 세시기 등의 한국 전통의 풍속, 사회에 관한 고전이 번역되는 경향을 보이고 있다. 한국의 전통 문화를 일본, 중국 등 동아시아 여러 지역의 문화와 비교하는 지적 영위에 부응하는 번역 간행이 나타나고 있다. 일본에 있어서 한국 고전의 번역 간행은 일본에서의 한국 문화의 진전을 배경으로 이루어지는데, 한국과의 각 분야의 교류의 진전과 병행해서, 각 분야 독자들의 요구에 부응할 수 있도록 진행해야 한다.

참고문헌

櫻井義之.『朝鮮研究文献誌－明治・大正編－』. (1979年10月′龍渓書舎).

梶井 陟.「朝鮮文学翻訳の足跡(二)－続・古典の翻訳刊行－」. (『季刊・三千里』第23号. 1980年8月).

高崎宗司.「ある"朝鮮通"の生きた道－細井肇の朝鮮論について－」. (『季刊 三千里』第30号. 1982年 5月).

青野正明.「細井肇の朝鮮観－日本認識との関連から－」. (『韓』第110号. 1988年5月).

鄭美京.「植民地朝鮮における韓国古典小説翻訳の発刊をめぐる一考察－『朝鮮刊行会古書珍書刊行』『通俗朝鮮文庫』『鮮満叢書』を中心に－」(『韓国言語文化研究』. 第13号. 2006年12月 九州大学韓国言語文化研究会).

현실의 삶을 번역하기: 국가 중심 번역을 넘어서

도널드 베이커(브리티시 콜롬비아대학교, 캐나다)
번역: 김중순(계명대학교 한국문화정보학)

내가 30여 년 전에 처음으로 한국학에 입문했을 때만 해도 북미나 유럽의 한국학은 유아기에 지나지 않았다. 북미만 해도 당시에는 하버드, 버클리, 하와이, 그리고 워싱턴 대학 정도가 한국학 프로그램을 운영하고 있었고, 주로 그곳에서 다음 세대 교수들이 배출되었다. 1970년 이래, 그러니까 내가 대학원을 시작했을 때부터 한국학의 발전은 괄목할 만했다. 그러나 21세기 초반에 접어든 오늘날까지, 영어권의 한국학은 여전히 청년기에 머물러 있음을 고백하지 않을 수 없다.

그런데 유감스럽게도 내가 전공하고 있는 분야는 여전히 젊은데, 나는 그렇지 않다. 따지고 보면 나는 이미 지나간 세대요, 내 학문적 전성기는 지났다고 할 수 있다. 그러나 개인적인 성과나 책임을 언급하기보다 앞으로 우리가 해야 할 일을 지적하고 싶다. 나는 그 임무가 한국 역사와 문화사 분야의 다음 세대에서 이루어지기를 기대한다. 이 분야에서 더 많은 번역이 나와야 한국학의 위상이 다음 단계로 진입할 수 있다고 믿기 때문이다. 중국학이나 일본학, 인도학 등은 이미 그런 단계에 와 있다.

이제 21세기 초반에 이르러 영어권 한국학이 성인기로 접어들 수 있는 중요한 전기에 놓였다고 할 수 있다. 이 기회를 제대로 활용하기만 하면, 학술분야에서 한국 역사와 문화뿐만 아니라 한국 문화의 특수성이 국제적으로 크게 인정받아 성숙한 성년의 단계로 진입할 수 있을 것이다. 그러나 만약에 이 기회를 놓치면, 한국학은 제 자리 걸음을 하거나 더 자라지 못하게 될 것이고, 더 이상 생산적이 되지 못해 성장이 멈춰버린 청년으로 남게 될 지도 모른다.

그렇다면 영어권 한국학이 앞으로 나아가야 할 방향은 어디인가? 우리는 이미 한국인 자신의 입장에서 쓰여진 한국 역사와 문화 교육용 자료들의 번역은 상당 부분 확보하고 있다. 그러나 그 자료들은 대부분이 정치에 초점이 맞춰져 있다. 그렇지 않으면 경제적으로 부유하고 교육을 많이 받은 상층 지배계급의 문화적 산물에 초점이 맞춰진 국가 중심적 자료들이다. 우리는 이런 국가 중심적인 자료에 머물러 있어서는 안 된다. 우리에게 필요한 번역은 일상적 삶, 특히 비 상층 계급의 삶을 바탕으로 한 자료들이다. 그래서 원문을 읽지 못하는 이들에게 옛날 1000년 전, 500년 전, 혹은 50년 전의 한국의 모습이 어떠했는지 제대로 잘 알 수 있도록 해 주는 자료의 번역이 더 중요하다. 따라서 진짜 번역이 필요한 자료들에는 어떤 게 있는지 구체적으로 제안을 해 보고자 한다.

무엇을 번역할 것인지 이야기하기 전에 우선 누구를 독자로 삼을 것인지에 대해 고민할 필요가 있다. 한국학을 가르치는 교수들을 위한 자료는 우선 제외되어야 할 것이다. 교수들이 원문을 읽지 못하고 번역 자료를 필요로 한다면, 그런 사람들은 이 분야에서 발을 빼야 할 것이다. 그래도 세 종류의 독자층이 남는다. 첫째, 학부에서 한국학을 전공하거나 넓은 의미에서 한국을 공부하는 학생들이다. 둘째, 중국과 일본학 학자들인데 자기 분야의 연구를 위해 한국에 대해 더 배울 필요가 있거나 자기 클래스에서 한국관련 자료를 좀 더 적절히 활용하고자 하는 사람들이다. 그리고 셋째로는 현대 한국 분야의 학자들이다. 그들 가운데는 한문 고전의 해독 능력이 부족한 경우가 있기 때문이다. 이들 세 독자층은 각기 필요가 다르므로 번역할 때 누구를 독자로 삼을 것인지, 무엇을 번역할 것인지, 그리고 어떻게 번역할 것인지를 먼저 생각할 필요가 있다.

번역의 가장 큰 잠재적 독자층은 아무래도 학부 재학생들일 것이다. 이들을 다시 두 그룹으로 나누면 한국학 자체를 전공으로 삼는 학생들이 있을 수 있고 다른 한 편으로는 동양사 혹은 세계사의 일부로서 한국을 공부하는 학생들이 있을 수 있다. 그러면 필요에 따라 이미 번역된 자료들 가운데서 어떤 것들을 선택할 수 있을지 살펴보기로 하자.

한국학 전공 학생들은 상대적으로 행복한 사람들이다. 역사나 문화사 분야에서는 *Sourcebook of Korean Civilization*에 있는 자료들 활용하면 되는데, 페이퍼백으로 *Sources of Korean Tradition*도 나와 있어 매우 유용하다. 그러나 콜롬비아대학 출판부에서 나오는 〈Sources of…〉 시리즈의 전통이기도 하지만, 이 두 권의 한국관련 자료집은 주로 철학이나 국가 정책분야에 초점이 맞춰진 자료들의 합본 편집 형태이다. *Sources of Korean Tradition* 2권에는 교육 분야가 추가되어 가족 간의 편지 글도 포함이 되어 있다. 뿐만 아니라, 전통적인 생활 풍습이나 유명한 민중봉기에 대한 자료들도 포함이 되어 있다. 그러나 이 책을 읽고 한국의 사상이나 종교에 대해 이해하려는 독자들은 자칫 일방적인 오해를 할 수도 있다. 전반적으로 근대 이전의 한국인들은 대부분 불교도이거나 유학자라는 인상을 줄 염려가 있고, 근대 한국인들은 민족주의에 사로잡혀 있다는 인상을 줄 염려가 있기 때문이다. 중국의 경우 패트리샤 엡레이(Patricia Ebrey)가 쓴 *Chinese Civilization and Society*라는 책이 있는데, 이는 과거와 현재 중국의 일상을 자세히 다룬 자료 모음집이다. 일본의 경우에도 *As the Japanese See it: Past and Present*라는 책이 있는데, 보통 사람들의 생활 모습을 다룬 자료 모음집이다. 그러나 이런 책에 비길 만한 민중생활 관련 자료집이 한국학의 경우에는 없다. 그래서 포괄적으로 한국을 공부하는 학생들에게는, 별 다른 번역 자료가 없기 때문에, 결국 국가나 사회 엘리트 계층의 입장을 대변하는 한국사의 한 가지 면만 보여 줄 수밖에 없는 현실이다.

일이십 년 전에 민중사관이라는 게 한창 논의된 적이 있었다. 그런데 나는 아직 교실에서 쓸 만한 민중사 관련 영어 번역 자료를 별로 보지 못했다. 이수광(1563~1628)의 지봉유설이나 이익(1682~1764)의 성호사설 같은 조선 시대 문헌에서 볼 수 있는 음식이나 의복, 수공예 등 일상생활 부분의 영어 번역은 거의 없다(이런 분야는 2007년 한국문학번역원(이하 '번역원')의 번역 예정 목록에도 나타나 있지 않다). 사실 많은 부분이 허구이긴 하지만, 실존 인물들의 짧은 전기에 해당하는 "傳"(전)들의 번역도 별로 없다. 이런 것들이 근대 이전의 인물상을 다룬 글 속에 숨어있다(번역원 리스트에 있는 것들은 대부분 허균(1569~1618)이나 박지원(1737~1805)의 저작인데, 홍대용(1731~83), 정약용(1762~1836)의 저작도 좀 있을 것이다). 20세기 전반기에 한국에서 출판된 대중 잡지에 한국어나 일본어로 씌어진 비소설류 글들이 있는데, 이것도 번역이 되면 학생들에게 그 당시의 삶을 잘 보여 줄 수 있어 한국의 문화와 문명을 제대로 알려주는데 기여를 하게 될 것이다. 이처럼, 아직 많은 부분들이 제대로 번역되어야만 학생들이 한국 문화를 이해하는 데 보다 균형 잡힌 시각을 가지게 될 것이다.

종교 분야는 그래도 좀 낫다. 한국종교를 가르치는 사람들이 많지 않음에도 불구하고 충분히 기여하고 있다. 로버트 버스웰(Robert Buswell) 경우 2006년에 *Religions of Korea in Practice*를 출판했는데 이것은 한국의 종교의례나 그와 관련된 자료들을 번역하고 설명한 모음집이다. 이 종교들은 상당 부분 평범한 한국인 신도들이나 실제 종사자들의 종교적 일상에 속하는 것들이다. 로렐 켄달(Laurel Kendall)의 *Life and Hard Times of a Shaman*이란 책도 있는데 20세기 한국에 있어서 무당의 모습과 위상이 어떠한지를 그려낸 것이다. 보드윈 왈라벤(Boudewjin Walraven)의 *Songs of the Shaman*이란 책은 무당의 노래라고 할 수 있는 무가를 실은 책이다. 뿐만 아니라 Buswell 같은 경우 *The Zen Monastic Experience*라는 제목으로 송광사에서 자신이 직접 경험한 수도생활의 경험을 보고서로 출판한 바가 있고, 마틴 베철러(Martine Bachelor)는 *Women in Korean Zen*이라는 제목으로 자신의 비구니 생활의 경험을 이야기하기도 했는데, 거기에는 한 한국인 비구니의 일생을 그린 이야기도 포함되어 있다. 엄격히 말하면 이런 것들은 번역에 해당하지 않는다. 그러나 수도원 생활을 생생하게 그리고 있어 이 책들은 번역서와 마찬가지 역할을 한다. 유교의 경우 마이클 칼튼(Micahel Kalton)의 편지 글 번역이 있다. *The Four-Seven Debate: an annotated translation of the most famous controversy in Korean Neo-Confucian thought*라는 제목의 책으로 출판되었는데, 한국 성리학의 4단7정론이 바로 이 편지 글에서 야기되었다고 할 수 있다. 이런 번역들은 학생들이 한국인 자신들의 언어로 쓴 한국의 영성 혹은 종교성을 경험할 수 있게 해준다.

욕심이긴 하지만, 나는 번역이 좀 더 많았으면 좋겠다. 내 분야를 예로 들면, 유학자들끼리, 혹은 유학자와 불교도 사이에서 오간 편지 글 번역이 있었으면 한다. 있다면 20세기에 유학자들 사이에서, 불교도들 사이에서, 혹은 기독교도들 사이에서 오간 편지 글 번역도 좋겠다. 뿐만 아니라 다산이 쓴 《西巖講學記》(서암강학기) 같은 비공식적이고 일상적인 만남에서 나누어진 사상의 교류도 번역할 수 있으면 좋겠다. 이런 번역들은 근대 이전의 한국 철학을 이해하는 데 도움이 될 것이고, 한국 철학은 불교인이건 유학자건 혼자만의 독자적인 생각으로 깊이 들어가 이루어진 것이 아니라 대화로 형성된 것임을 알게 될 것이다. 뿐만 아니라 깊이 있는 윤리나 종교 문제, 그리고 철학적 문제들을 다룬 것이 남성만의 전유물이 아니었다는 사실을 밝힐 만한 증거가 있으면 좋겠다. 만약 20세기 혹은 그 이전에 여성 작가들의 문집 번역을 읽을 수 있다면, 우선 그들의 종교적 행위나 철학적 바탕을 이해하게 될 것이고, 나아가서는 한국의 종교성에 있어서 여성성에 대해 갖게 되는 삐뚤어진 시각을 교정할 수 있을 것이기 때문이다.

영어권의 한국학 교수 중에서 가장 운이 좋은 사람들은 문학 분야에 있는 사람들이다. 피터 리(Peter Lee), 브루스 풀턴(Bruce Fulton), 케빈 오룩(Kevin O'Rourke), 데이빗 매켄(David McCann), 그리고 그 외에도 일일이 이름을 댈 수 없을 만큼 많은 학자들 덕분에 한국문학 번역은 근대, 현대 할 것 없이 너무 좋은 게 많아 수업 시간에 읽기 자료로 부족함이 없을 정도다. 근대 이전의 문학은 자현 하부시(JaHyun Haboush)가 *The Memoirs of Lady Hyegyŏng*이라는 제목으로 번역한 《閑中錄》(한중록), 리챠드 럿(Richard

Rutt)이 *A Nine Cloud Dream*이라는 제목으로 번역한《九雲夢》(구운몽), 피터 리가 *The Columbia Anthology of Traditional Korean Poetry*라는 제목으로 묶은 한국 전통시 번역, 케빈 오룩이 *The Book of Korean Sijo*라는 제목으로 묶은 시조 번역집 등이 있다. 근대문학은 단편집, 시집을 비롯해 전경자가 *Peace Under Heaven*이라는 제목으로 번역한 채만식의《태평천하》, Agnita Tennant가 *Land*라는 제목으로 일부 번역한 박경리의 대하소설《토지》, 브루스 풀턴과 주찬 풀턴이 *Dwarf*라는 제목으로 공동 번역한 조세희의《난장이가 쏘아올린 작은 공》, 브라이언 마이어스(Brian Myers)가 *Jackals*라는 제목으로 번역한 월북 작가 한설야의 단편소설《승냥이》같은 것들이 있다. 이 정도면 더 요구할 게 없다고 생각한다.

그럼에도 불구하고 나는 좀 더 요구하고 싶은 게 있다. 박찬웅 교수 같은 사람이 적임자라고 생각되는데, 판소리나 탈춤 대본 같은 구비문학의 번역이 더 필요하다. 춘향전, 심청전, 흥부전 같은 판소리 세 편이 번역원 리스트에 들어 있는데, 빠른 시간 내에 완성되면 좋겠다. 이런 구비문학의 번역은 단순한 활자 번역으로는 충분치 않다. 실제 공연 장면을 영상으로 처리할 필요가 있다. 그래야 문학이 어떤 원래적인 상황에서 이야기가 되는지 가장 잘 이해될 수 있기 때문이다. 시조 번역의 경우도 시조를 읊는 공연 모습이 보태져야 한다. 학생들이 시조를 가장 잘 감상할 수 있게 하는 방법은 수 세기 전의 한국 문화 속에서 시조가 읊어졌던 시대적 상황과 시조가 당시에 어떤 역할을 했는지에 대해서도 이해할 수 있게끔 해 주는 것이다. 그러기 위해서는 시조를 읊는 모습이 담긴 비디오를 보며 동시에 화면 아래쪽에 쓰인 영어 번역을 같이 읽도록 하는 방법이 있을 것이다.

지금까지는 학부생들 수업을 위한 자료 번역에 대해 이야기를 했는데,

번역하시는 분들의 입장에서는 이것만으로도 충분히 바쁠 것이다. 하지만 무엇을 번역할지 결정할 때 학부생을 위한 교재만이 목적이 되어서는 안 된다. 앞에서 말했듯, 자신의 연구를 위해서거나 아니면 교실에서 다른 것과 함께 가르치기 위해서거나 간에 중국학이나 일본학 학자들도 이런 번역을 필요로 한다는 사실을 염두에 둬야 한다. 물론 이들이 한국말을 배우면 제일 좋겠지만 현실적으로 자기 자신의 전공에도 바쁘니 그럴 수 없다. 근대 이전 중국을 전공하는 사람의 경우에는 중국 고전을 읽을 수 있는 실력이 있기 때문에 그들이 사용할 수 있는 근대 이전 한국 관련 한문 자료는 많다. 그렇지만 자기 관심분야에 해당하는 자료를 얻기 위해, 연구를 위해서건 가르치기 위해서건, 그 많은 자료를 전부 일일이 살필 수는 없는 노릇이다. 일본학 전공자의 경우는 고전 한문을 해독하는 게 아무래도 중국학 전공자 보다 쉽지 않을 것이다. 결국 이 두 경우에는, 한글로 된 적당한 자료가 있다면 그것을 영어로 번역하는 게 모두를 위해 좋을 것이다.

일본학자나 중국학자들이 한국에 대해 좀 더 많은 공부를 할 수 있도록 이런 제안을 해본다. *Sources of Korean Tradition*의 내용을 보완하자는 것이다. 두 권으로 된 이 시리즈에서 다뤄진 주제들은 내용이 너무 짧고 간략하다. 특히 개별 주제들을 제대로 깊이 있게 다루지 못하고 있다는 한계가 있다. 한 가지 방법은 중국과 일본과의 관계를 다룬 자료를《조선왕조실록》에서 발췌해서 번역하는 방법이다. 실록에는 한국과 이웃국가 간의 관계를 다룬 부분이 많을 것이다. 그런 부분을 찾을 수만 있다면, 가장 적절한 것을 뽑아 번역하면 적잖은 일본학자나 중국학자들이 그것을 찾아 읽게 된다. 또 한 가지 더 생각해 볼 수 있는 방법은, 중국과 일본을 여행한 사람들의 여행기를 번역하는 일이다. 이런 것들은 대부분 고전 한문으로 씌어져 있지만 한국어 자료도 있다. 그래서 한국어를 못 읽는 사람에게는 유용한 번역이 될 수 있다. 박지원(1737~1805)의 《熱河日記》(열하일기)가 번역원의 리스트에 들어있는 것은 봤는데, 그 외에 다른 것은 확인을 못했다. 부분적으로라도 홍대용(1731~1783)의 일기 〈毉山問答〉(의산문답) 같은 것도 번역을 했으면 좋겠다.

앞서 우리의 번역은 국가중심이나 지배층 중심에서 자유로웠으면 좋겠다고 제안한 바 있다. 그러나 실록이나 중국 일본 여행기 같은 것은 엘리트와 관료 지배문화의 산물임에 틀림없다. 그래서 중국학자 일본학자들에게 지배계층이 아닌 일반 한국인들의 일본관이나 중국관이 어떠했는지를 제대로 알려주려면 다른 번역 자료들도 제시할 필요가 있다. 중국 관련내용이 있거나, 드물지만 일본 관련내용이 있는 시를 찾아 번역할 것을 제안한다. 가사나 시조를 번역하는 일은 특별히 중요한데, 대부분 한글로 되어 있어 번역이 아니라면 접근하기가 용이하지 않기 때문이다. 산문도 간과해서는 안된다. 피터 리와 최병현(Choi Byonghyon) 같은 분이 *The Record of the Black Dragon Year*라는 제목으로 번역한 《壬辰錄》(임진록), 그리고 *Book of Corrections*라는 제목으로 변역한 《懲毖錄》(징비록)은 일본 학자들로 하여금 한국인들이 히데요시의 침략에 대해 어떤 감정을 가졌었는지를 알게 하는데 중요한 자료가 된다. 내가 알기로는 몇 년 후에 일어난 만주족의 침략에 대한 자료의 영문 번역도 아직은 없다.

조선시대나 그 이전에 양반들이 쓴 공식문서가 아닌 생활 이야기의 번역도 있으면 좋겠다. 예를 들어 《野談》(야담)에 실린 짧은 이야기들은, 허구냐 아니냐를 떠나서, 근대 이전 한국인들의 생활상을 살피는 데 도움이 된다. 그래서 전기에 해당하는 "전"(傳)들을 이야기 문집에서 찾아낼 수가 있다.

(번역원에서는 야담집과 유몽인(1559~1623)의 《於于野談》(어우야담)을 리스트에 넣어두고 있는데, 이것은 일본어 번역 후보로 구분이 되어 있다)

근 · 현대에 이르면 자료들은 거의 다 한국어로 바뀐다. 그래서 번역의 필요성은 더 커진다. 중국학자나 일본학자들이 한국어를 읽을 수 있으면 유용한 자료들이 매우 많다. 1890년대부터 20세기에 이르기 까지 한국 사람들이 쓴 중국과 일본관련 글들이다. 한국에 대해 관심은 있으나 한국어를 못하는 그룹이 커지기 때문에, 번역이 필요한 자료들의 범위도 점점 넓어진다. 예를 들면, 한국 민주화 운동에 대한 영문 번역자료 수집이 매우 중요하다. 예를 들면 재판 기록을 비롯해서 정치적 압제와 관련한 소문들, 1948년 국토의 분단을 반대했던 제주 4 · 3사건이나 1980년 군부 압제에 저항했던 5 · 18 광주사태 때 당사자들의 이야기(광주사태에 대해서는 자료가 제법 있지만, 제주사건에 대해서는 거의 없다), 그리고 신문 보도 등이다. 여성학자들에게는 20세기의 한 시기에 출판되었던 여러 가지 여성잡지에 기록된 자료들의 번역 모음 같은 것이 있다면 유용할 것이다. 그리고 비록 한글을 못 읽지만, 현대 한국에 대해 글을 쓰거나 혹은 점잖게 논평이나 하시는 정치학자들에게는 현대사에 대한 해설 자료의 번역도 대단히 도움 될 것이다.

이런 번역들은 한국 사람들의 생활상과, 국민들이 자신의 정부와 이웃 국가들을 어떻게 생각하고 있는지에 대한 정보를 제공하지만, 한국의 철학과 종교적 신념체계에 대한 정보는 제공할 수가 없다. 한국 불교를 전공하지 않은 학자들에게는 실제 한국인들이 중요한 불교 경전들을 어떻게 해석했는지를 보여줄 수 있는 자료의 번역이 더 유용할 것이다. 찰스 뮬러(Charles Muller)가 *Sutra of Perfect Enlightenment, with commentary by the Sŏn monk Kihwa*(1376~1433)라는 제목으로 번역한 기화선사 해설의 《大方廣圓覺修多羅了義經》(대방광원각수다라요의경), 그리고 로버트 버스웰이 번역한 원효(617~686)와 지눌(1158~121)의 글들이 몇몇 더 있다. 그 동안 많은 번역을 해 온 J.C. 클리어리(Cleary)는 고려시대 법사 태고보우(太古普愚; 1301~1382)의 가르침도 번역을 했다. 그러나 한국불교 연구의 국제적인 위상에서 보자면 번역은 훨씬 더 많이 필요하다. 뿐만 아니라 한국 신흥종교에서 나온 경전들의 번역도 필요하다. 원불교경전은 정봉길의 번역이 있다. 통일교 경전인 "원리강론"도 번역이 있다. 번역원에서는 천도교 경전의 첫 번째 부분에 해당하는 《동경대전》의 번역도 추천하고 있다. 그러나 한국어를 읽을 줄 모르지만 대종교나 대순진리교에 대해 알고 싶은 사람들에게 제공될 만한 번역 자료는 없는 실정이다. 한국 기독교에 대한 자료도 그리 많지 않다. 그저 한국 기독교장로회 계통에서 나온 정치관련 운동권 자료나 민중 신학 정도가 대부분이다. 나는 보수파들이 제기하는 신학적 이론은 무엇인지, 국가와 교회의 관계에 대해 소위 진보파들과의 차이는 어떤지 궁금하다. 이런 자료들이 번역되면 한국어를 모르는 사람들도 한국 기독교에 대한 올바른 관점을 가지기가 쉬울 것이다.

한국 종교연구에 있어서 가장 시급한 번역은 아무래도 도교에 관한 것이다(도교는 *Sources of Korean Tradition*에서도 완전히 무시 당하고 있는 형편이다). 번역원에서는 조선시대의 여러 도교 문서의 번역을 추천하고 있는데, 이 가운데 《鄭鑑錄》(정감록)과 《青鶴集》(청학집)은 감당하기 어려울 만큼 번역이 무척 어려울 것이다. 뿐만 아니라 박세당(1629~1703)의 《新註道德經》(신주도덕경)도 번역 추천도서에 포함되어 있다.

종교부문과 더불어 유교 분야도 번역이 필요하다. 이 경우에는 내가 우려한 바 엘리트 문화권의 이야기를 건드릴 위험이 있기는 하다. 그러나 다산 정약용(1762~1836)이나 박세당 같은 학자들의 주석은 대단히 가치가 높다. 영어로 된 번역이 있다면 학술적으로 크게 기여할 것이다.(박세당의 저술 가운데 번역원에서 유일하게 후보로 올려놓은 게《新註道德經》이다. 도해로 풀어놓은 한국유교 철학의 방법도 빨리 번역해서 알릴 필요가 있다고 생각한다. 한국사상연구회에서 최근에 내놓은《도설로 보는 한국유학》같은 데서 볼 수 있는 그림들이 좋은 자료가 될 것이다. 근대 한국인들이 가졌던 철학적 삶의 진수를 보여 줄 수 있는 또 다른 방법은 유학자들의 문집에 남아있는 편지글을 번역하는 것이다. 예를 들면 앞에서 언급한《서암강학》같은 것인데, 여기에는 철학사상의 교류 내용들이 담겨있다. 이제 마지막으로 내가 언젠가 제대로 시간을 가질 수 있다면 진짜 한번 해보고 싶은 프로젝트를 이야기하고자 한다. 다산 선생은 스스로 자신의 비문을 쓰셨는데 이것을 번역하는 일이다. 물론 이 글은 실제로 비석에다 새기기에는 너무 길다. 거의 자서전에 가깝지만 충분히 번역의 가치가 있다고 생각된다. 여기에서는 18세기와 19세기 한국의 유교 반체제론자들의 모습이 어떠했는지를 볼 수 있기 때문이다.

나는 주로 학부 학생들의 강의에서 필요한 자료, 그리고 한국어나 고전 중국어를 해독하지 못하지만 한국을 연구하는 사람들에게 필요한 자료, 더 나아가 도무지 한국학에 어떤 자료가 있는지조차도 알지 못하는 사람들을 위한 자료의 번역에 대해 논했다. 그런데 내가 언급해야 할 또 하나의 그룹이 남아있다. 근현대 한국을 연구하는 학자들로서 고전 중국어를 해독 못하는 사람들이다.

미국을 포함한 북미지역에서는 날이 갈수록 한국관련 근대 이전 자료를 해독할 수 있는 학자들의 수가 줄어가고 있다. 한국인들은 한 때 한글보다 한자를 더 많이 쓰던 시절이 있었다. 이 역사에 대한 기억이 희미해질수록, 새로운 한국학 입문자들은 한글에 대해서는 강하지만 한문에 대해서는 점점 더 약할 수밖에 없다. 이렇게 되면 그들은 한국의 과거로부터 단절되고 연구와 교수의 분야 또한 대부분이 20세기 한국으로 제한될 수밖에 없다. 과거의 역사와 뿌리를 알지 못하고 현재를 논한다는 것이 불가능하다는 것이 사실이라면, 우리의 현실은 비관적이다. 물론 모든 학자들이 한국역사, 문학, 사상분야의 관련 한문을 잘 읽을 수 있으면 좋겠지만, 현실적으로 그건 이제 불가능한 일로 생각된다. 따라서 차선책은 가능한 한 많은 근대 자료들을 영어로 번역하는 일이다.

근현대 한국학자들이 필요로 하는 자료들은 학부학생들이 필요로 하는 것과 특별히 다르지 않다. 뿐만 아니라 중국과 일본학자들이 한국에 대해 필요로 하는 것과도 기본적으로 같은 것이다. 일단 자료가 풍부해야 한다. 특히 근대 이전의 문학과 문화지리 같은 경우에는 더욱 그러하다. 다행히도 번역원에서는 이중환(1690~1752)의 《擇里志》(택리지)와 초의(1786~1866)의 《東茶頌》(동다송) 같은 것을 후보로 올려놓았다. 좋은 시작이라고 생각된다. 더 이상 구체적으로 어떤 형태의 어떤 작품이 번역되어야 한다고 언급할 필요는 없을 것 같다. 내가 이 부분을 언급한 이유는 특히 근현대 한국 관련 학자들에게 얼마나 많은 한문 자료가 필요한지를 강조하고 싶었기 때문이고, 특히 근대 이전 자료들의 경우에 그것의 영어 번역이 얼마나 절실한지를 강조하고 싶었기 때문이다.

한국에 대한 관심이 높아질수록 더 많은 사람들이 한국을 공부하게 될 것이고, 한국을 가르치게 될 것이고, 한국에 대해 쓰게 될 것이다. 한국학의 전문가로서 책임이 크다. 학생들이나 학자들이 사용할 수 있는 자료가 충분하게 구비되도록 하는 것은 우리가 할 일이다. 그래야 그들이 한국의 역사와 문화를 충분히 이해하고 제대로 알 수 있게 되는 것이다. 그렇게 하기 위해서는 결국 번역을 더 많이 해야 한다. 그리고 동시에 궁중이나 지배 엘리트 계급에 속하지 않는 사람들의 삶을 비춰 볼 수 있는 자료들이 더 많이 필요하다. 이제 여러분들에게 이 과제를 남긴다: 번역을 더 열심히 하자. 그래서 더 많은 세상 사람들과 함께 한국에 관한 지식과 애정을 나눌 수 있기를 바란다.

참고문헌

Aoki. Michiko Y. and Margaret B. Dardess, ed. *As the Japanese See it: Past and Present*. Honolulu: University of Hawaii Press. 1981.

Batchelor, Martine and Son'gyong Sunim, *Women in Korean Zen: Lives and Practices* Syracuse, New York: Syracuse University Press, 2006.

Buswell. Robert E. Jr., ed. *Korean Religions in Practice* Princeton, New Jersey: Princeton University Press. 2007.

——. *The Zen Monastic Experience*. Princeton, New Jersey: Princeton University Press. 1992.

Chae Man-sik. Translated by Chun Kyung-ja. *Peace Under Heaven*. Armonk. New York: M.E. Sharpe. 1993.

Chinul. Translated by Robert E. Buswell. Jr. *The Collected Works of Chinul* (Honolulu: University of Hawaii Press. 1983).

Cho, Sehui. Translated by Bruce and Ju-Chan Fulton. *The Dwarf*. Honolulu: University of Hawaii Press. 2006.

Ch'o Ŭi. "Tongdosong" [Ode to the Tea of the East]. available at http://hompi.sogang.ac.kr/anthony/DongChaSong.htm

Ch'oe Yongho, Peter H. Lee. Hugh Kang. and Wm Theodore de Bary, ed. *Sources of Korean Tradition*. 2 vols. New York: Columbia University Press. 1996~2000.

Chung, Bongkil, trans. *The Scriptures of Won Buddhism: A Translation of the Wŏnbulgyo Kyojŏn with introduction*. Honolulu: Universityof Hawaii Press. 2003.

Ebrey, Patricia Buckley. ed. *Chinese Civilization and Society*. New York: The Free Press. 1981.

Han Sŏrya. Jackals. in Brian Myers. *Han Sŏrya and North Korean*

Literature: The Failure of Socialist Realism in the DPRP. Ithaca, New York: East Asian Program, Cornell University. 1994, pp.157~188

Han'guk sasangsa yŏn'guhoe, ed. *Tosŏllo ponŏn han'guk yuhak* [Look at Korean Confucianism through diagrams] Seoul: Sangjisa. 2000.

Hyegyŏng. Lady. Translated by Ja Hyung Kim Haboush. *The Memoirs of Lady Hyegyŏng: The Autobiographical Writings of a Crown Princess of Eighteenth-Century Korea*. Berkeley: University of California Press. 1996.

Kalton. Michael. with Oaksook Chun Kim. Sungbae Park. Youngchan Ro, Wei-ming Tu. and Samuel Yamashita. trans. *The Four-Seven Debate: an annotated translation of the most famous controversy in Korean Neo-Confucian thought* Albany: State University of New York Press. 1994.

Kendall. Laurel. *The Life and Hard Times of a Korean Shaman: Of Tales and the Telling of Tales*. Honolulu: University of Hawaii Press. 1988.

Kihwa. Translated by A. Charles Muller. *The Sutra of Perfect Enlightenment: Korean Buddhism Guide to Meditation(with Commentary by the Sŏn monk Kihwa)*. Albany, New Yori: State University of New York Press. 1999.

Kim Manjung. Translated by Richard Rutt. *A Nine Cloud Dream*. Hong Kong: Heinemann Asia. 1980

Lee Jae-eui. translated by Kap Su Soul and Nick Mamatas. *Kwangju Diary: Beyond Death, Beyond the Darkness of the Age* (Los Angeles: UCLA Asian Pacific Monograph Series. 1999.

Lee. Peter H.. ed. *Sourcebook of Korean Civilization*. 2 vols. New

York: Columbia University Press. 1993~96.

——. *The Columbia Anthology of Traditional Korean Poetry* New York: Columbia University Press. 2002.

——. trans. *The Record of the Black Dragon Year*(Honolulu: Center for *Korean Studies,* University of Hawaii. 2000.

Moon. Sun Myung. *The Divine Principle* Washington. D. C.: The Holy Spirit Association for the Unification of World Christianity. 1973.

O'Rourke. Kevin. trans. *The Book of Korean Shijo*. Cambridge. Mass.: Harvard University Asia Center. 2002.

Park Kyong-in. Translated by Agnita Tennant, *Land*. New York: Kegan Paul International. 1996.

Scott-Stokes. Henry and Lee Jae Eui. ed. *The Kwangju Uprising: Eyewitness Press Accounts of Korea's Tiananmen*. Armonk, New York: M.E. Sharpe. 2000.

T'aego Pou. Translated by J. C. Cleary. A Buddha From Korea: *The Zen Teachings of T'aego*. Boston: Shambala. 1988)

Yu Sŏngnyong. Translated by Choi Byonghyon. *The Book of Corrections: Reflections on the National Crisis during the Japanese Invasion of Korea,* 1592~1598. Berkeley: Institute of East Asian Studies, University of California. Berkeley; 2002.

Walraven. Boudewijn. *Songs of the Shaman: The Ritual Chants of the Korean Mudang* New York: Kegan Paul International. 1994.

Wŏnhyo. Translated by Robert E. Buswell. Jr. *Cultivating Original Enlightenment: Wŏnhyo's Exposition of the Vajrasamadhi-Sutra (Kumgang Sammaegyong Non)* Honolulu: University of Hawaii Press. 2007.

제주4 · 3연구소. 『이제사 말햄수다』 1~2. 한울. 1989.
『전경』. 서울: 대순진리회 출판부. 1989.
『천도교경전』. 천도교중앙총부 출판부. 1984.
정약용. 「西巖講學記」(서암강학기). 『與猶堂全書』(여유당전서) I. 21: 23a~38b
———. 『다산 산문선』 박석무 역. 창작과 비평사. 1985.
『조선왕조실록』.
허균. 「傳」(전). 「惺所覆瓿藁」(성소부부고). 『허균전집』.
홍대용. 『湛軒書』(담헌서).
———.「毉山問答」(의산문답). 『湛軒書內集』4: 15b~37a.
박지원. 『燕巖集』(연암집).
———. 「熱河日記」(열하일기). 『燕巖集』11: 1a~15: 66a.
박세당. 「新註道德經」. 『韓國古典 國譯叢書』 제4집. 고려대학교 민족문화연구소. 1971.
『新譯 鄭鑑錄』(신역 정감록). 이민수 역, 홍신문화사. 1993.
서대석 편. 『조선조 문헌 설화집요』 2권. 집문당. 1991~2. (유몽인의 「어유야담」 포함).
『단편소설선: 어유야담, 운영전, 요로원 야화기, 삼설기』. 민중서원, 1976.
『대종교 요감』. 대종교출판사. 1993.
이종은 편. 『해동전도록 청학집』 보성문화사 1992.
이중환. 『택리지』. 이익성 역. 한강 1992.
이익. 『성호사설』.
이수광. 『지봉유설』.
이우성, 임형택 편. 『이조 한문 단편집』. 3권. 일조각 1992.
『도설로 보는 한국 유학』. 한국사상연구회. 2000.

프랑스의 한국 고전 번역과 연구

이진명(리옹 3대학교, 프랑스)

머리말

이 논문에서는 과거에서 현재까지 프랑스에서의 한국 고전에 대한 관심, 번역, 연구 그리고 앞으로의 전망과 과제를 살펴 보고자 한다.

우선 프랑스에서의 한국 고전 번역을 1900년 이전과 그 이후로 나누어 역사-서지학적인 면에서 검토하고, 고전 및 한국 문학에 관한 연구, 그리고 전망과 과제에 관해 짚어 보도록 하겠다.

그러면 고전이란 어느 범주까지인가, 즉 어디까지인가가 문제인데, 여기서는 원작이 20세기 이전에 저작된 모든 저서로 하기로 한다. 그러나 한문 서적은 20세기 이후에 저술된 것이라도 고전의 범주에 포함되어야 하며, 현대 한국어로 개작(改作) 또는 개필(改筆)된 것이라도 원작이 20세기 이전인 저작물은 고전에 포함한다.

또 고전이라고 하면 일반적으로 좁은 의미에서 철학이나 사상에 관한 저서가 되겠지만, 여기서는 분야도 포괄적으로 확대하여 철학이나 사상은 물론, 소설, 시, 구전 문학, 시조, 산문, 여행기 등의 문학 작품은 물론, 법전, 의궤 등 모든 저서를 대상으로 한다.

이렇게 고전의 범주를 광범위하게 확대해서 보면, 프랑스의 한국에 대한 관심과 이에 따른 번역 및 연구가 미미하지만, 어느 정도는 되어 있다고 말할 수 있을 것이다.

어느 나라에서 타국의 고전에, 더우기 프랑스에서 먼 동양의 고전에 관한 관심이 약할 수 밖에 없는 사실은 당연할 지도 모르겠다. 서양의 다른 나라에서와 마찬가지로, 프랑스에서도 일반적으로 동양, 중국과 일본 다음에 별로 치지도 않는 한국에 관심을 가진 사람은 극소수이다. 또 한국학의 전통도 짧고, 비중도 크지 않다. 중국학이나 일본학의 1/15 정도나 될까? 그러므로 한국 고전에 관심을 가지고, 한문이나 옛 한글체로 쓰인 고전을 직접 이해할 수 있는 사람은 불과 몇 사람에 지나지 않는다고 해도 과언이 아닐 것이다. 따라서 프랑스에서의 한국 고전의 번역, 출판과 소개는 황무지나 다름 없다. 물론 고전이 번역이 되어 나와 있으면, 찾아 읽어 보는 사람은 있을 것이다.

넓은 의미에서 20세기 이전에 한국에서 생산된 모든 저서에 대한 불어 번역을 본다면 약간 수가 있고, 그 시대도 18세기 초까지 거슬러 올라간다.

1. 19세기 말까지의 한국 고전 번역

이 장에서는 19세기 말까지 프랑스에서의 문학을 제외한 한국 고전 번역에 관해 먼저 살펴 보고, 문학 작품의 번역은 제 2장에서 보기로 한다.

1668년 화란어로 저술된 하멜의《표류기》가 1670년에 불어로 번역되어 출판된 이후, 한국에 관한 기술은 1735년에 출판된 뒤 알드(Du Halde) 신부가 저술한 전4권의 방대한《중국 및 달단의 지리, 역사, 연대기, 정치 서술》(일명《支那帝國全誌》) 중의 제4권 431~458쪽에 레지스(Régis) 신부의 기록에서 발췌한 '조선 왕국의 지리적 고찰'(Observations géographiques sur le Royaume de Corée, tirées des mémoires du pére Régis)이 실려 있다[1]. 레지스 신부의 기록은 그 당시의 한국 자료에 근거한 것이다. 뒤 알드 신부의 저서에는 1732년에 당빌이 그린 '조선 왕국 전도', 한반도가 포함된 '중국, 달단, 티베트 지도'와 '달단 전도'도 들어 있다. 그러나 이 기록을 번역이라고 보기는 어려울 것이다.

종교 분야인 카톨릭에 있어서는, 1801년 박해 때 황사영이 북경의 고베아(Govéa) 주교에게 보낸 서간, 즉 '황사영백서'가 천주교 한국 교구장이었던 귀스타브 뮈텔(Gustave Mutel) 주교에 의해 불어로 번역되어 홍콩에서 1925년에 출판되었다[2]. 이 책에는 한문으로 된 원문도 영인되어 실려 있다. 이 백서의 원본은 로마 교황청에 기증되어 보존되고 있다.

---

1) Regis. pére:《Observations géographiques sur le Royaume de Corée》. in DU HALDE Jean-Baptiste:《*Description géographique, historique, chronologique, politique et physique de l'Empire de Chine et de la Tartarie chinoise*》, 4 vol. in-fol, Paris, Le Mercier. [BN-fol O2n39]. Cf. vol. 4. pp.423~458.
2) HOANG Saéyong(HWANG Saéyeong): *Lettre d' Alexandre Hoang á Monseigneur de Gouvéa. évéque de Péking, 1801*. traduction francaise avec le texte original, sous la direction de Mgr Gustave Charles Marie MUTEL. Hong-Kong. 1925.

1) 클라프로트의 《삼국통람도설》 번역

1832년에는 일본인 하야시 시헤이(林野平) 저작 《삼국통람도설 三國通覽圖說》을 독일 출신 프랑스 동양학자 클라프로트(Klaproth, Julius von, 1783~1835)가 불어로 번역했다. 그는 또한 1829년 《신 아시아 학보 *Nouveau Journal asiatique*》, 제4권에 '한국어 어휘' 라는 6쪽자리 글을 게재하기도 했다[3].

하야시의 《삼국통람도설》에는 특히 동해상에 나타나 있는 두 섬 옆에 '다케시마는 조선의 것' 이라는 문구가 기재되어 있어서 독도가 한국 영토임을 확인해 주는 일본측 자료로 많이 인용되고 있다. 그런데 하야시 시대에 일본에서는 울릉도를 다케시마로, 독도는 마츠시마로 부르고 있었으므로 이 지도 상의 '다케시마' 가 독도를 지칭하는 것은 아니다. 다만 두 섬이 한반도와 동일하게 노랑색으로 표시되어 있으므로 이 두 섬을 한국령으로 보았다고는 할 수 있겠지만, 필자가 보기에는 애매한 지도다.

2) 세르제르(Scherzer)의 《조선지朝鮮志》 번역

조선의 관제 및 지리에 관해서는 《조선지 朝鮮志 Tchao-sien-tche》를 세

3) RIN(HAYASHI). Shihei: San kokf tsou ran to sets *ou Apercu général des trois royaumes.* traduit de l' original japonais-chinois par J. Klaproth. Paris. the Oriental translation fund of Great Britain and Ireland, impr. de P. Renouard. 1832. In-8(240×150). VI-288 p. [BNF 8-O2-1635]; 이진명. 《독도. 지리상의 재발견(*Dokdo. jirisang-ui jae-balgyeon*)(Rediscovery of the Dokdo islets, from the historical and geographical viewpoint)》. 서울, 삼인출판사. 개정 증보판. 하드 커버, 컬러 도판. 17×26cm, 2005년 7월. 342 p.Cf. 183~184. 256~257쪽. 초판은 1998년 9월 발간. 248쪽. 한국일보 제정 제39회(1998) 백상출판문화상 "사료 정리 부문" 출판상 수상.

르제르(Scherzer)가 불어로 번역하여 1885년 《아시아 학보 Journal Asiatique》 제11호에 게재했다. 그 후, 프랑스 국립 인쇄소에서 단행본으로 1886년에 발간했다. 이 책은 이름을 알 수 없는 조선(한국)인(不著撰人名)이 한문으로 저술했다고 주석에 설명이 있다. 세르제르는 외교관으로, 주 광동(중국) 주재 프랑스 영사였다[4].

번역자의 서지 사항 주석에 의하면, 이 《조선지》는 165종의 각기 다른 저서를 포함하는 방대한 《예해주진(藝海珠塵)》 컬렉션 중에 들어 있다고 한다. 《예해주진》은 18세기에(중국인) 오성란(吳省蘭)이 편찬했고, 서이환(徐以坦)이 교정을 가했다.

《조선지》에 관해서는 처음으로 중국학 학자 윌리(Al. Wylie)가 《중국 문학고 Notes on Chinese litterature》에서 언급했다. 윌리는 이름을 알 수 없는 조선(한국)인이 이 《조선지》를 저술했는데, 그 연대는 명나라 후기인 것으로 보인다고 기술했다. 역자 세르제르는 이 책이 1465년 이후 1616년 이전에 쓰인 것으로 보았다.

세르제르는 자신이 북경에 체류하고 있을 때 원본을 필사시켜 받은 다음, 그 필사본을 그리스 정교 수도원장 팔라디우스(Palladius)를 시켜, 주 북경 러시아 공사관 도서관의 귀중한 서적들 중의 하나인 《예해주진》 컬렉션 중의 《조선지》와 대조하여 틀힌 곳은 고치게 했다고 한다. 필사본은 2부로 구성되어 있는데, 제 1부는 19장, 제 2부는 20장이다.

8절판 192쪽에 달하는 불역본에는 원문 번역 외에 풍부한 주석을 달았

4) *Tchao-sien-tche, mémoire sur la Corée*. par un Coréen anonyme, traduit pour la première fois du chinois, avec un commentaire perpétuel, par Fernqnd SCHERZER. extrait du *Journal asiatique*. Paris. Imp. nationale, 1886. in-8. [BNF 8-Imp OR-116 (8,7); O2~798].

다. 주석은 모든 고유 명사(나라 이름, 왕의 이름, 지명, 관청명, 저서명)와 전문 용어는 한자의 중국식 발음의 로마자 표기인데, 이들 명칭은 모두 한자로 표기하고, 상당 부분에 한국어 발음도 추가했다. 예를 들면, 본문에 'King-tcheou'라 표기하고, 주석에 '慶州, en coréen(한국어로) Kyeng-tjyou, c'est la capitale de la province(지방의 도의 수도),…'로 기록했다. 거의 모든 명칭에 정확한 번역과 자세한 설명을 붙였다.

이 책의 구성은, 제 1부-역사적 지리적 고찰, 수도(首都) 묘사, 각 행정 기관(명칭과 임무), 관습, 옛 도시(각 도별), 고대 유적(각 도별); 제 2부-산하(山河), 수도 주변과 각 도별이다.

제 2부의 《산하》는 산과 하천만이 아니라, 지방 자치 조직, 도서(섬), 각 지방의 유적, 사찰(절), 시설물, 정자(亭子), 특이한 형태의 이름 있는 바위, 등에 관해 기술했다.

이 불역본에는 조선 전도 1점이 첨부되어 있다. 이 지도는 세르제르 영사가 소유하고 있던 필사본 조선 전도, 프랑스 해군성의 지도, 일본군 참모부가 1876년에 제작한 정밀한 지도를 참고하여 그린 것이다. 그 지도에 역자가 《조선지》에 등장하는 모든 지명을 표시했고, 클라프로트(Klaproth)가 번역한 하야시 시헤이 저서 《삼국통람도설》에 첨부된 불완전한 지도의 지명까지도 표시했다고 책의 맨 끝에 적어 넣었다.

세르제르 영사는, 가능하면 다른 동서양의 역사서나 지리서도 참고하여 확인하면서, 성실하고, 학구적이고 과학적인 작업을 한 것을 알 수 있다. 물론 약간의 오류도 있기는 있다.

세르제르(F. Scherzer)는 《조선지》를 번역하기 10여 년 전인 1877년에, 중국 청나라 사신 괴령(魁齡, Koei-ling)의 《조선 기행 Journal d'une mission en

Coree》를 번역하여 《아시아 학보》에 실었다. 이 글은 에르네스트 르루(Ernest Leroux) 출판사에서 39쪽짜리 단행본으로 출판했다. 괴령이 청나라 동사역관(會同四譯館) 감독관인데 조선에 산추대신(散秋大臣)으로 1866년 8월고종의 결혼식을 승인한다는 청국 황제의 증서를 가지고 조선에 파견되어, 여로(旅路)에서 보고 느낀 것을 기록한 책이다5).

서문이 2쪽, 본문이 36쪽이며, 주 214개가 달려 있다. 이 책은 중국인이 저술한 조선 기행문인데, 이듬해에 프랑스에서 간행된 아시아 여러 나라에 관한 기행문집에 포함되어 실리기도 했다.

세르제르의 한국에 관한 자료 번역은 특히 1866년 병인 대박해 때 조선에 숨어들어와 있던 프랑스 파리외방전교회 신부 12명 중 9명이 잡혀 순교하고, 8,000여 명에 달하는 신자들이 잡혀 죽었거나, 산으로 피신하여 굶어서 죽은 사실, 그리고 프랑스 해군이 내침하여 1866년 10~11월에 약 3주 동안 강화부를 점령하고, 서적 340권, 동아시아 지도 1점, 천상분야열차지도 탁본 1점, 묘비명 탁본 7점 등의 외규장각 자료를 가져간 일대 사건에 자극되어 《조선》이라는 나라는 어떤 나라인가 호기심을 가진 프랑스 사람이 많았을 것이며, 이런 분위기에 답하기 위한 노력의 일환이었음이 분명하다.

이는 그 당시에 강화도 원정에 관한 해군 장교들의 기록도 여러 편 발표되었고, 달레 신부의 유명한《한국 천주 교회사》 전 2권이 1874년에 간행되는 점도 당시의 '은국 조선' 의 사정을 알아보고자 하는 요청과 분위기와

5) [KOEI-LING: *Journal d'une mission en Corée.* traduit du chinois par Fernand SCHERZER. traducteur, Paris, Ernest Leroux. 1877, gr.. in-8, 62p.. carte en couleur. [BNF O2N637].

도 관련이 있었다.

3) 홍종우와 앙리 슈발리에의 《직성행년편람》 번역(1897)

홍종우는 이 책을 그의 가장 절친한 친구 로아종(Hyacinthe LOYSON)에게 바치는데, 로아종은 시인-종교학자였고, 집이 파리의 부자들이 사는 불로뉴(Boulogne)였던 것으로 보아 부유한 집안인 것 같다. 둘은 자주 만나 많은 이야기를 나눈 듯 한데, 로아종은 카톨릭에 관한 얘기를 했고, 홍종우는 공자, 노자 사상을 얘기한 것으로 나타나 있다. 로아종이 '나의 사랑하는 무종교자(paien), 잘 가라. 이승 또는 저승에서나 만나게 될지' 라고 하는 대목이 있는 것으로 보아 홍종우가 천주교 신자가 아니었음이 분명하다.

1897년에는 홍종우(HONG Tyong-Ou)와 앙리 슈발리에(Henri CHEVALIER)가 한국어로부터 번역한 《각 사람을 보호하는 별을 길조(吉兆)로 만들며 한 해의 운수를 알 수 있는 안내서》라는 제목의 글이 역시 기메 박물관의 연보(年報)에 게재되었다[6]. 이 책은 《직성행년편람 直星行年便覽》을 불어로 번역한 것이다. 이로서 한국의 점성술이 처음으로 서구에 소개되었다. 이 책은 바라가 1888년 한국에서 수집해온 것 중에도 들어 있고, 플랑시가 수집하여 동양어대학 도서관에 보낸 책 속에도 포함되어 있다.

《직성행년편람》의 서문에 따르면, 홍종우와 앙리 슈발리에가 이 책을 같이 번역하다가 끝나지 않은 상태에서 홍종우가 떠나 버렸다. 그래서 슈발

6) HONG Tyong-Ou et CHEVALIER. Henri: *Guide pour rendre propice l'étoile qui garde chaque homme et pour connaître les destinées de l'année*, Paris. 1897. gr. in-8 , Annales du Musée Guimet, T. XXVI. 2e partie. [BNF 4-O2-619].

리에가 모리스 쿠랑, 영국의 아스톤 등에게 물어서 보충하여 끝냈다고 한다. 재미있는 것은, 홍종우는 공자, 노자에 관한 것은 열심히 얘기하는데, 무속이나 민간 신앙에 관한 것은 미신이라고 하면서 협조를 하지 않으려고 했다는 것이다. 기메 박물관 측과 학자들의 관심은 여러 나라의 고유 민간 신앙, 토속 신앙이었다. 그래서 슈발리에가 에밀 기메(Emile GUIMET) 관장에게 얘기를 했더니, 기메 관장이 홍종우를 불러 "당신, 왜 번역에 협조하지 않으려고 하느냐? 적극 협조하라."고 말했다 한다. 그 말을 듣고서야 홍종우가 성실히 번역에 참여했다고 슈발리에가 술회했다[7].

4) 슈발리에(Chevalier)의 《화성성역의궤》 요약 번역

앙리 슈발리에(Henri CHEVALIER)는 《화성성역의궤》를 요약 번역하여 홀랜드의 라이덴에서 발간하는 불어 동양학보 《通報 *Tung-pao*》 1898년 제5호에 실어 소개했다. 본문은 10쪽이고, 화성, 즉 수원성 개념도, 성의 축조에 사용된 재료와 기계(器械)의 설계도 등 13점의 도면이 실려 있다[8].

요약 번역에 슈발리에가 참고한 서적은 1800년에 작성된 《화성성역의궤(華城城役儀軌)》인데, 이 책은 초대 주한 프랑스 공사 플랑시가 수집하여 1889, 1890, 1890, 3년에 걸쳐 동양어학교에 보낸 한국 서적 중에 들어 있으므로, 슈발리에는 이 책을 보고 요약 번역한 것으로 보인다. 이 책을 통

7) Ibidem. Cf. Introduction.
8) 《華城城役儀軌 *Hoa syeng syeng yek eui kouei*. Cérémonial de l'achévement des travaux de Hoa Syeng(Corée)(1800)》. traduit et résumé par Henri CHEVALIER. vol. IX. T'oung-pao, E.J. Brill. Leide(Hollande), 1898. in-8. 16 p. +XIII planches.

하여 한국의 건축 기술이 프랑스에 소개된 것이다.

불어 용어 다음에 원어의 한자 표기만 있다. 예를 들면 'tour des signaux 烽墩'과 같이 표기했다. 도면 13점은 원서의 그림을 영인한 것이며, 불어 설명이 있다.

5) 로랑 크레마지의 《대한형법(大韓刑法)》 번역

1905년 5월 29일 한말의 법전인 《형법대전 刑法大全》이 공포되었다. 이 법전은 국한문 혼용체로 5편 17장 680조로 구성되어 있다. 이 법전은 1901년 5월 법부대신 유기환(兪箕煥)의 명령으로 형법 교정관(校正官)들이 기초하고, 1900년에 내한한 프랑스인 법부 고문 로랑 크레마지(Laurent CREMAZY 金雅始)도 이 법전의 제정에 참여하였다. 그러나 크레마지는 서양 법률가로서의 뜻을 반영하지 못하였고, 다만 1904년(광무 8년)에 개정 형법의 초안 672개조(個條)를 프랑스어로 번역하여 《대한형법 大韓刑法 *Le Code pénal de la Corée*》을 한국의 '서울 프레스'에서 출판하였다[9].

《대한형법》의 서두에는 약어, 참고 문헌, 초대 주한 프랑스 공사 콜랭 드 플랑시(Collin de PLANCY)에 대한 헌정문이 각 1쪽씩이고, 서문에서는 주한 프랑스 공사관 부영사 베르퇴(Berteux)와 천주교 한국 교구장 뮈텔(Mutel) 주교가 법률 용어 및 이의 한자 표기를 도왔고, 한국어의 불어 번역에는 법부 관리 박승헌과 조창호의 도움을 받았다고 기록했다. 그 뒤에 책의 목차 10쪽, 본문 134쪽, 용어 설명 및 색인이 135쪽에서 179쪽까지이고, 끝에 정오표 3쪽이 있다. 각 전문 법률 용어는 불어 다음에 괄호 속에 한국어 용어의 로마자 표기와 한자를 넣어 'tribunal(tjai-pan-so 裁判所)'와 같이 표기했다. 색인 부분에 대한제국의 국기(태극기) 그림과 당시 한국이 만국우편연합에 가입하고, 프랑스에서 인쇄하여 발행한 우표 두 장도 붙어 있다.

1906년에는 《대한형법 보정 Texte complémentaire du Code pénal de la Corée》이라는 제목의 28쪽짜리 보정판을 파리의 마르샬 에 비야르(Marchal et Billard) 출판사에서 간행했다[10].

크레마지의 번역 이후에는 프랑스에서뿐만 아니라 다른 외국에서도 한국의 법전이 번역, 소개된 적은 없을 것으로 보인다. 이 또한 독특한 업적이라 하지 않을 수 없다.

2. 로니(Rosny)와 홍종우의 한국 고전 문학 작품 번안

1) 프랑스의 한국 고전 번역 소개에 있어서 홍종우의 기여

한국인으로서 최초로 프랑스에 발을 디딘 사람은 홍종우(HONG Tjong-Ou, 1854년 서울 출생, 사망 1913?)이다. 그가 사상 최초로 한국의 문학 작품 및 한국의 점성술이 서양에 소개되게 했다는 점에서, 문화사적으로도 그의 파리 체재가 큰 의미를 지닌다. 그러한 것이 가능했던 것은 홍종우가

---

9)-10) CREMAZY Laurent: *Le Code pénal de la Corée (Tai-han hyeng pep 大韓刑法)*, Seoul, the Seoul Press-Hodge & Co. 6 Printers, 1904, in-4°. XX-182p. [BNF 4-F-1258(1)]; Crémazy, Laurent: *Texte complémentaire du Code pénal de la Corée.* Paris, Marchal et Billard. 1906. in-4°. p28. [BNF 4-F-1258 (Complément)]; 崔鍾庫: '형법대전' 《한국 민족 문화 대백과 사전》; 최종고. 《한국의 서양법 수용사》. 박영사. 1982; 李石洙. '우리나라의 근대화와 형법대전의 반시(頒示)'. 《법사학연구 2》. 1975; 田鳳德. 'Laurent Cremazy와 대한형법'. 《법사학연구 5》. 1979.

한국의 양반-지식인이었기 때문이기도 했다. 그래서 그는 프랑스 최고의 학자, 지성인들을 접할 수 있었고, 그들과 친분도 맺을 수 있었다.

그는 조선의 외무대신 김윤식이 발행한 여권을 지참하고 1890년 12월 24일 파리에 도착하여 1893년 7월 22일까지 파리에 체류했다.

홍종우가 프랑스에 오게 된 표면상의 목적은 유학이었다. 그는 프랑스로 떠나기 전에 일본에서, 거기 나가있던 파리외방전교회 소속 에두아르 베레(Edouard Beret) 신부가 파리의 뮈텔 주교 앞으로 써 준 추천서 한 장을 들고 외방전교회를 찾아 갔다고 한다. 그러나 그가 파리에 도착했을 때 뮈텔 주교는 서울로 떠나고 없었으나, 전교회에서는 그를 친절히 맞아 튀렌느(Turenne) 거리의 신학생 기숙사에 거처를 마련해 주어 처음 한 동안은 거기서 살았다.

그후 화가 펠릭스 페가메(Félix REGAMEY) 집에서도 좀 살았다. 그 다음에는 오데옹(Odéon) 근처의 파리 6구 소재 작은 호텔로 거처를 옮기고, 파리의 동양 관계 기메 박물관(Muse Guimet)에서 일하면서 지냈다. 그는 기메 박물관에서 1888년에 인종학자 샤를르 바라(Charles VARAT)가 한국에서 수집해 온 인종학 관련 자료를 정리하는 작업과 한문 자료의 불어 번역을 도우는 일을 하면서 지냈다. 그는 프랑스에 온 최초의 한국인으로, 인종학자 및 지리학자들 뿐만 아니라 동양에 관심이 있는 프랑스인들의 호기심의 대상이었다. 대단한 반일 감정을 가진 사람이었지만 많은 프랑스의 지식인, 예술가, 학자 등과 교분을 맺을 수 있었다.

홍종우가 프랑스에 올 때 한국의 고전 소설이나 다른 책들을 가지고 온 것으로는 생각되지 않는다. 그러나 그가 고용되어 일한 바 있는 현재의 '프랑스 국립 기메 동양 박물관', 당시의 '공립 기메 박물관'에는 민속학자 샤를르 바라(Charles VARAT)가 1888년 가을 한국에 가서, 그 이듬해 초까지 머물면서 서울, 그리고 서울서 부산에 이르는 여행 중 수집해 온 민속-민예품 가운데 들어 있는 책 50여 종이 기메 박물관에 있었다. 그는 기메 박물관에서 바라가 수집해 온 물품들을 분류, 정리하는 일을 하고 있었으므로, 그 가운데 있는 이 책들을 읽었을 것이다. 또 당시에 동양어학교 도서관에는 초대 주한 프랑스 공사 콜랭드 플랑시가 수집하여 1889, 1890, 1891, 3회에 걸쳐 보낸 650종 1,400여 권의 책도 있었다. 그러나 홍종우가 이 책을 접했다는 기록은 없는 것으로 보인다. 여하튼 홍종우가 체류하고 있을 당시 파리에 이미 상당량의 한국 책들이 있었기 때문에 그는 이 책을 읽으면서 고국에 대한 향수도 달랠 수 있었을 것이다[11].

2) 1892년 작가 로니(Rosny)의 《춘향전》 번안

홍종우의 도움을 받아 조제프-앙리 로니(Joseph-Henri-Boex ROSNY, aîné, 1856~1940)가 《춘향전》을 번안하여 《향기로운 봄 *Printemps parfumé*》이라는 제목으로 출간했다[12].

---

11) 이진명. "프랑스 안의 한국 문화". 《민족 문화 대백과사전》 전 27권. 서울. 정신문화연구원. 1991. 제23권. p.672~677; Id.: '프랑스의 한국학-기원(起源)에서 2006년까지' (p.366~390). 《해외한국학백서》. 서울. 한국국제교류재단 엮음. 을유문화사. 2007, 1626p; MACOUIN Francis: 《Des livres coréens anciens à Paris》. *Culture coréenne*. n° 26, Centre culturel coréen à Paris. juillet. 1991. pp.11~18.

12) *Printemps parfumé*, roman coréen, traduction de J. H. ROSNY. Paris. E. Dentu. 1892, 1 vol. (VI-143p.). fig.. pl.. in-32. Petite collection Guillaume. roman traduit du coréen avec la collaboration de HONG Tjyong-Ou. d'aprés la préface, ROSNY. J.-H. traducteur. [BNF 8-Y2-46965].

조제프-앙리는 역시 작가인 동생과 구별하기 위해 '형 로니'로 불리기도 했다. 동생 프랑소아-쥐스탱 로니(François-Justin ROSNY, jeune, 1859~1948)도 작가였는데, 그를 '동생 로니'라고 불렀다. 로니 형제는 벨기에 태생의 프랑스 소설가인데 상당히 유명했다. 형 로니는 1887년에 에밀 졸라의 《토지》에 반대하는 '5인의 성명'에 가담하여 문학계와 깊은 관계를 맺었다. 그 해에 《지페위즈 족 *Les Xypéhuz*》이란 제목의 공상 과학 소설을 발표했다. 로니는 또, 1896년에 사망한 유명한 소설가 공쿠르(Goncourt)의 재산 기증으로 설립되어 1903년부터 프랑스의 가장 권위있는 문학상이 되는 공쿠르상을 수상하는 아카데미 공쿠르(Académie Goncourt) 설립 때부터 멤버이며, 1940년 사망할 때까지 그 이사장직을 역임했다[13].

조제프-앙리 로니는 1911년에 출판된 그의 대표작 소설 《불(火)의 전쟁 *Guerre du feu*》을 써서 공쿠르 상을 받았다. 그의 다른 소설과 마찬가지로 이 소설은 선사(先史) 시대를 소재로한 일종의 공상 과학 소설이다. 로니는 이 장르를 개척한 선구자 중의 한 사람으로 인정 받으며, 그의 이 소설은 현재까지 50여 회 재판되어 오늘날도 상당히 읽히고 있는 고전(古典) 명작(名作)이다. 그러나 공상 과학 소설 분야에서 로니는 프랑스 작가 쥘 베른느(Jules VERNE), 영국 작가 오손 웰스(Orson WELLS) 만큼은 유명하지 못한데, 그 이유는 이들 작가들이 과학을 중심으로 소설을 구성한 반면, 로니는 공상 과학 세계에서의 인간 생활에 초점을 맞추었기 때문이다. 그가 1910년에 쓴 《지구의 죽음》에서는 지구상에서 물이 고갈되었기 때문에 인류가 멸종하고 '철자기(鐵磁氣) Ferromagnéteux'라는 생명체가 등장한다는 내용이

13)~14) MOURLON Jean-Paul: 'Rosny'. *Encyclopaedia Universalis*, DVD version 12. 2007.

다. 그는 동생과 공동으로 소설을 내기도 했다[14].

동생 로니로 불리는 쥐스탱-프랑소아 로니(Justin-Francois ROSNY, 1859~1948)도 과학 공상 소설가인데 형만큼 우수한 작품을 생산하지는 못했다. 그의 대표 소설은《선원 라파이의 운명 *Le Destin de marin Lafaille*》이다.

조제프-앙리 로니는 당시 동양어 대학교 일본어 교수로 있던 레옹 드 로니(Léon de ROSNY)와는 아무런 친족 관계가 없는 별개의 인물이다.

3)《향기로운 봄》(춘향전)의 구성

로니는 홍종우가 어렵게 서툰 불어로 얘기해 준《춘향전》의 줄거리를 가지고 자신의 수려(秀麗)한 불어 문체와 소설 기법을 사용하여 멋진 불어 소설로 다시 만들어 낸 것이다. 춘향전에 나오는 한문 문구, 섬세한 한국어 서술 즉,《이 때, 한양성 도련님은 주야로 시서백가어(詩書百家語)를 숙독하였으나, …황희지 필법으로 조맹부 체를 받아, …마파람에 게눈 감추듯, …》등과 같은 묘사의 불역은, 불어를 거의 모르는 상태에서 프랑스에 와 겨우 1년 조금 지난 홍종우의 불어 실력으로는 불가능했을 것이다. 그래서 로니는 춘향 이야기의 줄거리만 가지고 한 편의 소설을 지은 것이나 다름없다.

이 소설의 서문 첫줄에서, '춘향 Tchoun-hyang'은 불어로뿐만 아니라 유럽 최초로 번역된 한국 소설이라고 언급한 다음, 번역에 있어서 최초로 프랑스에 온 한국인 홍종우의 도움을 받았다고 기술했다. 그 다음 한반도, 한국의 정치 제도, 철학, 문학, 언어, 종교, 가족 제도, 아버지 앞에서는 담배를 못 피운다는 풍속, 여자의 정절과 열녀, 결혼관, 소설의 줄거리 등을 간략히 언급했다.

《향기로운 봄》의 줄거리는 춘향전과 비슷한데, 대강 다음과 같다. 즉, 단오날 광한루에 산책을 나갔던 이도령이 건너편 산의 나무 가지에 매인 그네를 타고 있는 처녀를 발견한다. 하인은 이도령에게 춘향은 서민의 딸로 정절과 미덕이 높다고 일러 준다. 춘향이 아름답기로는 두 점의 구름 사이로 들어난 달과 같다. 입은 물 위에 갓피어난 연꽃 같고, 그네를 타는 모습은 제비와 같다. 가늘고 유연한 허리는 바람에 날리는 버들가지 같다. 춘향의 모습을 본 후 집에 돌아와 책을 열었으나 보이는 것은 춘향이란 이름뿐이다.

이도령이 하인에게 그녀를 만날 수 있도록 해 보라고 말하자 하인은 많은 돈이 필요하다고 한다. 돈을 주겠다고 하니 하인은 돈 벌 궁리를 하며, 노파와 의논한다. 이도령이 4만 푼이란 돈을 준다. 이도령은 여장(女裝)을 한 처녀로서 춘향을 만나기로 작정한다. 이도령은 여삼추 같이 긴 하루를 보낸다. 집에 돌아온 춘향은 용이 자신의 몸을 감싸는 꿈을 꾼다. 이도령은 여자 옷을 싸들고 광한루 근처의 '호텔'에서 여자 옷으로 갈아입고 광한루에서 춘향을 처음으로 만난다. 이 만남은 물론 하인과 노파가 주선한 것이다.

이도령이 춘향에게 밤에 놀러 가겠다는 편지를 보낸다. 밤에 여장을 한 이도령이 춘향의 집으로 놀러 간다. 두 '여자 친구'는 정원을 산책하고, 정원에 있는 그네를 탄다. 이때 춘향이 "나는 당신이 남자가 아니어서 대단히 유감이다. 당신이 남자라면 나는 당신을 무한히 사랑할 것이고, 우리는 결혼할 것이다"고 말한다. 이도령도, "나도 당신과 같은 생각이다.

나도 당신이 남자여서 결혼할 수 있었으면 좋겠다"라고 말한다. 이도령이 '내가 남자라면 나와 결혼하겠느냐' 고 재차 묻고, 다짐을 받은 다음 둘은 그네에서 내려와 결혼하기로 서약서를 쓴다. 이도령은 여자 옷을 벗고, 남자임을 보여 준다. 춘향은 또 "내가 양반이 아니므로 결혼 후에도 헤어지지 않는다는 서약을 쓰자"고 하여 둘은 또 서약서를 쓴다. 그리고는 방으로 들어가 이도령이 춘향의 옷을 벗기고, 춘향은 이도령의 옷을 벗긴 다음 침대에 들어, 호수의 원앙새 한쌍처럼 사랑으로 밤을 새웠다. 그렇게 결혼을 했다.

다음날도 밤을 기다려 이도령은 또 춘향의 집으로 갔으나, 춘향이 공부는 하지 않고 자기를 보러온 이도령을 나무란다. "사랑만 생각하고 공부는 하지 않으면 무식자가 되고, 백성을 불행하게 할 것이다. 나를 너무 자주 찾아오면 당신의 몸도 약해질 것이다"라고 나무란다. 그래도 열심히 공부를 하겠다는 다짐을 받고 사랑을 허락한다.

사흘 후 아버지가 서울로 발령을 받아, 이도령에게 어머니를 모시고 먼저 서울로 올라가라고 한다.

이도령 가족이 서울로 떠나고, 새로 부임해 온 고관(高官 mandarin)이 춘향을 데려오라고 한다. 고관은 춘향을 불러 결혼을 하자고 하는데 춘향이 거절한다. 관리는 춘향을 감옥에 가둔다.

이도령은 시험(과거)에 합격, 어사(émissaire royal)가 되어, 거지 차림으로 남원으로 내려 와 춘향의 어머니 집에 간다. 춘향 어머니는 거지 차림의 사위에 불만이지만 그래도 이도령을 감옥으로 안내한다. 감옥의 작은 창살 사이로 경련하듯 손을 들이밀고, 얼굴도 들이 밀어 둘은 입술을 맞춘다.

고관은 잔칫날 춘향을 감옥에서 끌어내 문초하여 사형에 처하려 한다.

거지 차림의 이도령이 잔치에 나타나 시를 한 수 올린다: '황금 잔의 술은 백성의 피요, 고기는 백성의 살, 촛물은 백성의 눈물, 기생의 노래 소리는 백성의 원성이다.' 분위기를 알아차린 하급 관리들은 도망하고, 어사 출도하여 고관을 감옥에 가둔다. 그 다음 춘향을 데려오게 하여 장막 뒤에서 춘향의 정절을 심문하여 확인한 후 자신이 이도령을임을 밝힌다.

임금이 춘향을 Tchong-Yoll-Pouin(정열부인 duchesse 태공부인)으로 임명한다. 그리하여 춘향은 양반의 딸보다 정절이 더 높은 열녀(烈女)의 모델이 된다. 임금은 모든 백성이 춘향처럼 임금과 가장(家長)을 섬길 것을 바란다.

4) 불어판 《향기로운 봄》 (춘향전)의 가치

이 소설은 외국어로 번역되어 단행본으로 발간된 최초의 한국 문학 작품이라는데 큰 의미가 있다. 춘향전의 내용은 1889년 호라스 알렌(Horace N. ALLEN)이 20쪽으로 영문으로 요약하여 'Chun Yong'이란 제목으로 《조선 애기 *Korean Tales*》에서 소개한 바가 있기는 하다[15]. 1894년 간행된 모리스 쿠랑(Maurice Courant)의 《한국 서지 *Bibliographie coréenne*》에도 춘향전의 이야기 줄거리가 한 쪽 정도 분량으로 소개 되어 있다. 쿠랑의 서지에는 《춘향전》 뿐만 아니라 중요한 한국 고전 소설들에 대해서는 모두 그 내용을 소개하고 있다[16].

---

15) ALLEN Horace N.: *Korean Tales*, G.P. Putman's Sons, 1889. 'Chun Yang'. p.20.

16) COURANT Maurice: *Bibliographie coréenne*. Tableau littéraire de la Corée. contenant la nomenclature des ouvrages publiés dans ce pays jusqu'en

《향기로운 봄》(춘향전)이 프랑스에서 성공할 수 있었던 데는 몇 가지 이유가 있다.

불역된 이 한국 고전 소설은 어느 사회, 어느 시대에서나 보편적이며, 문학과 예술에서 누구나 즐겨 다루는 주제인 '사랑 이야기'를 기본으로 한 것도 결정적인 이유 중의 하나이다. 게다가 유위전변, 독자를 이끄는 서스펜스도 있으므로 어느 독자라도 흥미있게 읽을 수 있는 작품이다. 이런 주제의 한국 소설이, 우수한 문학적 재능과 명성을 지닌 로니라는 프랑스 작가에 의해《향기로운 봄》이란 제목으로 불어 소설화 되어 1892년에 당튀(Dantu) 출판사의 세계 문학 전집 중에 한 자리를 차지하게 된 것도 중요한 이유 중의 하나이다. 7,5×13,5cm, 140쪽짜리 왜소한 이 책에는 작고, 섬세하고, 예쁜 삽화가 곁들여 있다. 물론 인물과 풍경은 서양 것에 가깝다. 이 책의 표지에 "작은 기욤 컬렉션(Petite collection Guillaume)" 밑에 "향기로운 봄 *Printemps Parfumé*"이라고 제목을 크게 쓰고, 그 밑에 작게 '한국 소설(roman coréen), J.-H. 로니(Rosny) 번역, 마롤(Marold) 및 미티스(Mittis) 그림'이라 적혀 있다.

이야기 자체도 간결하지만, 서양 독자들에게는 생소하고, 기억하기도 어려운 한국의 지명과 인명이 최소화된 점도 이 작품의 성공의 열쇠 중의 하나라고 본다. 이 소설에 등장하는 한국 지명과 인명은 불과 몇 개가 안된다: 전라도 Tjyen-lato, 남원 Nam-Hyong, 이도령의 아버지인 만다린

1890. ainsi que la description et l'analyse détaillée des principaux d'entre ces ouvrages. Publications de l'Ecole des langues orientales, IIIe série. t. XVIII-XX, Paris. E. Leroux éditeur. 1894~1896. in-8, 3 vol. et le vol. 4, supplément. [BN-11098 C 11; INLCO-Publ. III-18-19]. Cf. vol. 2, p.431~432; 이진명: '쿠랑, 유럽 한국학의 선구자'.《한국사 시민 강좌》. n° 34, 서울. 일조각. 2004. 42~53쪽.

(mandarin, 고위 관리) 이등 I-Teung, 이도령 I-Toreng, 광한루 Couang-hoa-lou, 춘향 Tchoun-Hyang, 운봉(Oun-bong)군, 운봉 군수(고관) 용창 Yong-Tchang, 정열부인 Tchong-Yoll-Pouin(duchesse 태공부인)의 8개뿐이다. 이는 1994년에 민희식과 앙드레 파브르(André FABRE)가 번역하여 벨퐁(Belfond) 출판사가 출판한 박경리의 대하 소설의 일부인 《토지 *La Terre*》(599쪽)와는 대조적이다. 《토지》의 불역본에 지명은 빼고, 등장하는 인물만도 150명이나 된다. 이 많은 생소한 한국 이름을 불어권 독자들은 기억하지 못할 것이고 혼동만 불러 일으킬 것이다.

당퀴 출판사의 '작은 기욤 컬렉션(Petite collection Guillaume)'의 문학 전집 가운데, 《향기로운 봄(춘향)》에 앞서 출간된 책이 8종인데 모두 세계 최고의 작가들의 작품이었다: 생-피애르 《폴과 비르지니》, 괴테 《젊은 베르테르의 슬픔》, 알퐁스 도데 《아를르의 여인》, 바이런, 에드가 포, 샤토브리앙, 프레보 신부 《마농 레스코》, 그 다음이 소설 《향기로운 봄(춘향)》, 그 다음이 공쿠르 형제의 작품이었다. '작은 기욤 컬렉션'이란 이름의 이 문고는 1892~1894년 사이에 모두 25종의 왜소한 책을 출판했다. 《향기로운 봄(춘향)》 다음에도 동화 작가 라 퐁탠느 및 페로, 그리고 단테, 세르반테스, 디킨스, 노디에, 바이런, 볼테르, 등과 같은 세계적 작가들의 문학 작품이 이 컬렉션에서 출판되었다.

특기할 것은 이 컬렉션 가운데 중국이나 일본 문학 작품은 아직 들어 있지 않았다는 사실이다. 출판사가 이 두 동양 대국(大國)의 문학 작품을 소개하고자 하는 의도는 있었으나 아직 번역된 것이 없었음을 의미한다. 이는 《향기로운 봄》(춘향전)의 끝에 딸린 광고용 도서 목록에 '중국 문학 작품' 《향기로운 봄》이라고 되어 있는 것만 보아도 잘 알 수 있다. 이는 《향기로운 봄》이 동양 소설이므로 알 알려지지 않은 한국보다는, 독자들의 관심을 끌기 위해 그냥 중국 문학이라고 써버린 것이다. 따라서 불역된 한국 고전 소설 《향기로운 봄(춘향)》은 동양 문학의 대변자였고, 거기다 로니라는 유명하고 영향력 있는 작가를 통하여 일거(一擧)에 세계 명작들과 같은 반열(班列)에 오를 수 있었다. 실로 획기적인 일이었다.

《춘향전》은 출판된 후 상당한 성공을 거둔 것으로 보인다. 많은 독자들에게 읽혔을 것이다. 그러한 배경으로 《향기로운 봄(춘향)》을 대본으로 하여, 러시아 출신 미국 안무가 미하일 포킨(1880~1942)이 《사랑의 시련 *L'Epreuve d'amour* (핀란드어로) *Lemmenkoe*》이란 제목의 발레를 1936년에 몬 테카를로 발레뤼스(Monte Carlo Bellerus)에서 무대에 올렸다고 한다. 그 후 핀란드 국립 발레단이 '충양(Chung Jang)'이라는 이름이 등장하는 《사랑의 시련》을 1960년과 1995년에 또다시 무대에 올렸다고 한다[17].

5) 홍종우 번역 《고목생화》(1895)

아마도 "향기로운 봄"의 성공에 따른 독자들의 요청으로 홍종우가 《古木生花 Le Bois sec refleuri》라는 소설을 지어서 기메 박물관의 《*Annales* 年譜》에 실은 다음, 단행본으로 1895년에 출판했을지도 모르겠다. 이 소설은 심청전에 다른 고전 소설의 줄거리를 섞어서 하나의 소설처럼 만든 것이

17) 김승열: '유럽에서 발굴된 '춘향전'의 공연 자료-포킨의 춘향. 망각의 먼지를 털고 소생하다'. 《Artview》. 성남문화재단. 2006년 12월; '포킨의 '춘향' 무대 데생 최초 공개-유럽이 만난 춘향의 흔적을 좇아서'. 《Artview》, 2007년 1월; 김윤식 교수의 문학 산책. '기생 춘향에서 무희 춘향에 이른 길. 《한겨레신문》. 2007. 1. 11.

다. 기메 박물관은 문학 작품의 가치를 떠나 "거의 알려지지 않은 한국 문학의 표본으로 출판할 만한 가치가 있다고 판단"하여 책으로 낸다고 밝혔다[18].

홍종우 번역의《고목생화》는 '기메 박물관 연보' 컬렉션 중의 하나로 에르네스트 르루(Ernest Leroux) 출판사가 1895년에 발간했다. 책의 서두에 홍종우가 그의 친구 이야생트 로아종(Hyacinthe LOYSON)에게 증정하는 헌사, 1893년 7월 15일자 로아종의 답사, 1893년 15일자로 홍종우가 쓴 서문 32쪽, 소설 본문이 33쪽에서 192쪽까지이다.

홍종우는 서문에서, 고대부터 19세기말까지의 한국 역사를 간략하게 소개했다. 책의 표지에는 '홍종우' 번역이라 되어 있지만, 어느 한 작품의 번역이라기 보다는 한국의 여러 고전 소설의 이야기 줄거리를 섞어서 한 권의 책으로 구성한 것이다.

책의 표지에는《고목생화》라는 제목은 작게 쓰고, '한국 소설(ROMAN COREEN)'이라 크게 쓰여 있고, 표지의 그림은 에집트를 연상시키는 스핑크스이다.

이 책의 뒷표지 '기메 박물관 연보'의 '대중화 도서관' 컬렉션에 소개된 책이 13권인데, 그중 7권은 에집트에 관한 것이고, 나머지 6권 중 3권이 한국에 관한 것이었다. 그것은 쿠랑의《한국서지》, 샤이에 롱 베(Chaillé LONG-BEY)의《조선》, 세르제르가 번역한《조선지》였다. 아직 일본이나 중국에 관한 책은 소개되지 않고 있었다.

---

18) *Le Bois sec refleuri*. roman coréen, Paris, Ernest Leroux. 1895. in-18, VI+192p. HONG Tyong-Ou, traducteur. [BNF 8-O2-765(8)].

3. 오늘날의 한국 고전 번역

프랑스에서 한국 고전은 20세기 전까지는 미지의 나라 한국에 대한 호기심 때문에, 앞에서 본 바와 같이 약간의 숫자만 번역이 되었다. 그러나 그 이후 일제 강점기(1910~1945)와 한국이 어려운 시대(1950~1980)를 거치는 80여 년 간 번역 출판이 전혀 없다가 근자에 와서 약간 이루어 지고 있다.

1945년 이후 프랑스어로 번역된 한국 고전은 그 수가 많지도 않고, 대다수가 고전 소설이다. 이를 출판 연대 순으로 살펴보면 다음과 같다.

1) 작품 번역

(1) 《박씨전, 숙향전》

해방 후 불어로 번역된 최초의 한국 고전 문학 작품은 1977년에 한국외국어대학 로제 르베리에(Roger LEVERRIER) 교수가 번역하여 UNESCO 한국지부가 발간한 《르뷔 드 코레 Revue de Corée》에 실은 《배비장전》일 것으로 보인다[19].

그런데 프랑스에서 번역되어 단행본으로 출판된 고전은 1982년 파리의 아지아택크(L' Asiathèque) 출판사가 펴낸 《박씨전(Histoire de Dame Pak) 숙향전(Histoire de Suk-hyang)》이 최초이다. 196쪽의 이 책에는 마르크 오랑주(Marc ORANGE)가 번역한 "박씨전"과 김수정이 번역한 "숙향전" 두 편의 고전과 이옥이 쓴 12쪽에 달하는 서문이 들어 있다. 이옥은 서문에서 한국

19) 'L' histoire de l' intendant Pae' . trad. par Roger Leverrier, *Revue de Corée*. n° 37, *été*. 1977; Séoul.

고전 소설의 특질, 그리고 번역된 두 고전 소설의 작품 내용과 성격을 설명했다. 특수 용어, 인명, 지명, 사건 등에는 본문 아래 각주를 달았다[20].

이 책은 유네스코의 지원을 받아 출판되었으므로, 번역문은 다른 전문가의 검토를 거치도록 했다. 따라서 오랑주의 번역은 이옥이 검토하고, 김수정의 번역은 오랑주가 검토했다. 요즈음은 대개 한국인 번역자와 프랑스인 번역자가 공동으로 작품을 번역하는 것이 일반적인 경향이다.

(2) 연극 대본 《성춘향》과 《맹진사댁 잔치》

1980년에는 황종덕이 연극 대본 《맹진사댁 잔치》를 불어로 번역하였고, 1985년에는 유치진이 1936년에 연극 대본으로 만든 《열녀 성춘향》을 황종덕과 조정옥이 불어로 번역하여 대구의 효성대학 출판부에서 출판했다. 이 두 책은 프랑스에는 거의 알려지지 않았다[21].

(3) 《홍길동전》

1994년에는 파트릭 모뤼스(Patrick MAURUS)가 번역한 《홍길동전 *L'Histoire de Hong Kiltong*》을 갈리마르(Gallimard) 출판사가 조그만 단행본(12절판, 125쪽)으로 출판했다. 여기에는 역자의 작품 소개, 본문 그리고 끝에

20) *Histoire de dame Pak. histoire de Suk-hyang*, traduit du coréen par ORANGE Marc et KIM Su-Chung(Kim Su-jeong); avec introduction de LI Ogg. Paris. Asiathèque. 1982. p.192.

21) *Grande joie chez Main Jinn-sa*, traduit par HWANG Jong-deuk (HWANG Jong-deok). 1980. Daegu, Ed. de l'Université Hyosung; YOU Tchi-Jin(YU Chi-jin): *La fidèle Seung Tchun-Hyang*, traduit du coréen par TJO Jung-Ok(Jo Jeong-ok) et HWANG Jong-Deuk(HWANG Jond-deok); Daegu. Ed. l'Université Hyosung. 1985. in-12. p.205.

14쪽에 걸쳐 109개의 주석을 실었다[22].

(4) 《열녀 춘향 수절가》

1999년에는 최미경과 장-노엘 쥐테(Jean-Noül JUTTET)가 《열녀 춘향 수절가 *Le Chant de la fidèle Chunhyang*》를 프랑스어로 번역하여 쥘마(Zulma) 출판사가 간행했다. 여기에 사용된 것은 1870년 완판 《열녀 춘향 수절가》이다. 불어본에는 번역자들이 쓴 춘향전 소개에 관한 6쪽의 서문이 있고, 책의 끝부분에 11쪽에 달하는 각주가 실려 있다[23].

(5) 《한중록》

1996년에는 오스트레일리아의 한국학 교수 최-월(Choi-Wall) 양희가 영어로 번역하여 1985년에 출판한 혜경궁 홍(洪)씨의 《한중록》을, 영어에서 불어로 번역하여 필립 픽키에(Philippe Picquier) 출판사가 출판했다. 이 책은 영어 번역본을 사용하여 불어로 번역된 점이 특징이다. 이중(二重) 번역을 거치면서, 작품의 원어인 한국어를 이해하는 번역자가 바로 불어로 번역하는 경우와는 달리, 원어인 한국어와는 다른 영어 전문 번역가가 불어로 옮기면서 원문이 주는 느낌과 어감에서 거리가 좀 더 멀어진 묘사들이 있는 것은 불가피하다. 불어판에는 한국 전문가 마르크 오랑주가 5쪽에 달하는 서문을 써서, 이 소설을 소개했다. 이 책에는 대개 출판사들이 꺼려하는 각

22) HEO Gyun: *L'Histoire de Hong Kiltong*. traduit du coréen et présenté par Patrick MAURUS, coll. Connaissance de l' Orient, Gallimard, Paris, Gallimard. 1994, in-4°. p.125: présentation, pp.9~37; texte. pp.41~107; note. pp.111~125.

23) *Le Chant de la fidéle Chunhyang*. traduit du coréen par CHOI Mikyung et Jean-Noël JUTTET, Cadeilhan. Zulma. 1999. p.162.

주는 거의 없고, 책의 끝에 작중 인물 명단을 만들어 7쪽에 걸쳐 소개하고 있다. 이는 한국인의 이름 특히 왕실의 인물들에 생소한 독자들의 이해를 돕기 위한 것으로 대단히 좋은 발상이라고 본다[24].

(6) 《구운몽》

2004년에는 전느비에브 & 존 박(Genevieve et John PARK)이 김만중의 《구운몽》, 그리고 김만중의 한시를 불어로 번역했다[25].

그외에 이진명, 모리스 코요가 구전 문학 장르인 한국의 민담 140여 편을 여러 권의 단행본으로 냈고, 이진명이 고시조도 번역하여 한 권의 단행본으로 출판했다. 고시조는 몇 군데 다른 책에도 단편적으로 번역되어 실려 있다[26].

---

24) HONG Dame: *Mémoires d'une reine de Corée*, édition établie par Choe-Wall Yang-hi en 1985, traduit de l'anglais par Claude Bouyges. avec la participation de Christiane Tchang-Benoît, préface de Marc Orange, Arles, Ed. Philippe Picquier. 1996. p.188.

25) KIM Man-jung: *Le songe des neufs nuages*. traduit par Geneviève et John Park. Paris. Maisonneuve et Larose, 2004; KIM Man-jung: *Le saule aux dix mille rameaux: anthologie de la poésie coréenne médiévale et classique*(coll.). traduit par Geneviève et John Park. Paris. L'Asiathèque. 2004.

26) LI Jin-Mieung(YI Jin-myeong) et COYAUD Maurice: *Contes et légendes de Corée*. illustrations de Susanne Strassmann. Coll. 'Aux origines du monde'. Paris, Flies France, 2003, p.188; Id.: *Tigre et kaki. et autres contes de Corée*. Gallimard, Coll. "Connaissance de l'Orient". n° 69. 1995. p.218; Id.: *Contes populaires de Corée*. 1ère édition en 1978, 2e édition en 1986. Paris. P.A.F., p.238; LI Jin-Mieung(YI Jin-myeong): *Erables rougis. poésie sijo*, Paris, P.A.F(Pour l'Analyse du Folklore). 1982. p.80.

(7) 이황의《성학십도 聖學十圖》

이상에서 본 것은 10여 종의 고전 소설에 관한 프랑스어 번역 출판이었다. 좁은 의미에서의 한국 고전 중, 철학 부문의 책으로서 현재 번역되어 나와 있는 것은 퇴계 이황의《성학십도 聖學十圖》뿐이다[27].

이 책은 성학의 대강을 도해(圖解)한 책으로, 이황이 1568년(선조 1년)에 저술하여, 선조에게 경연(經筵)을 시강(侍講)한 것이다. 1681년 오도일(吳道一)이 간행, 1741년에 중간했다. 염락(濂洛) 이래 모든 유학자들의 도설(圖說) 중에서 가장 적확한 것을 골라, 그림마다 아래에 이황 자신의 의견을 붙였다. 그림은 태극도, 서명도(西銘圖), 소학도(小學圖), 대학도(大學圖), 백록동규도(白鹿洞規圖), 심통성정도(心統性情圖), 인설도(仁說圖), 심학도(心學圖), 경재잠도(敬齋箴圖), 숙흥야매잠도(夙興夜寐箴圖)이다.

이 책의 불역본에는 이황의 초상화, 번역자 조혜영이 쓴 '이황과 그의 시대'라는 30여 쪽에 달하는 서문에서 이황의 철학 사상과 배경, 그 당시의 시대 상황을 자세하게 잘 설명하고 있다.

본문(43~99쪽)에서는 그림을 영인하고, 내용을 불어로 번역했다. 번역문에는 상세한 주가 많이 달려 있다. 본문 번역 다음의 부록 1(101~107쪽)에는 '사단칠정' 논쟁 당시 이황의 서간문 중에서 발췌한 부분을 불역했다. 부록 2는 '10도'의 불역이다. 책의 끝 부분에는 참고 서적 목록, 고유 명사와 서적명 색인, 철학 용어 색인, 목차(127~136쪽)가 있다.

이 책은 한국 번역원의 지원을 받아 번역, 출판되었다. 이 책을 출판하는 계기로 번역자 조혜영은 파리에서 2회에 걸쳐 이황의 철학에 관한 강연회

27) Yi Hwang: Etude de la sagesse en dix diagrammes, traduit par Tcho Hye-young. avec le concours de Jean Golfin, coll. 'Patrimoines' confucianisme. Ed. Cerf. Paris. octobre 2005. p.136.

를 개최했고, 주파리 한국문화원이 발간하는 불어 계간지《한국 문화 *Culture coréenne*》에 글도 써서 자신이 번역한 책을 소개했다. 이 책은 얇고 값도 15유로로 비싸지 않으며, 10점의 그림이 있기 때문에 동양 철학에 관심이 있는 독자의 흥미를 자극할 것으로 짐작된다.

2) 한국 고전에 관한 연구

모리스 쿠랑은《한국 서지》를 통해 한국에서 생산된 책의 목록과 일부 내용도 소개했다. 또, 초대 주한 프랑스 공사 콜랭 드 플랑시(Collin de PLANCY)가 수집한 고서, 강화 외규장각에서 온 의궤를 비롯한 왕실 전적, 등을 통해 프랑스에서는 한국의 고전을 폭 넓고, 비교적 풍부하게 접할 수 있는 배경이 형성되어 있었다. 그러나 연구는 미미했다고 말 할 수 밖에 없겠다.

강화 외규장각에서 온 왕실 전적 340권 중 대다수를 차지하는 297권의 의궤가 프랑스 국립도서관에 있음으로 하여, 박병선 여사에 의한 의궤의 서지학적인 연구가 있다. 박 여사의 한국어 저서로《조선조의 의궤: 파리 소장본과 국내 소장본의 서지학적 비교 검토》가 있다. 이 책은 1985년 한국정신문화연구원(현 한국학중앙 연구원)이 발간했고, 196쪽이다. 이에 이어 나온 프랑스 국립도서관 소장 의궤에 대한 상세한 박병선 여사의 서지학적 연구서는《조선 왕실 의궤 연구 *Règles protocolaires de la cour royale de la Corée des Li* (1392~1910)》라는 제목의 불어 저서이다[28]. 이 책에는 본문

28) PARK Byeng-sen(PAK Byeong-seon):《조선조 의궤 : 파리 소장본과 국내 소장본의 서지학적 비교 검토》. 고전 자료 총서. 85~1. 정신문화연구원(현 한국

543쪽 외에 컬러 도판 20면이 부록으로 붙어 있는데, 1992년에 서울대학교 규장각이 출판했다. 이런 박병선 여사의 연구가 한국에서의 의궤에 관한 관심을 고조시키고, 그때까지 별 관심이 없었던 의궤에 관한 학문적인 연구를 자극하는 계기가 되었다고 할 수 있다.

한국 고전에 대한 박사 학위는 주로 고전 문학 작품을 중심으로 수행되었다. 프랑스에서 최초로 한국 고전을 연구하여 박사 학위를 한 사람은 프랑스의 한국학 학자 마르크 오랑주(Marc ORANGE)이다. 그는 1970년에 《박씨전 연구》로 파리대학에서 박사 학위를 했다. 그후는 파리7대학에서 장충웅이 《홍길동전 연구》로 1972년에 박사 학위를 마쳤고, 1974년에는 김수정이 《박씨전 연구》로 박사 학위를 했다. 역시 파리7대학에서 박도식이 1974년에 종교(카톨릭) 분야의 고전이라면 고전이라 할 수 있는 《황사영 백서 연구》로 박사 학위를 했고, 1975년에는 역시 프랑스의 한국 학자인 다니엘 부셰가 《사씨 남정기 연구》로 박사 학위를 했다. 2002년에는 현 파리7대학 부교수인 야닉 브뤼느통(Yannick BRUNETON)이 《고려사》 등 고전에 나타난 《고려 시대 풍수지리 승려 연구》로 박사 학위를 했으며, 《동문선》, 고려 시대 비문, 승려 등에 관한 연구 논문을 발표하고 있다[29].

학 중앙연구원). 1985. p.152p. Id: Régles protocolaires *de la Corée des Li*(1392 ~1910). Séoul, Kyujanggak Archives, Université Nationale de Séoul, ouvrage publié avec le concours de la Fondation de Hugot du Collège de France. 1992. 19×26cm. 543p. +9 feuillets d'illustrations.

29) ORANGE Marc: *Monographie de dame Bak* (박씨전 연구). thèse de doctorat, Univ. de Paris. 1970.
-CHANG Chung-oung(Jang Chung-ung): *Etude sur le Hong Kil-tong jôn: traduction annotée avec introduction*(홍길동전 연구: 서문과 주해). doctorat d'université en lettres, Univ. Paris 7. 1972.
-KIM Su-chung(Kim Su-jeong): *Etude sur le "Sukkhyang-chôn": traduction annotée avec introduction.*(박씨전 연구: 서문과 주해). doctorat, Unite Asie

문학 작품의 활발한 번역 출판에도 불구하고 한국 문학을 소개할 수 있는 책이 없어 안타까웠는데, 15 년여의 노력 끝에 조동일-다니엘 부셰(Daniel BOUCHEZ, 프랑스 국립학술연구원 연구부장-대학 정교수급-으로 1993년 정년 퇴임) 공저 《한국 문학사, 기원에서 1919년까지》를 파이아르(Fayard) 출판사가 2002년 4월에 출판했다. 이 책은 기원에서 1919까지의 한국 문학을 총체적으로 기술한 유일한 불어 저작(著作)이자, 프랑스에서 최초로 출판된 한국 문학 개론서이다. 국판 425쪽의 두툼한 이 책은 1982년에 지식산업사가 펴낸 조동일의 《한국 문학 통사》 전5권을 기본으로, 다니엘 부셰가 자유롭게 소화하여 자신의 전문 지식과 견해를 종합하여 불어권 독자들이 한국 문학을 이해하기 쉽도록 쓴 우수한 저서이다. 서문, 한국어의 로마자 표기법 설명, 참고 서적 목록, 한국사와 세계사 대조 연표가 책의 앞 부분에 13쪽에 걸쳐 실려 있고, 그 다음의 '한국 문학의 특질'에서는 문학과 그 내용, 한국 고유의 문학, 한국어와 한국 문학의 관계, 문학 장르, 시대 구분에 대해 설명했다. 그에 이어, 원시 시대부터 1919년까지의 한국 고전 문학을 시대 순으로 체계적으로 기술했다. 이 책의 끝 부분에는 아시아 지도와 한반도 지도 2점, 인명(人名), 서명(書名), 문학 용어의 종합 인덱스(찾아보기)가 381~414쪽에 걸쳐 상세하게 나

---

orientale, Univ. Paris 7. 1974.
-PAK Do-sik (Pak Do-sik): *Etude sur la missive d'Alexandre Hwang Sa-yông* (황사영 백서 연구). doct d'univ.. Univ. Paris 7. 1977.
-BOUCHEZ Daniel: *Les pérégrinations de Dame Xie dans le sud-étude sur un roman coréen* (한국 소설 남정기 연구). Unité Asie orientale. Univ. Paris 7. 1975.
-BRUNETON Yannick: *Les moines géomanciens de Koryô (918~13920, une étude critique des sources.* (고려 시대의 풍수지리 승려 연구와 자료 비평). thèse de doctorat. Université Paris 7. 2002.

와 있다. 이 책은 외국에서 출판된 한국 문학에 관한 명저로 기록될 것으로 짐작된다[30].

1993년 필립 픽키에 출판사가 간행한《극동 문학 *Littératures d'Extrême-Orient*》에 마르크 오랑주와 이병주가 쓴 논문이 올라 있고, 유니베르살리스 대백과사전(*Encyclopaedia Universalis*)의 한국 문학 항목에, 전 파리7대학 교수 이옥(작고, 1928~2001)이 고전 문학, 전 프랑스 학술연구원(CNRS) 연구원 마르크 오랑주(2002년 정년 퇴직)가 북한 문학, 현 파리7대학 한국학 부교수 마르틴 프로스트(Martine PROST)가 남한 문학에 대해서 썼다.

동양어대학(INALCO) 부교수인 파트릭 모뤼스(Patrick MAURUS)는 한국의 근대시와 일제하의 한국 문학에 관한 저서를 두 권 썼다.

2004년 3월 18~19일에는 프랑스국립도서관(BNF)이 주최한 <프랑스 문학의 동 아시아 모험: 중국, 한국, 일본, 월남(Aventure des letters françaises en extreme Asie: Chine, Corée, Japon, Vietnam)>이 개최되었다. 이 때 발표된 논문을 모아 프랑스국립도서관(BNF) / 유펭(You-Feng) 출판사가 같은 제목의 책으로 2005년 말에 발간했다. 이 책의 서문은 동양계로는 처음으로 프랑스한림원(Académie Française) 회원이 된, 전 동양어대학 중국 문학 교수 프랑소아 쳉(Francois CHENG)이 서문을 썼고, 한국 문학에 관해서는 리옹 3대학 교수 이진명 <불문학이 한국의 신문학에 미친 영향>, 고려대학 교수 김화영 <한국 문학에서의 불문학 수용, 알베르 카뮈를 중심으로>, 프랑스 국립도서관 주임 큐레이터 드-코스타-송길자 <프랑스 상징주의 시가 한국

30) BOUCHEZ Daniel et CHO Dongéil: *Hisoire de la littérature coréenne. des origines à* 1919 (한국 문학사. 기원에서 1919년까지). Paris. Fayard. 2002, in-8, p.423; 이진명: '프랑스의 한국학-기원(起源)에서 2006년까지'.《해외 한국학백서》. 서울. 한국국제교류재단 엮음, 을유문화사. 388쪽.

의 신시에 미친 영향>의 논문이 실려 있다[31].

3) 특징과 전망

(1) 특징

번역자는 19세기말까지는 동양어학교에서 중국어를 공부한 외교관들이었다.《한국 서지》의 저자 모리스 쿠랑이나, 한국 고서를 많이 수집한 콜랭

31) MAURUS Patrick: *La mutation de la poésie coréenne moderne ou Les onomatopées fondatrices.*(현대 한국 시의 변천-기초적인 의성-의태어). L'Harmattan, Paris, 1999, p.352; Id.: *La littérature coréenne devant le modernisme et le colonialisme ou l'ère des revues.*(모더니즘과 식민주의 앞의 한국 문학-문예지의 시대). L'Harmattan. Paris. 2000. p.286.
-*Littératures d'Extrême-Orient*(극동 문학). essais. Arles, Philippe Picquier. 1993. 13×21cm. p.237: "La littérature coréenne à la fin du 19è siècle et au début du 20è siècle. évolution et transformation" par Marc Orange, "Le regard féminin dans la littérature contemporaine coréenne de 1930 à nos jours" par Lee Byoung-jou.
-LI Ogg, PROST Martine, ORANGE Marc: 《Littérature coréenne: littérature classique, littérature de la corée du Nord, littérature de la Corée du Sud》 (한국 문학 : 고전 문학, 북한 문학, 남한 문학), dans *l'Enclopaedia Universalis.* 1999.
-Bibliothèque Nationale de France: *L'aventure des lettres françaises en extrême Asie: Chine, Corée, Japon, Vietnam*(한국의 신문학 탄생과 프랑스 문학의 영향: 중국, 한국, 일본, 비네트남). Paris, Editions you-Feng, 2005, 289p.: Li Jin-Mieung, La naissance de la nouvelle littérature coréenne et l'influence de la littérature française. pp.57~79; Kim Hwa-Young. ùIntroduction et réception de la littérature française en Corée: autour d'Albert Camusù pp.133~152; Kill-Ja Song de Costa. ùL'impact du symbolisme français sur la poésie chinoise contemporaine', p.184~230.
-부셰, 다니엘(BOUCHEZ Daniel): '구운몽의 제목에 대하여'.《동방학지》, 제136집. 2006년 12월.
-이진명: '프랑스 국립도서관 및 동양어대학 도서관 소장 한국학 자료의 현황과 연구 동'. 안동, 한국국학진흥원.《국학연구》. n° 2, 2003년 봄-여름호. pp. 183~221.

드 플랑시도 동양어학교에서 중국어를 배운 외교관들이었다. 외교관으로 통역관 일을 하다가, 쿠랑은 1900년에 리옹대학 중국어 교수가 되어 세상을 떠난 1935년까지 재직했다. 19세기말에 프랑스에 온 최초의 한국인으로 알려져 있는 지식인 홍종우가 서구에 처음으로 한국 문학을 번역 소개하는데 크게 기여했다.

장르별로는 철학-사상 분야는 최근에 번역된 이황의 《성학십도》 뿐이고, 20세기 이전에는 역사-지리서가 주로 번역의 대상이었으며, 오늘날은 거의 대부분이 고전 소설이다.

또 20세기 이전에 번역된 책들은 한문으로 저술된 서적들이었다. 한문 서적의 번역은 프랑스의 동양어대학에서 중국어를 전공한 프랑스인들이 할 수 있었으며, 번역된 책은 주로 역사-지리 분야였다.

이에 비해 현대에 와서는 소설류의 한글 고전들이 주로 번역되고 있다. 번역 담당 주체는 한국인들이며, 불문학을 전공한 사람들로, 대개는 프랑스인과 짝을 지어 번역을 한다. 이들은 한문을 배우지 않은 세대이다.

한국 고전은 소설류를 제외하면 거의 한문으로 작성되었기 때문에 서양의 번역자들은 한국어를 전공했다고 하더라도 한문을 독해할 수 있는 고도의 한문 지식을 갖추어야 하는데, 이를 위해서는 오랜 세월과 노력과 학습이 필요하다. 이 점이 고전 번역에 따른 어려운 점이다. 물론 더 중요한 것은 프랑스 독자들의 한국 고전에 관한 관심, 이에 따른 요구, 즉 수요이겠다. 한국에 관한 책들이 자체의 힘으로 서점에서 팔려 나가야 출판사들이 스스로 출판을 하겠지만, 그럴 형편이 아니므로 번역과 출판에 대한 한국측의 재정 지원이 필요불가결하다.

(2) 전망

누구를 위한 번역인가? 어떤 계층의 외국 독자를 위해 번역을 하는가? 한국에서도, 외국에서도, 중국학, 일본학, 한국학을 전공한 학자나 석-박사 과정의 학생들 중에 한문을 읽고 이해할 수 있는 사람은 한문으로 쓰인 한국의 고전을 그냥 한문 원전으로 읽으면 될 것이다. 번역이 되어 있지도 않으므로 더욱 그럴 수 밖에 없다.

그러나 외국의 일반 독자를 위한 한국 고전의 외국어 번역 출판에는 위에서 본 바와 같이 많은 제약과 애로가 있기 때문에 전망도 밝은 편은 아니다.

맺는말

초대 주한 프랑스 공사 콜랭 드 플랑시가 수집하여, 1889~1890~1891년 세 번에 걸쳐, 동양어 대학에 보낸 책 650종 약 1400여 권, 1888년에 민속학자 샤를르 바라가 수집해 온 책 50종(기메 박물관), 등이 프랑스 최초의 한국인으로 알려진 한국의 선비 홍종우가 프랑스에 체류하는 동안 이미 파리에 있었으므로, 앞에서 본 한국의 고전들이 여러 편 불어로 번역되어 알려 질 수 있었다고 본다. 그러나 1866년 강화외규장각에서 온 전적들과 플랑시가 소유하고 있다가 1911년에 경매된 책들은 한국 고전의 번역 소개에 기여하지 못했다.

19세기 말까지는 중국이나 일본의 문학 또는 고전이 아직도 전혀 번역-출판되지 않은 상황이었다. 이 때 한국의 고전 여러 점이 프랑스에서 번역되어 출판된 것은 대단히 주목할 만한 일이라고 할 수 있을 것이다.

그 후 근 70~80년 간 번역 소개가 없다가 최근에 와서 지난 15년 동안 프랑스에서 한국 문학 작품의 번역 출판이 활기를 띠고 있다. 한국의 주요 현대 작가들의 문학 작품 250여 종이 프랑스에 번역, 소개 되었다. 그러나 아직도 한국 문학은 세계 문학 속에서 누려야할 지위에 걸맞는 대우를 받지 못하고, 한국의 문학번역원 또는 대산재단 등으로부터 번역 및 출판 보조비가 지원되어야 출판되는 취약한 상태이다. 여기에는 여러 가지 이유가 있다. 종합적으로 한국 문화 전반이 아직도 잘 알려져 있지 않기 때문이다. 이를 위해서는 한국을 잘 이해하는 한국의 친우(les amis de la Corée)들을 많이 확보해야 하며, 이들의 요구와 필요에 따라서 자생적으로 한국의 문화와 문학이 수입되어야 하는 상향식 수용이 정상적으로 이루어져야 할 것이다. 그렇게 되면 독자층의 저변 확대가 자연스럽게 이루어 질 것이다. 그러자면 많은 세월이 필요할 것이다.

예를 들면, 중국이나 일본의 경우는 수 세기 전부터 유럽의 관심의 대상이었다. 조선이라는 나라는 서구인들의 관심 밖에 있었다. 일본만 하더라도 19세기에 서양의 작가, 예술가들이 일본을 배경으로 한 소설과 일본 우키요에(浮世畵)에 영향을 받은 예술 작품(자포니슴, japonisme)을 창조하여 문화계에 큰 반향을 불러 일으켰다. 피에르 로티(Pierre LOTI), 라프카디오 한(Lafcadio HEARN), 폴 클로델(Paul CLAUDEL), 조각가 로댕(Rodin), 화가 모네(Monnet),… 이러한 거대한 흐름을 배경으로 해서 일본 문화와 문학에 대한 호기심과 욕구와 관심은 저절로 고조되기 마련이었다. 오늘날은 일본 만화(manga)가 젊은 세대에 선풍적인 인기를 끌고 있다. 일본은 오늘날도 많은 지원을 하고 있지만, 지원이 없어도 비약할 수 있는 환경이 마련되어 있다. 그 다음은 출판사 자신들이 번역 출판하고자 하는 일본의 작가와 작품을 찾아 나서는 것이다.

한국을 소재로 세계적인 문학 작품이나 예술 작품을 창조한 서구의 작가나 예술가가 없다. 오늘날의 한국의 문화, 예술, 문학은 이런 어려운 역사적 배경까지도 극복해 나가야 하는 어려움이 있는 것이다.

이러한 어려운 여건 때문에 한국이 시도하는 것은, 우선 작품부터 번역하고, 내보내서 저변의 독자층이 형성되도록 하여, 한국 문학의 가치가 인정되기를 바라는 하향식 방식이 될 수 밖에 없는 것이다. 독자가 자신의 취향에 따라 선택하는 식이 아니고, 번역, 출판해서 읽어 보라고 제시하는 식이다. 그에 따른 문제점도 많겠지만, 이런 노력의 결과는 결코 헛되지 않아 서구에서도 머지 않아 한국 문화와 문학이 제 가치를 인정 받고 제 자리를 찾아 찬란한 빛을 발할 날이 올 것이다.

부록: 이미지

Scherwer : Tchao-sien-tche
(조선지) (1886) 표지

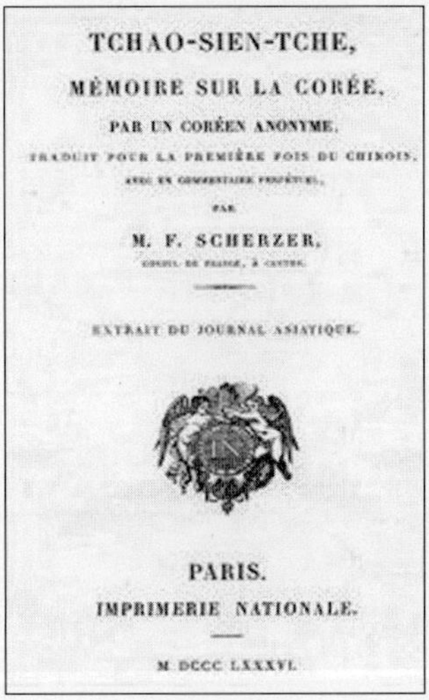

Hong Tjyong-Ou : *Le bois sec refleuri*
(古木生花) (1895) 표지

홍종우와 앙리 슈발리에 :《直星行年便覽》
불어 번역본 (1897) 표지

앙리 슈발리에 :《華城城役儀軌》
불어 요약본 (1898) 표지

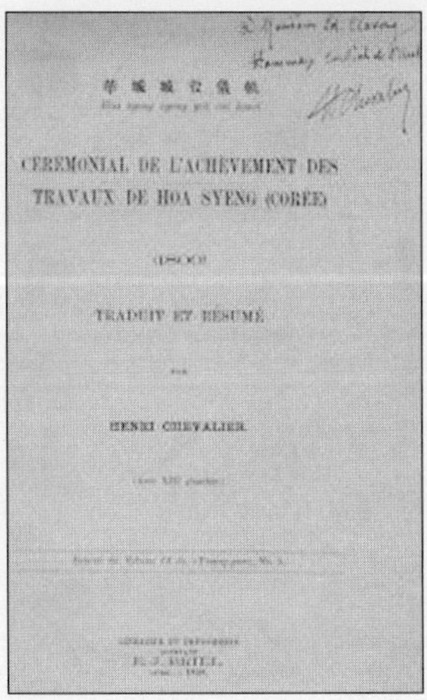

《華城城役儀軌》 불어 요약본 중의 '擧重器全圖'

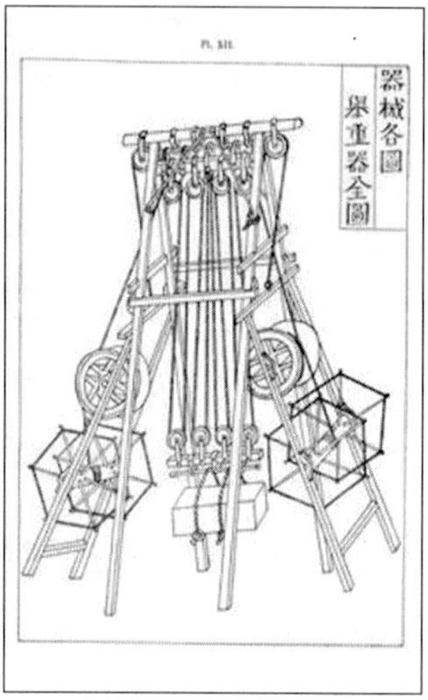

홍종우(1854~1913), 기메동양박물관 근무 시절. 1892년경. 프랑스국립기메동양박물관 소장.

Crémazy 번역 《大韓刑法》 (1904) 표지

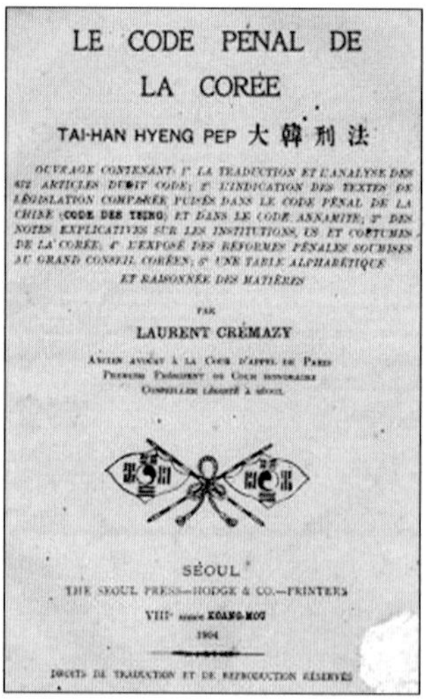

LE CODE PÉNAL DE LA CORÉE

TAI-HAN HYENG PEP 大韓刑法

PAR

LAURENT CRÉMAZY

SÉOUL

THE SEOUL PRESS—HODGE & CO.—PRINTERS

1904

《大韓刑法》 내용 중의 162쪽

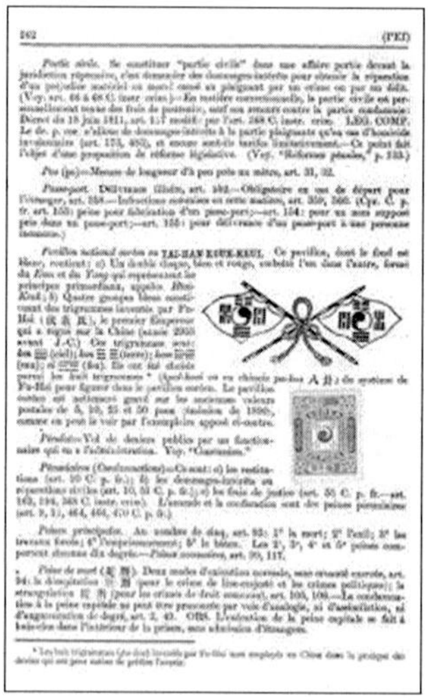

Rosny (로니)의 명작 *La Guerre du feu* (불의 전쟁) (초판 1911)
1999년판.　　　　　　　　　　　　　　2002년판

Rosny(로니) 번안 *Printemps parfumé* (향기로운 봄) (춘향전) (1892) 표지

Rosny(로니) 번안 *Printemps parfumé* (향기로운 봄) (춘향전) (1892)
본문 72~73쪽

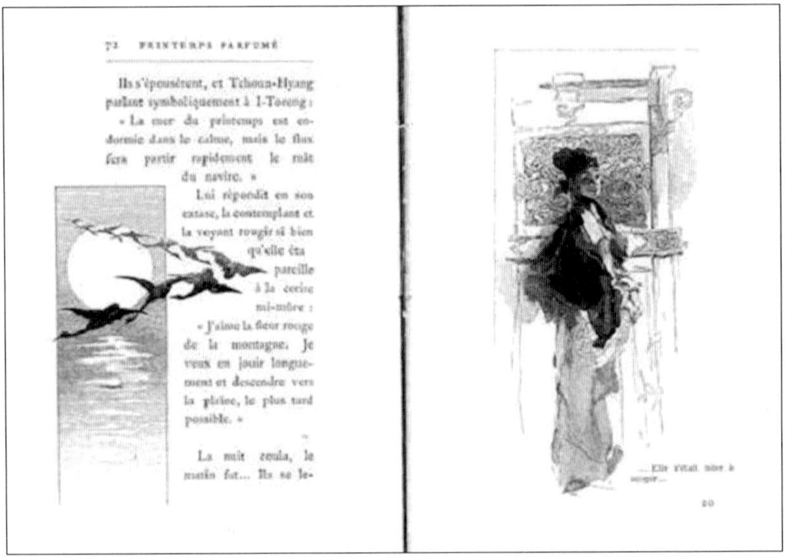
72 PRINTEMPS PARFUMÉ

Ils s'épousèrent, et Tchoun-Hyang parlant symboliquement à I-Toreng :

« La mer du printemps est endormie dans le calme, mais le flux fera partir rapidement le mât du navire. »

Lui répondit en son extase, la contemplant et la voyant rougir si bien qu'elle était pareille à la cerise mi-mûre :

« J'aime la fleur rouge de la montagne. Je veux en jouir longuement et descendre vers la plaine, le plus tard possible. »

La nuit coula, le matin fut... Ils se le-

근대 이전 한국 작품들의 독일어 번역에 관해

마리온 에거트(루르대학교 보훔, 독일)

번역: 김중순(계명대학교 한국문화정보학)

1. 현존하는 독일어 번역에 대한 개관

근대 이전의 한국 자료에 대한 독일어 번역이 시작된 것은 대충 따져서도 이미 1세기가 지났으니, 우선 그 역사부터 간단히 살펴보기로 하자. 이런 일은 한국의 역사와 문화에 대한 지식이 차츰 확대되는 과정을 거울에 비쳐보는 것과 마찬가지다. 어떻게 보면 번역이 이루어진다는 것은 우연이고 개인적인 취향이며 번역가의 선택의 문제이기도 하다. 비록 내가 설정한 이 논문의 제목도 뭔가 좀 부족한 듯하지만, 100년이나 된 번역의 역사를 자세히 살핀다는 것은 사실 엄청난 시간이 필요한 일이다. 그런데 다행스럽게도 실력 있는 번역가요 통역가인 마틴 투치(Martin Tutsch)가 지난해에 아주 잘 정리된 포괄적인 목록을 출판해 낸 바 있어서 일이 훨씬 수월하

게 되었다.[1)]

1) 이차대전 이전에 있었던 근대 이전 한국 자료들의 번역

첫 만남: 민담

한국문학의 독일어 번역이 최초로 이루어진 것은 민담이라고 할 수 있다. 1893년에 "토끼전", "흥부전", "춘향전", "심청전", "홍길동전" 등 여러 이야기들의 모음이 *Korea. Märchen und Legenden. Nebst einer Einleitung über Land und Leute, Sitten und Gebräuche Koreas*(한국, 한국이라는 나라와 사람들, 풍습과 생활양식에 대한 해설을 포함한 동화와 전설)이라는 제목으로 출판된 바 있다. 이것은 호레이스 알렌(Horace Allen)이 Korean Tales(한국이야기)라는 제목으로 1889년에 영어로 발행한 것을 아르노우스(H.G. Arnous)가 번역하여 라이프찌히에서 다시 출판한 것이다.[2)] 1년 후에 "춘향전" 번역이 또 하나 더 나왔는데, 이것도 2차 번역이긴 하지만, 격주로 발간되는 번역 잡지 *Aus fremden Zungen*(4권, 1894)에 "Lenzesduft. Eine Liebesgeschichte aus Korea"(봄의 향기. 한국으로부터 온 사랑의 이야기)라는 제목으로 실렸다. 한국 이야기라고 알려진 또 하나의 작품이 있는데, "Die wunderschüne Sängerin Rokwa. Eine koreanische Novelle."(아름다운 소리꾼 녹화. 한국소설)이라는 제목의 번

1) Martin Tutsch. Koreanische Literatur in deutscher Übersetzung(독일어로 번역된 한국문학). Wiesbaden: Harrassowitz. 2006.

2) 아르노우스(Arnous)는 1883년 봄에 한국으로 와서 묄렌도르프 밑에서 일을 했다. 1889년에 부산 세관에서 일을 시작했고, 1890년에 다시 마산으로 옮겼다. (자료출처: http://maincc.hufs.ac.kr/~kneider/Kodienst.htm). 그는 1894년부터 지속적으로 한국에 관련된 논문을 인류학 저널에다 발표했다.

역물이다. 그런데 이것은 Kisak Tamai라는 일본 이름을 가진 사람의 번역으로 요즘 발행되는 *Far Eastern Economic Review*와 비슷한 잡지에 실린 바 있다. 하지만, 마틴 투춰 자신도 이 정체불명의 소설의 원전이 무엇인지는 확인을 하지 못했다.[3] [역자 주: Rokwa는 기생들이 사용하는 이름 '녹화'(綠花)의 번역일 수도 있다] 그 다음에 나온 게 도미니쿠스 엔스호프(Dominicus Enshoff)가 출판한 50개의 이야기 모음집이다. 이것은 그가 1909년에 한국에서 직접 수집을 해서 민속학 학술지인 *Zeitschrift des Vereins für Volkskunde*에 1911년과 1912년에 연속으로 발표한 내용이다. 그리고 다시 10여 년이 흐른 후에 독일인으로서 첫 번째 한국학자라고 할 만한 안드레아스 에카르트(Andreas Eckart)라는 선교사가 등장하게 된다. 그는 '한라산과 백두산 사이'라는 매우 시적인 소제목을 달아 1928년에 *Koreanische Märchen und Erzählungen.*(한국의 동화와 이야기)라는 책을 펴내게 된다.

이렇게 보면 한국을 포함한 다른 나라의 문화정보에 대한 지평 확장의 첫 단계는 비록 다른 유럽 언어로부터의 이차적인 번역이긴 하지만 완전히 구전 이야기의 번역으로부터 시작되었다고 할 수 있다. 이런 사실에 대해서는 당시의 여러 시대적 경향들을 고려할 필요가 있다. 독일의 건국이 1890년대에 이르러서야 시작되었고, 그것은 우리 이야기의 출발과 맞닿아 있는 시점이기에 민속학(Volkskunde)에 대한 독일인의 관심이 매우 높았다는 사실이다. 뿐만 아니라 독일은 극동지역에 힘을 쏟게 된 당시의 제국주의적 물결에 서둘러 동참을 했고, 덕분에 문화 인류학자들이 다른 인종에 대해 관심을 가지고 접근하도록 동기를 제공했다는 사실이다. 이 당시에

3) Die wunderschuöne Sängerin Rokwa. Eine koreanische Novelle. Uebers. von Kisak Tamai. In: *Ost-Asien. Monatsschrift für Handel, Industrie, Politik* 1, 1898/99.

Kulturwissenschaft(우선 여기서는 학문의 역사성을 배제하고 단순히 Cultural Studies라는 뜻으로 쓴다)라고 하는 문화학이 꽃을 피우게 된 것은 그런 탓이다. 그런 가운데서 드러난 첫 번째 경향은, 민족혼(Volksseele)이라고 하는 것은 구전으로 전해진 이야기 속에 가장 잘 담겨있다고 생각하게 되었다는 사실이다. 두 번째 경향은, 전 세계의 구비문학이 가진 스토리텔링의 구조가 비슷하다는 사실을 알게 되자, 그 유사성은 다름 아닌 인간 의식이 확장에 의한 것이라고 생각하게 되었다는 사실이다. 그런 결과로 얻게 된 기념비적인 결과가 바로 1910년에 아르네와 톰슨(Aarne-Thompson)이 발행한 유명한 민담형식의 목록이다. 이런 맥락으로 보면 한국의 동화나 전설, 그리고 민담은 두 가지 점에서 기여를 했다고 할 수 있다. 은자의 나라로 알려진 멀고 먼 나라에 대한 대중적 호기심을 충족시켰다는 사실이 그 하나이고, 또 동시에, 아무리 지리적으로 멀리 떨어져 있어도 이를 통해 인류가 가진 보편성을 다시 한 번 증명할 수 있었다는 사실이 또 다른 하나이다. 불행히도, 나는 여기서 언급된 작품들을 아직은 직접 읽어 볼 기회가 없었다. 그래서 이런 가설을 증명할 수 있는 직접적인 증거를 인용할 수가 없다. 세 번째 경향은 매우 중요한데, 바로 민담이 갖는 오락적 가치이다. 이들은 주로 2차대전 이후에 비슷한 성격의 책들이 지속적으로 발행되었다는 사실에서 알 수 있다.

학문적 관심이 싹틈

민담에 대한 관심이 차츰 줄어들기 시작하자, 이번에는 다른 종류의 번역물이 처음으로 독일어로 번역이 되기 시작했다. 1927년, 희안하게도 자기 이름을 중국식으로 Li Kolu라고 표기를 하며 베를린 대학에서 중국학을 전공하던 한국학생 하나가 있었다. 박지원의 "허생전"을 번역하여 "Aus dem Leben eines koreanischen Gelehrten. Lebensgeschichte He's"(어느 한국 선비의 삶에 관하여)라는 제목으로 베를린 대학의 동양어학부에서 발행되는 학술지에 실었다.[4] 이 사람이 바로 1920년대 후반에 한국으로 돌아가 조선어학회에서 주도적 역할을 한 이극노(李克魯; 1893~1978) 선생이었다.[5] 그리고 해방 후에는 북한에서 학계와 정계에서 거물로 활약했던 사람이다(그가 독일에 머무는 동안 한국의 독립운동에 대한 소책자도 출판을 했고, 중국의 실크 산업을 주제로 한 학위논문도 저술을 했다).[6] 그로부터 10년 후, 중국과 만주 전문가인 발터 푹스(Walter Fuchs)가 인도 여행기인 『왕오천축국전』을 독일어로 번역했다. 그러나 이 사람은 저자를 혜초라고 하지 않고 중국식 표기방식으로 Huichao라고한 걸 보면, 아마도 저자가 중국인이었던 것으로 착각하지 않았나 생각된다.[7] 이 두 가지의 출판물은 한국 원본의 역사적 기록에 대한 최초의 학문적 관심이 아니었나 싶다. 그러나 크게 봐서도 이러한 관심은 동아시아학의 범위 내에서만의 표현이기도 하거니와, 사실은 지금 우리가 찾아볼 수 있는 이 두 가

4) Tutsch 자료 4.3.

5) 이 자료를 찾아내는데 베를린 훔볼트 대학에서 한국학을 가르치다가 은퇴하신 헬가 피히트(Helga Picht) 교수의 큰 도움을 받았다. 피히트 교수는 여러 차례 북한에 머무르는 동안 이극노에 대한 이야기를 들은 바 있다고 했다.

6) *Unabhängigkeitsbewegung Koreas und japanische Eroberungspolitik*. [한국의 독립운동과 일본의 압제정책] Berlin, J. Sittenfeld. 1924. 32p.; Die Seidenindustrie in China. [중국의 실크산업] Diss. (Berlin: 1927). 1947년에 그가 쓴 자서전 <苦鬪40年>에 보면 독일에서의 활동에 대해 좀 더 구체적인 정보를 얻을 수 있으리라 생각된다.

7) Walter Fuchs. trl. "Huei-ch'aos Pilgerreise durch Nordwest-Indien und Zentral-Asien um 726". [726년경 혜초의 북서 인도와 중앙아시아 여행기] In : Sitzungsberichte der Preußischen Akademie der Wissenschaften. Philosophisch-historische Klasse. 1938.

지 자료를 가지고 어떤 하나의 경향을 이야기하기에는 너무 빈약하다. 첫 번째 경우에 있어서 대상의 선택은 한국의 관점에서 볼 때 당시로서는 분명 한국학의 성장이라고 할 수 있다. 또한 한국문학의 전통이 일본이나 서구의 이론적 모델을 통해 재평가 받게 되고, 결과적으로 한국적 정체성을 지닌 문학작품으로서 번역이 이루어지고 독일시장에 등장하게 된 것이라고 할 수 있다.

2) 2차 세계대전 이후

대중들이 좋아하는 책들

이차대전 이후 한국은 해방을 맞아 국제 정치의 한 가운데 서 있었으나 문화적으로는 여전히 주목을 받지 못해 근대 이전 자료들의 훌륭한 번역들이 출판되지 못했다. 아마도 분단된 현실을 경험하고 있는 같은 운명 때문이기도 했겠지만, 한국에 대한 관심은 지속되었다. 주로 쉽게 축약 편집된 설화들이 그 예인데, 여기에는 과거와 현재의 센티멘탈한 감정들이 한꺼번에 녹아 있었기 때문이다. 1945년 이후에 특별히 민담과 전설의 번역이 엄청나게 많이 쏟아졌는데, 그것은 독일에 거주하며 한국의 문화를 독일인들에게 전해 준 두 한국인의 노력이 있었기 때문이다. 1950년 한국 화가 배운성(1900~1978)의 친구가 *Unsŏng Pai erzählt aus seiner koreanischen Heimat*(배운성이 남긴 한국 이야기)라는 제목의 이야기책을 출판했다. 이 때 이미 10여 년 전에 배운성 자신은 한국으로 귀국한 후이다. 같은 해에 이미륵(이의경, 1899~1950)이 죽었다. 24년 후 이미륵의 재미있는 한국민담 모음집 번역이 유작으로 출판되었다(1996년에 재판이 출판되었으니 매우 성공적이라고 할 수 있다).[8] 이들 이야기 중에 어떤 것들은 이미륵이 죽기 전에 이미 신문이나 저널에 발표된 것들도 있다.[9] 이들 두 한국인들의 노력은 한국에서 돌아 온 독일인 선교사들과 연결이 되었다. 이제 그들은 서로 손을 맞잡고, 독일에서 한국문화를 전파하는 선교사로 역할을 바꾸게 된 것이다. 앞에서 언급한 안드레 에카르트가 1951년과 1955(a)년에 설화집을 발행함으로써 지속적으로 한국 알리기에 기여한 것 외에도, 암브로시우스 하프너(Ambrosius Hafner; 1961) 같은 사람도 동아시아 문화를 크게 알린 사람이라고 할 수 있다.[10] 이런 선구자들의 뒤를 이은 한국학자들이 있다. 지금 본 대학에 재직 중인 알브레히트 후베(Albrecht Huwe) 같은 이는 1979년 또 다른 한국민담집을 출판했고, 동독에서 활동 중인 한국학자들은 "춘향전"과 "심청전" 같은 작품 번역을 완성해서 *Die Elsternbrücke. Klassische koreanische Frauenerzählungen*(오작교. 고전 한국의 여성이야기, 1993년)에 포함해 실었고, 그리고 2002a년에 *Die Geschichte von Hong Kiltong*(홍길동전)도 새로 번역을 해서 내가 감수를 했다. 이런 재미있는 이야기들을 통해 앞으로 보다 많은 독자층이 확보되기를 희망한다. 최근에 *Ilyeon: Samguk*

---

8) 이미륵은 1920년에 독일로 망명을 해서 의학과 자연과학을 공부했다. 그 후에 자전 소설 *Der Yalu fließt.*(압록강은 흐른다)를 발표해 전후 독일에 이름을 알렸다. 이 소설은 일본의 압제 상황에 대해서는 침묵을 하면서 오히려 시골의 한적함과 전통적인 전원풍경을 그리고 있어 당시의 독일인들에게 충분히 감정이입이 이루어졌던 것 같다. 전쟁의 악몽을 극복하고자 하는 독일인들에게 이 소설은 일종의 향수를 갖게 했던 것이다.

9) 정규화. 『이미륵』. 1974. 후기.

10) 나는 하프너의 생애에 대해 아무 것도 찾을 수가 없었다. 다만 50년대와 60년대에 그가 한국에서의 초기 선교사들의 사역에 대한 논문을 쓴 게 있다. 그 외에도 한국을 배경으로 한 여러 편의 소설을 썼는데 아마도 자신의 창작물임에 분명하다. 상당부분 그의 작품들이 바이에른 주 오틸리엔(Ottilien)에 있는 베네딕트 수도원에서 출판된 것으로 봐서 에카르트(Eckart)와 마찬가지로 그도 이 기관에 속했던 인물이 아닌가 짐작할 뿐이다.

yusa.(일연: 삼국유사)라는 제목으로 번역된 삼국유사도 아주 흥미로운 판타지 같은 이야기들을 소개하고 있어 새로운 독자층을 얻게 될 것으로 기대된다. 부제도 "한국의 세 왕국으로부터 전해 온 기이한 전설과 민담들"이라고 붙어져 홍보가 이루어지고 있다.

1959년, 드디어 일반 독자층을 겨냥한 한국의 근대 이전 시 번역의 출판이 이루어지게 되었다. *Kranich am Meer*(해변의 두루미)라는 제목의 이 시 모음집은 시대적으로 향가에서 고려가요, 그리고 시조와 가사에 이르기까지 모든 장르를 망라하고 있는데(다만 이런 장르들이 구분 없이 뒤섞여 있다는 게 문제이긴 하지만), 바로 피터 리(Peter Lee)의 공로이다. 이 분은 아직까지도 한국문학의 영어번역을 위해 부단한 노력을 기울이고 계신다는 사실을 언급하지 않을 수 없다.[11] 그런데 이 시 모음집이 출판된 이래 10년이 훨씬 더 지나고 나서야 그 후속편이 나왔는데, 바로 동독의 중국학자 에른스트 슈바르츠(Ernst Schwarz)가 1973년에 한국 고전시가 모음집 *Los des Steinquells*를 출판한 것이다. 이 두 책은 1987년과 1988년에 각각 문고판 형태로 재판을 발행했다. 그러나 그 이후에는 더 이상 후속편이 나오지 않고 있어 근대 이전 한국문화의 현대적 이해에 더 이상 도움을 주지 못하고 있다.

학술번역

일반인들을 위한 번역도 몇 되지 않지만, 학술적인 번역 역시 얼마 되지 않는다. 그런데 전자는 후자에 의해 논쟁 거리가 되어 왔다. 박치호(Pack

11) 피터 리는 1953년 예일대학에서 석사학위를 받은 후 유럽에서 공부를 계속했고, 1958년에 뮌헨 대학에서 박사학위를 취득했다.

Tchi-Ho)는 보쿰대학에서 한국어를 가르친 사람인데, 송희경이 1420년에 쓴 일본 기행문을 *Bericht des Nosongdang über seine Reise nach Japan aus dem Jahre* 1420(노송당 일본행록)이라는 제목으로 1973년에 번역했다. 80년대에는 베를린과 프랑크푸르트 대학에서 가르친 바 있는 짜보롭스키(Hans-Juergen Zaborowski)가 *Traditionalles Puppentheater in Korea*(꼭두각시놀음, 1981)을 번역했다. 그 후에 학술 번역이 단행본 형태로 나오게 된 것은 20년이 더 지나서였다. 한국학 전공생들에게 중급 한국 문법을 가르칠 목적으로 번역한 *Der Mond gespiegelt in tausend Flüssen*(월인천강지곡 : 2002b)과 *Ilyeon : Samguk yusa*(삼국유사)의 완역(2005c) 등이 레겐스부르크 대학에서 한국어를 가르치는 강사에 의해 번역되었다. 그리고 마지막으로, 판소리 "춘향가", "심청가", "수궁가" 등도 번역이 이루어져(2005a) 학술번역 목록을 채울 수 있게 되었다. 그러나 아쉽게도 이들 한국어-독일어 번역 팀들은 한국학을 공부한 사람들이 아니다.

이 외에도 연구의 일부분으로 번역된 자료들도 적지 않다. 예를 들어 라이덴 대학에서 한국 종교와 역사를 가르치던 프리츠 포스(Frits Vos)는 《삼국사기》에 있는 "김유신의 생애"를 번역했고, 박지원의 "허생전"도 번역을 해서 논문 형태로 발표한 바 있다.(1955,60) 그의 저서 *Die Religionen Koreas*(한국종교사)에도 여러 신화와 전설에 대한 번역이 포함되어 있다.(1976) 그렇지 않으면, 주로 시 번역의 출판은 다음과 같은 형태로 이루어진다. 즉, 삼국유사에 있는 14편의 향가에 대한 번역은 베르너 자쎄(Werner Sasse)가 1989년에 저술한 책에 포함되어 있다. 박인로의 "태평사"는 레타 렌트너(Reta Rentner)의 논문(1993)에, 장편 가사 "농가월령가"는 안야 하프트만(Anja Haftmann)의 학위 논문(1999)에 포함되어 있다.[12] 마지막으로 *Joumal for East Asian Literatue in Translation*이라는 잡지[13]는 시와 산문 등 두 가지 아이템의 번역물들을 실어왔다. 이 잡지는 학문과 대중 사이의 교량 역할을 하겠다는 것을 목표로 삼는데, 실제로는 동아시아 전공 학자들이 주된 독자들이다.(1984, 2005b)

2. 문제와 전망

1) 양적 측면

양적인 측면에서 보자면 독일어권 한국학은 근대 이전의 자료번역에 있어서 완전히 실패한 것으로 생각된다. 2차 대전 이후 50년대에 상대적으로 잠시 왕성했던 시대가 있었으나, 그 이후 수십 년 동안 번역활동은 거의 침체의 상태에 빠져있다고 할 수 있다. 1990년대에의 심각한 침체기가 지나고 요즘에야 약간 되살아나는 정도이다. 전체적으로 번역된 자료 목록을 보면 그동안 한국학의 발전이 없었다고 해도 과언이 아니다.

그러나 여기에 반드시 상관관계가 있는 것은 아니다. 번역의 지속적인 침체가 한국학의 부진을 뜻하지는 않는다는 말이다. 오히려 영어로 된 교

12) 이 목록에서는 학술연구 논문에서 사용된 인용문 번역이나, 아니면 그 보다 좀 더 긴 자료의 번역을 번역 작품으로 취급하지 않는다. 예를 들어 디터 아이크마이어(Dieter Eikemeier), 에어링 폰 멘데(Erling von Mende), 요하네스 레켈(Johannes Reckel) 등의 사람들이 연구 목적으로 번역한 것들이다. 여기서 언급된 번역 작품들은 첨부하는 참고도서 목록에 일부러 포함시키지 않았다. 번역자료의 목록을 일목요연하게 보여주는데 방해가 되기 때문이다.

13) 이 잡지는 현대 한국문학 번역 작품을 게재하는 데 매우 호의적이다.

재나 한국학 연구를 위한 자료가 많아지고 있다. 이는 독일어가 지난 반세기 동안 자연과학 분야에서 취급 당했던 것과 마찬가지로 위상이 떨어졌기 때문이라는 것이다. 프리츠 포스가 했던 것처럼 이제는 라이덴 대학교수 중에 독일어로 출판을 하는 사람은 없다. 심지어 독일인 학자조차도 국제 한국학계에서 연구 발표를 할 때 독일어를 회피하고 있는 실정이다. 순수한 학문적 관심의 결과로서 독일어 번역은 결국 수적인 침체를 벗어날 수 밖에 없다. 따라서 이런 현상을 탓할 수만도 없는 형편이다.14)

대중을 위한 한국 역사에 관한 읽기 자료가 현저히 부족하다는 것은 또 다른 문제이다. 독일어권에서는 아마도 불어권이나 이태리어권과 비교하는 것을 부당하다고 여길 것이다. 다시 말해 이것을 독일어권 한국학계의 노력이 부족한 결과라고 하는 것은 억울하다는 말이다. 분명한 것은, 번역이 영어권 학계에 비해 그 중요성이나 가치가 제대로 취급 받지 못하고 있는 것은 사실이지만, 출판업계마저 흥미를 덜 갖는다는 것도 큰 문제이다. 한국이 프랑크푸르트 도서전에 주빈국가로 초대를 받아 한국문학(혹은 전반적인 한국관련 자료)의 번역에 대한 관심이 과거 보다 커졌음에도 불구하고, 박지원의 열하일기의 일부 번역을 펴낼 출판사를 찾는 일마저도 거의 불가능했을 정도이다. 적당한 출판사를 구하기 위해 꼼꼼히 찾아 접촉하고, 견본으로는 대표적으로 생생한 문구를 찾아 넣었는데, 사실 독일 독자들이 남달리 여행기에 관심이 있음에도 불구하고 여전히 나서는 출판사는 없었다. 근대 한국문학이 양적으로 그 어느 때 보다 많이 출판되는 시점에서 이런 실망스런 경험을 하게 되는 것은 악순환의 연결고리처럼 보인다. 한국

14) 지난 몇 십 년 동안 출판된 여러 번역 가운데 상당부분이 학위논문용으로 씌어진 것들이다.

의 과거의 흥미로운 텍스트를 제대로 알지 못하니 근대 이전의 문화적 성과의 가치도 제대로 알 수가 없고, 그 결과로 다시 독일 출판사들은 그 잠재적 독자층을 알지 못하는 원인이 된다. 그런 결과로 출판사들이 근대 이전의 한국 자료들을 독일어로 생산해내고자 하는 의지가 없고, 그래서 독일 독자들은 다시금 정보를 제대로 접하지 못해 한국에 대한 올바른 이해를 가지기가 어렵다. 이런 악순환의 사태를 어찌할 것인가?

2) 자료의 선택

우선 우리는 독일 독자들의 기대에 신중할 필요가 있다. 그리고 과거 서구 독자들이 매력을 느꼈던 근대 이전 작품들의 장르가 무엇이었는지에 대해 관심을 기울일 필요가 있다. 바로 시와 소설이다. 하지만, 그렇게 하면 오늘날의 서구 문학의 양식을 기준으로 하게 된다는 사실을 기억해야 한다. 다시 말하면, 독자들이 기대하고 희망하는 문학적 선입관에 따르게 된다는 말이다. 위에서 언급한 적당히 성공한 시 모음집이 바로 그 예가 되는데, 양식뿐만 아니라 어떤 시를 선택할 것이냐, 그리고 번역의 스타일은 어떠한가와 관련되는 문제이다. "사랑", "자연", "인생의 덧없음"은 서구 독자들이 아시아의 시에서 기대하는 주제들인데, 특히 *Kranich am Meer* (해변의 두루미)에 그런 특징들이 잘 나타나 있다. 동독에서 출판된 *Lob des Steinquells*(石井頌)는 정치적인 시도 포함이 되어 있다. 결국 한국시는 이런 모음집에서는 자신만의 독특한 향내가 배어 나오지 않는다. 한국문화에 익숙하지 않은 독자들은 이 시들을 동아시아 전체의 시적 전통의 일부 정도로 두루뭉수리로 생각했을 수 있다. 사실은 이 두 책의 해설판에는 이들 시가 가진 강력한 한국적 색채에 대해 논하고 있음에도 말이다.[15] 한국 시의 엄청난 다양성, 일상의 장소, 시인의 개별성 같은 것들은 이런 모음집을 통해서는 이해하기가 쉽지 않다. 모음집에서 이런 난제들을 피하려면 긴 설명과 주석을 붙이지 않을 수 없다. 그러다 보니 자연히 대중적이기보다 학술적 성격을 띠기 마련이고, 대규모 출판사들은 꺼리게 되는 것이다.

소설 번역은 근대 이전 한국문학을 독일 독자들에게 알릴 수 있는 훨씬 효과적인 방법이다. 《구운몽》 같은 번역이 있다면 제일 좋겠는데, 벌써 오래 전에 알브레히트 후베가 번역 중이라고 했지만 아직 소식이 없다. 다행히 19세기 여러 한문소설 번역 프로젝트는 진행 중에 있다. 《금오신화》 같은 다른 고전들의 번역도 계속 이루어져야 할 것이다. 이런 작품들을 만나게 되면 한국을 처음 접하는 사람들도 쉽게 흥미를 불러일으킬 수 있을 것이고, 한국의 문화도 이해할 수가 있다. 이런 일은 결국 효과적으로 돈을 벌 수 있는 일이기도 하다.

일단은 이런 작품들을 통해 토양은 마련된 셈이라고 할 수 있으니, 이제는 보다 다양한 한국 문헌자료들이 독일어로 번역이 되었으면 하는 희망이다. 편지 글이나 일기, 자서전, 소개문, 기록문, 그리고 철학 문헌까지 포함해서 말이다. 정치적 논쟁이나 역사 기록자료 같은 순수한 역사적 관심에서 나온 자료들은 이제 더 이상 독일어로 번역되는 일이 없을 것이다.

---

15) 에른스트 슈바르츠는 한국 한시가 역사적인 인용을 덜 사용하기 때문에 오히려 감성적 표현력이 뛰어나다고 주장을 한다. *Lob des Steinquells* 26~29 쪽. 피터 리는 한국 시인들이 과장된 단순미와 생생한 열정을 가고 있다고 주장한다. 일본 시인들은 우스꽝스럽게도 “연인들의 옷으로 말미암아 우리가 죽게 될까 두렵다”고 는 사람들이고, 중국 시인들은 “사랑과 열정을 참아낼 수 없는” 사람들이라고 했다. *Kranich am Meer*. 118쪽.

3) 번역의 질

이제 마지막으로 언급해야 할 것은 번역의 질에 관한 것인데, 그것은 번역에 있어서 언어와 학술적 명징성, 그리고 역사적 맥락화의 문제라고 할 수 있다. 대중을 상대로 하는 번역은 언어의 미적 감각도 살려야 하고 동시에 뜻도 분명하게 전달될 수 있도록 해야 한다. 꼭 필요한 보충 자료도 충분히 제시되어야 하지만, 그것으로 말미암아 일반 독자가 읽는 데 부담을 느끼도록 해서는 안 된다. 이런 균형을 이루는 것은 여러 가지 이유로 쉽지 않다. 예를 들면《삼국유사》같은 번역은 충분히 대중 번역이 이루어졌으면 좋았겠지만, 실제로는 오히려 학술적 번역이 되고 만 경우이다. 이런 문제가 학술회의의 두 번째 날인 내일의 발표에서 잘 다루어지리라 믿지만, 내가 특별히 문제 삼고 싶은 것은 번역 대상의 텍스트를 어떻게 확립할 것이냐는 것이다.《열하일기》를 내가 직접 번역하면서, 나는 처음에 대중을 상대로 계획했던 것인데 실제 번역하는 과정에서 그것이 의도치 않게 학술적으로 둔갑해버린 경험을 하게 되었다. 원문이 가진 원래의 뜻을 하나씩 자세히 설명을 하려다 보니 각주가 달리고 자질구레한 해설을 붙이지 않을 수 없었던 것이다. 결론적으로 말하면, 근대 이전 한국 자료의 독일어 번역은 독일 한국학의 잠재력을 가늠하게 해 줄 뿐 아니라 한국 문헌연구(textual scholarship)의 위상도 가늠케 해준다.

Bibliography of translations of pre-modern Korean materials

1. Before World-War II (complete)

1893. H. G. Arnous. *Korea. Märchen und Legenden. Nebst einer Einleitung über Land und Leute, Sitten und Gebräuche Koreas.* [한국, 한국이라는 나라와 사람들, 풍습과 생활양식에 대한 해설을 포함한 동화와 전설] Leipzig. (authorised translation from Horace Allen's Korean tales of 1889).

1894 "Lenzesduft. Eine Liebesgeschichte aus Korea". [봄의 향기. 한국의 사랑 이야기] in: *Aus fremden Zungen. Eine Halbmonatsschrift* 4. Secondary translation after J. H. Rosny.

1898/99 *Die wunderschöne Sängerin Rokwa.* [아름다운 여가수 綠花] Eine koreanische Novelle. Uebers. Von Kisak Tamai. In: *Ost-Asien. Monatsschrift für Handel, Industrie, Politik* 1.

1911/1912. Koreanische Erzählungen. [한국 이야기] Gesammelt von Dominikus Eckhoff. In : *Zeitschrift des Vereins für Volkskunde* 21, 22.

1927. *Aus dem Leben eines koreanischen Gelehrten.* [어느 한국 선비에 관한 이야기] Übers. von Li Kolu. In: *Mitteilungen des Seminars für Orientalische Sprachen an der Friedrich-Wilhelms-Universität zu Berlin, Abt. 1, Ostasiatische Studien,* 30.

1928. Andreas Eckardt. *Koreanische Märchen und Erzählungen. Zwischen Halla-und Päktusan.* [한국동화와 이야기. 한라에서 백두산까지] St. Ottilien (Missionsverlag).

1938. Walter Fuchs, trl. "Huei-ch'aos Pilgerreise durch Nordwest-Indien und Zentral-Asien um 726". [혜초의 왕오천축국전] In: *Sitzungsberichte der Preußischen Akademie der Wissenschaften. Philosophisch-*

historische Klasse.

2. After World War II

(selection: many minor publications of folk narratives omitted)

1947. *Zwölf Monatsgeschichten und andere Volkserzählungen aus Korea.* [한국의 12달의 이야기와 다른 민담들] Gesammelt von Hung Soo Han.—Wien: Amandus-Ed. 1947. 96 S.(Kleine Bücherei der Weltliteratur.)

1948. *Koreanische Märchen.* [한국 동화] Gesammelt von Garin. Uebertr. u. hrsg. von Nikolay v. Kotschubey.—Zürich: Classen 1948. 95 S. (Vom Dauemden in der Zeit. 45.)(Secondary trl. from Russian)
Enth. 25 Volkserzählungen, u.a.: Der Hase [*Tokki chŏn*]. Sim-tschen [*Sim Ch'ŏng chŏn*].—Zweitüers. nach dem russ. Original: Korejskija skazki. 1936.

1950. *Unsoung Pai erzählt aus seiner koreanischen Heimat.* [배운송이 남긴 한국 이야기] (Nachw.: Kurt Runge.)—Damstadt: Kul1950. 108 S. mit Ill.

1951. *Unter dem Odong-Baum. Koreanische Sagen, Märchen und Volkserzählungen.* [오동나무 아래서. 한국의 전설, 동화, 민담] Während eines 20jährigen Aufenthalts in Korea gesammelt von Andre Eckardt.—Eisenach: Röth.

1955. a) *Die Ginsengwurzel. Koreanische Sagen, Volkserzählungen und Märchen.* [인삼뿌리. 한국의 전설, 민담, 동화] Während eines 20jährigen Aufenthalts in Korea gesammelt von Andre Eckardt.—Eisenach: Röth.

1955. b) Vos, Frits. "Kim Yusin, Persönlichkeit und Mythos. Ein Beitrag zur Kenntnis der altkoreanischen Geschichte." [김유신. 그의 성격과 신화. 고대 한국사를 위한 연구] Teil 1-2.—*In* : Oriens extremus. 1 (1954), S.

29-70; 2 (1955), S. 210~236. (contains a translation of Kim Yusin chŏn)

1959. *Kranich am Meer. Koreanische Gedichte.* [해변의 두루미. 한국 시] Hrsg. von Peter H. Lee.-München: Hanser 1959. 130mit Ill.

1960. Vos, Fritz. "Yŏn-am Pak Chiwŏn und sein Hŏsaeng chŏn." [연암 박지원과 허생전] -*In*: Koreanica. Festschrift Prof. Dr. Andre Eckardt zum 75. Geburtstag. Hrsg. von August Riekel. Baden-Baden: Lutzeyer 1960. S.(contains a translation of Hŏsaeng chŏn)

1961. *Der Kristallring. Die Geschichte von der treuesten der treuen Frauen, der ewig unvergleichlichen Tsun Hjang. Aus dem Korean.* [수정반지. 열녀 춘향의 이야기] übertr. von Chuh Mook Chung. Hrsg. d. dt. Ausg. : Ambrosius Hafner.-St. Ottilien: Eos-Verl.

1971. *Lob des Steinquells. Koreanische Lyrik. Aus dem Sino-korean.* [석정송. 한국고전시가] übertr., nachgedichtet u. hrsg. von Ernst Schwarz.-Weimar: Kiepenheuer [1973]. 171 S. mit Ill.

1973. Song, Hŭigyŏng(1376-1446). *Nosongdang ilbon haengnok. Bericht des Nosongdang über seine Reise nach Japan aus dem Jahre* 1420. [노송당 일본행록. 1420년 노송당의 일본여행 보고서] Von Tchi-Ho Pack.-Wiesbaden: Harrassowitz 1973.

1974. *Iyagi. Kurze koreanische Erzählungen.* [이미륵이 남긴 이야기. 한국 단편소설] [Nacherzählt von] Mirok Li. Hrsg. von Kyu-Hwa Chung.-St. Ottilien : Eos Verl. 1974. 302 S. mit Ill.

1979. *Korea.* [한국] Übers. u. hrsg. von Albrecht Huwe.-München : Heyne 1979. 156 S. mit Ill.(Märchen aus aller Welt. 16.)

1981. *Traditionelles Puppentheater in Korea. Das Spiel von der Puppenfrau.* [한국의 전통 꼭두각시극. 꼭두각시 놀음] Eingel. u. übers. [von] Hans-Jürgen Zaborowski.-Bochum: Deutsches Institut für Puppenspiel

1981. 71 S.

1984. "Chukso Kim Kwang uk: Vier Gedichte aus dem Zyklus Yulli yugok, Das Erbe des Kastaniendorfes." [죽소 김광욱: 연시조 <율리유곡>의 네 개 시조선] Übers.: Dirk Fündling.—*In*: Hefte für ostasiatische Literatur. 2 (1984), S. 52—56.

1988. *Koreanische Literatur. Ausgewählte Erzählungen.* [한국문학. 소설선집] Hrsg. von K. S. Kuh.—Bonn: Bouvier.

Bd. 1. Klassik. 1988. 186 S.

Enth.: Die Geschichte von Chunhiang. Die Geschichte von Hŭngbu. Hŏ Giun: Die Geschichte von Hong Gildong. Die Geschichte von Sim Chŏng.

1993. *Die Elsternbrücke. Klassische koreanische Frauenerzählungen.* [오작교. 고전 한국 여인소설] Hrsg. von Reta Rentner. Aus dem Korean. übertr. von Reta Rentner, Chuh Mook Chung u. Silke Mahrenholz.—Leipzig: SammDieterich 1993. 578 S. (Sammlung Dieterich. 389.).

Enth.: Die Geschichte von Frau Pak. Der Kristallring [*Ch'unhyang chŏn*]. Die Legende von Sim Tschhòng. Tschhäbongs Klage.

2002. a) *Die Geschichte von Hong Kiltong. Ein Räuberroman aus dem alten Korea.* [홍길동 전. 고대 한국의 도적소설] Hrsg. von Marion Eggert u. Soon Mi Hong-Schunka. Übers. von Soon Mi Hong-Schunka unter Mitarb. von Frank Kraushaar.—München: iudicium 2002. 100 S.

2002. b) *Der Mond gespiegelt in tausend Flüssen. Das Leben des Budda Gautama.* [월인천강지곡. 부다 가우타마의 생애] In Verse gesetzt im Jahre 1447 von König Sejong. [Hrsg. u. Übers.:] Werner Sasse, Jung-Hee An.—Seoul: Sohak2002. 469, 18 S.

2005. a) *Pansori. Die gesungenen Romane Koreas. Aus dem Korean.* [판소

리. 한국의 음유 소설] von Chung Kyo-chul und Mathias Entreß. Thunum : Peperkorn.

2005. b) "Pak Chiwŏn: Tagebuch einer Reise nach Jehol" (Auszug). [박지원: 열하일기(발췌)] Übers. v. Marion Eggert und Yu Myoung-In. In: Hefte für Ostasiatische Literatur, 38, München: iudicium Verlag.

2005. c) *Ilyeon: Samguk yusa. Legenden und Wundergeschichten aus den Drei Königreichen Korea.* [일연: 삼국유사. 세 왕국의 전설과 기이한 이야기들] Übers. v. Young-ja Beckers-Kim. Schenefeld: EB-Verlag.

러시아에서의 한국 고전 문학: 러시아어로의 번역 역사에 관하여*

최인나(세인트피터스버그 국립대학교, 러시아)

1. 머리말

이 글에서 필자가 추구하는 것은 한국고전문학을 러시아어로 번역한 역사를 소개하며, 이 작업이 어떠한 과정을 거쳐 왔는지를 소개하는 것이다. 러시아에서 한국 문학에 대한 지식 증가와 긴밀하게 연관되는 것은, 어떤 문학 작품을 번역할 것인지를 선별하는 작업이다. 여러 가지 문학 연구 방법론들 중 한 가지가 우세한 입장을 점하는 시기가 있을 텐데, 현재까지 그 각 시기에 러시아어로 번역된 여러 한국 문학 작품들의 시기별 성향에 대한 언급이 가능하다.

*상트페테르부르그 대학교에서 러시아어로 번역의 역사에 관하여 정보를 제공해 주신, 러시아 학술 아카데미 동양학연구소 상트페테르부르그 지부 전임연구원으로 계시는 A. F. 뜨로쩨비치 교수님, 상트페테르부르그 대학교 동양학부 부교수로 계시는 G. E. 라치꼬브 교수님께 감사의 말을 전한다.

러시아에서 한국학 연구가 시작된 것은 19세기 말이다. 1897년 동양 문학 학부에 속한 중국 및 만주 문학 학과에 선택 과목으로 한국어 과목이 개설되었다. 그때는 한국 대사관 멤버들이 교사로 활동했다. 학생들에게 한국어를 가르치기 위해 선택된 글들 중에는 19세기에 목판 인쇄술을 통해 출판된 한국 문학 작품들도 있었다. 그러나 문학을 가르친 것은 아니었다. 문학은 연구의 대상이 되지 못했다. 당시 러시아에서 한국에 대한 관심을 불러일으킨 몇몇 간행물들이 있었는데, 그 중 가장 손꼽을 만한 것이 러시아 재무부에 의해 편집된 '한국에 대한 기록'이라는 책이었다. 이 책은 총 3부로 이루어져 있는데, 그 중 제2부에 문학사에 대한 간략한 개관이 실렸다.[1] 이는 한문으로 쓰인 한국 전통 문학에서 시작하여 한글로 쓰인 산문 및 운문에 이르기까지 문학의 역사에 대한 전반적인 정보를 제공해 주는 것으로는 러시아에서 최초로 나온 간행물이었다. 이 책에서는 한글로 쓰인 문학을 서민 문학이라 칭했다(19세기 시가 집 "남훈태평가"에서 번역의 예가 들어 있기도 했다). 이 개관의 끝 부분에는 한국어로 된 기독교 문학 작품들 및 최초의 한국어 정기 간행물들에 대한 내용이 있었다.

"한국에 대한 기록" 이후로, 러시아어로 번역된 한국 민담(옛날이야기)이 등장한다. 이는 1898년 한국에 탐사 여행을 다녀온 N. G. 가린 미하일로브스끼가 쓴 것이다.[2]

1) 『한국에 대한 기록』. 1900. 상트페테르부르그. 제2부.
2) N. G. 가린 미하일로브스 1950. 『세계 일주 여행 일지에서 뽑은 글』. 모스크바.

2. 러시아에서 한국 고전문학 연구와 번역의 역사

러시아에서 한국 문학 연구가 체계적으로 이루어지기 시작한 것은 1950년대이다. 연구 활동의 중심지는 모스크바와 레닌그라드였으며, 현대 문학 연구 활동은 주로 모스크바에 집중되었고, 레닌그라드에서는 전통 문학에 주요 관심이 두어졌다. 한국 문학과 관련하여 이루어진 활동을 두 가지 방향으로 정리할 수 있으니, 이 두 방향은 현재에도 계속 존재하는 것으로서, 그 중 하나는 연구 자체이고, 다른 하나는 대중에게 한국 문학을 보급하는 활동이었다. 연구 활동은 학위 논문을 쓰는 일, 논설을 학술지에 발표하고 학술 서적을 내는 일, 국내 및 국외의 학술 회의에서 연구 발표를 하는 일을 통해 실현되는 것이다. 보급 활동은 백과사전에 들어갈 내용을 쓰는 일, 예술로서의 문학 작품을 번역하고 번역본에 대한 머리말을 쓰는 일을 통해 실현되는 것이다. 머리말을 읽는 독자는, 한국 문학의 추이가 갖는 특성에 대한, 또한 일정한(독자가 구해 읽을 수 있는) 작품들이 한국 문학의 역사 속에서 점하는 위치에 대한 개괄적인 지식을 얻을 수 있다. 1950년대에 한국 문학에 종사한 이들은, 그들의 활동이 순수 연구 활동이었든 보급 활동이었든, 기반이 전무한 상태에서 활동을 시작해야만 했다. 왜냐하면 이미 번역되어 있던 작품도 없었고, 연구 논문도 없었기 때문이다. 한국학 학계가 존재하지 않았던 것이다.

1950~1960년대는 한국 고전 작품 중 최초로 번역된 것이 발간되던 시기이다. 이는 "한국 중편소설 선집"3) 여기에 "장끼전"(임수 역), "홍길동전"(M. I. 니끼찌나 역), "춘향전"(A. F. 뜨로체비치 역)의 세 작품의 번역본이 포함

3) 『한국 중편소설 선집』. 1954. 모스크바.

되어 있음)과 A. A. 아흐마또바 시인의 번역으로 나온 "한국 고전시가 선집"[4](고대 시가와 3행으로 된 시조들)이었다. 이 선집들의 머리말을 A. A. 홀로도비치 학자가 썼다.

그러한 번역의 전제가 된 것은 주로 40년대 말~50년대에 레닌그라드 국립대학교에서 이루어진 고대 한국어 연구이며, 그러한 연구가 가능했던 것은 이 대학교에 훌륭한 언어학자이자 한국학자요 일본학자인 A. A. 홀로도비치 교수가 있었기 때문이다. 그의 제자들 중에서 레닌그라드파를 대표하는 한국어 번역가들(A. G. 바씰리예브, 임수, M. I. 니끼찌나, G. E. 라치꼬브, A. F. 뜨로쩨비치)이 나왔다. 그 후 60~70년대에 발행된 산문집들에, '전(傳)'자로 끝나는 중편 소설 15편의 번역이 실렸다. 한국어로 쓰인 소설들이 D. D. 옐리쎄예브의 역으로 소개되었다. 1959년에 출판된 '한국 소설'이라는 소설집에서 번역자는 러시아 독자들에게 영국의 한국학자인 아스톤이 갖고 있는 필사본 컬렉션에서 선별한 작품들을 소개하였다. 이 컬렉션은 상트페테르부르그 필사본 서고에 보관되어 있다. 이 소설들을 기록한 것은 김재국으로서, 그는 아스톤의 한국인 스승이다. 이 소설들은 아스톤에 대한 한국어 구어(口語) 교육에 사용되었음이 자명하다(2004년 상트페테르부르그에서 '한국 소설집(김재국 편; D. D. 옐리쎄예브 역)'이라는 명칭의 새 문집이 나왔다).

1960년대에 한국 문학 연구에서 새로운 경향들이 나타났다. 논문 및 학술 서적의 저자들은 작품과 장르를 "내부로부터" 고찰하려고 시도한다. 그 어떤 문학의 현상이, 세계 문학 발전 과정과 상관없이 또한 전통적 문학 연구 활동에서 일반적으로 수용되던 장르와 시대 구분의 틀과는 상관없이,

4)『한국 고전시가 선집』. 1956. 모스크바.

그 외부로부터 "주어진" 것으로 묘사된다. 이는 D. D. 옐리쎄예브, M. I. 니끼찌나, A. F. 뜨로쩨비치의 저작들인데, 전통 문학 연구와 관련된, 특히 러시아 학술 아카데미 동양학 연구소 상트페테르부르그 지부 필사본 문고에 있는 고서들의 발표와 관련된 저작들이다. D. D. 옐리쎄예브가 연구한 "백련초해"[5], "최충전"[6], "임장군전"[7], M. I. 니끼찌나와 A. F. 뜨로쩨비치에 의해 출간된 장편 소설 "쌍천기봉"[8], A. F. 뜨로쩨비치가 발표한 중편 소설 "춘향전 권지단"이 그것이다. 연구자들은 이 고서들 자체의 독특성으로 인해 이를 규명하고 묘사할 생각을 하게 된 것이다. 1960년에 "춘향전 : 중세 중편소설집"의 제목을 갖는 간행물이 발간되었는데 그것은 중편소설의 선집이다.[10]("춘향전"(A. F. 뜨로쩨비치 역), 《장끼전》(임수 역), 《홍길동전》(M. I. 니끼찌나 역), "심청전"(G. E. 라치꼬브/임수 역), "전우치전"(G. E. 라치꼬브 역), "토끼전"(M. I. 니끼찌나 역), "사씨남정기"(G. 꾸지첸코 역) 등등).

개별적 문학 작품들에 대한 연구를 예로 삼아 문학의 특징들을 드러내는 방법이 많은 논문들과 초기의 학술 서적들에서 사용되었다. 극동 지방의 산문에서 나타나는 독특한 현상에 "패설 문학"이라는 명칭이 주어졌는데, 이러한 문학에 대하여 D. D. 옐리쎄예브가 "한국 중세 패설 문학"이라는

---

5) 『백련초해』. 1960. 한국어 번역이 첨부된 서정시 선집/원문 발행, 번역, 머리말: D. D. 옐리쎄예브. 모스크바.

6) 『최충전』 한글 필사본. 1971. 번역. 머리말. 주해: D. D. 옐리쎄예브. 모스크바.

7) 『임장군전』. 1975. 목판 사본 /원문 발행. 한국어 번역, 머리말. 주해: D. D. 옐리쎄예브. 모스크바.

8) 『쌍천기봉』 원문 발행. 1962. 번역. 머리말: M. I. 니끼찌나. A. F. 뜨로쩨비치. 모스크바.

9) 『춘향전 권지단』 목판 사본. 1968. 번역. 머리말, 주해: A. F. 뜨로쩨비치. 모스크바.

10) 『춘향전』. 1960. 중세 중편소설집. 모스크바.

11) D. D. 옐리쎄예브. 1968. 『한국 중세 패설 문학(기원 및 장르와 관련된 문제들)』. 모스크바.

학술 서적을 집필하였다.[11] 그는 그러한 산문을, 별 상호 연관성도 없이 같은 선집에 들어가게 된 여러 장르의 글들(예술 작품들, 혹은 예술성을 목적으로 하지 않는 글들)의 모음으로 인식한다. D. D. 옐리쎄예브는 "패설 문학"이라는 명칭의 기원과, 이 문학이 한국에 확산되어 온 역사를 고찰한다. 그는 이 문학의 민족적 특성을 드러냄과 동시에, 그 속에서 개별적 작품들을 분별해 내고, 유럽의 장르 체계를 사용하여 이를 분류한다.

D. D. 옐리쎄예브는 "한국 중세 단편 소설"이라는 책[12]과 이를 기반으로 작성되어 심사를 통과한 박사(doctor of science) 학위 논문[13]을 통해, 규모가 작은 산문에 대한 연구를 계속한다. 12세기의 역사 서술 목적의 글들에서 시작하여 19세기 단편 소설들에 이르기까지 여러 자료를 통해서 단편 소설 장르가 연구되었다. 이 저작에는 구성의 문제, 중국 단편 소설과의 연계 문제, 작품의 주제 구상 문제가 자세하게 고찰되어 있다. 연구 자료로서 사용된 것은 러시아 학술 아카데미 동양학 연구소 상트페테르부르그 지부 필사본 분과에 소장되어 있는 김제국과 박정식의 진귀한 필사본 단편소설집들(19세기)이다.

문학 작품들에 대한 연구를 기반으로 문학의 독특성을 보이려는 방법이 M. I. 니끼찌나와 A. F. 뜨로쩨비치의 저작인 "14세기 이전 한국 문학 역사 개관"[14]에 쓰였다. 이 책에서는 전통 산문 및 전통 시가의 역사 중 처음 시기가 고찰되고 있다. 연구의 대상이 되는 고대 문헌은 역사를 기술하는 글

12) D. D. 옐리쎄예브. 1977.『한국 중세 단편 소설(장르의 진화)』. 모스크바.
13) D. D. 옐리쎄예브. 1979.「한국 중세 단편 소설(장르의 진화)」 어문학 박사(doctor of science) 학위 요약서. 모스크바.
14) M. I. 니끼찌나, A. F. 뜨로쩨비치. 1969.『14세기 이전 한국 문학 역사 개관』. 모스크바.

들이다. 연구를 위해 2편의 고대 문헌이 취해졌으니, 김부식(1075~1151)이 집필한 공식적인 "표본적 역사"인 "삼국사기"와 불교의 지도자급 승려였던 일연(1206~1289)이 집필한 비공식적인 역사로서의 "삼국유사"가 그것이다. 이 역사 서술 문헌에는 사회에서 이름을 날린 인물들이나 유명한 불교 고행자들의 전기, 한국에 존재했던 왕국들을 수립한 자들에 대한 전설을 기록한 것, 향가의 가사가 포함되어 있다. 본 학술 서적에는 초기 문학의 이러한 현상들 각각에 대하여 해당 논문들이 실렸다. 예를 들어, 김부식의 "표본적 역사"에 나오는 인물과 사건의 구조 및 그 묘사 원칙의 특성들이 고찰되었고, 불교 전기(傳記)의 특성이 보여졌고, 향가와 그 불교 의식(儀式)과의 연계가 연구되었고, 구비 문학에 해당하는 시가와 세속 시가의 모형들이 제시되었다. 한국에 존재했던 왕국들을 수립한 자들에 대한 전설로서 한국 및 중국의 역사 서술 문헌에 기록된 것들이 1960년대에 문학 연구에 사용되기 시작한 구조적 방법을 통해 연구되었다.

전통 문학의 역사를 문학 자체의 내부적 특성(그 어떤 장르의 발생과 소멸, 인물 묘사의 원칙, 새로운 주제의 발생)에만 기인하여 각 시기별로 나누려는 시도이자 토의의 주제를 제시하는 것이 M. I. 니끼찌나와 A. F. 뜨로쩨비치의 "중세 한국 문학의 시대 구분"15)이라는 논문이다. 이 논문에서 제시된 전통 문학의 시대 구분 원칙이 차후에, "세계문학사"의 한국 문학에 해당하는 항목의 기반에 놓이게 되었다. 이 한국 문학 항목을 작성한 것도 바로 같은 저자들이다.16) 이외에도 비슷한 시기에 아래와 같은 선집들이 나왔다: 김만중. "구운몽"(A. 아르쩨미예바/G. E. 라치꼬브 역). 모스크바/레닌그라

15) M. I. 니끼찌나, A. F. 뜨로쩨비치. 1968. 『중세 한국 문학의 시대 구분』. 모스크바.
16) 『세계문학사』. 1984~1988. 모스크바. 제2~5권.

드, 1961; "동문 단편소설"(D. D. 옐리쎄예브 역). 모스크바, 1963; "청구야담"(A. 아르쩨미예바/G. E. 라치꼬브 역). 모스크바, 1966. 한국 시와 관련 된 번역은 1962년에 발간된 박인로의 시집이었다[17](M. I. 니끼찌나, L. R. 꼰쩨비치, A. G. 조브티스 시인 역).

1970년대에 번역 활동의 새 단계가 열렸다. 전통 문학을 번역하던 이들이 한문으로 쓰인 작품들에 관심을 갖는다. 1970년에 임제(1549~1587)의 소설들과 패관소설집(15~17세기)에서 발췌된 단편 소설들을 번역한 작품 선집(패관소설(D. D. 옐리쎄예브 역); "화사"(A. F. 뜨로쩨비치 역); "수성지"(G. E. 라치꼬브 역)[18], 그리고 김시습(1435~1493)의 단편집인 "금오신화"(V. 쏘로낀 역)[19]가 나온다. 고전 시가 번역 작품집들[20]이 다수 출판된다. 한문으로 된 시가와 산문의 번역본이 "세계 문학 도서관"이라는 시리즈로 발간된다(김부식 편. "삼국사기"; 일연 편. "삼국유사"; "동문선"; "용재총화"; 임제 편; 허균 편; "춘향전"(D. D. 옐리쎄예브, G. E. 라치꼬브, M. I. 니끼찌나, A. F. 뜨로쩨비치, L. R. 꼰쩨비치 역).[21]

문화학적이고 구조적인 접근 방법은 무엇보다도 전통 문학과 신화를 연구하는 데에 주로 쓰인다. 이 접근 방법은 M. I. 니끼찌나와 A. F. 뜨로쩨비치가 쓴, 고문서 연구에 관한 논문들[22]에서, 또한 다음과 같은 박사 학위

17) 박인로. 1962.『오색의 구름』. 알마아타.
18)『자라국』. 1970. 15~17세기 한국 단편 소설. 레닌그라드.
19) 김시습. 1973.『금오신화』. 모스크바.
20) 정철. 1978.『외로운 학』. 모스크바. 1975눈 속의 대. 8~19세기 한국 서정시. 모스크바.
21)『극동의 고전 산문』. 1975. 모스크바. 1977. 인도, 중국, 한국, 베트남, 일본의 고전 시가. 모스크바.
22)『한국의 문학』. 1980. 1945~1978년에 러시아어로 출판된 번역본과 비평서 목록. 제1판. 모스크바.

논문들에서 사용되었다.

- L. V. 쥐다노바. 최치원의 시문학(9세기)[23]
- M. I. 니끼찌나. 의식(儀式)과 신화와의 연계 속에서 본 한국 고대 시가[24]
- A. F. 뜨로쩨비치. 한국 중세 장편 소설[25]

1975년에 A. F. 뜨로쩨비치의 저작 "한국 중세 중편 소설"[26]이 나오는데, 이는 한글로 쓰인 서민용 중편 소설로서 "전(傳)"이라는 말이 붙은 작품들의 구조를 연구하는 책이다. 여기서 사용한 연구 방법을 통해 중편 소설의 두 가지 타입을 분별해 낼 수 있었다(구조적으로 볼 때 모든 작품들을 "두 가지의 중편 소설"로 묘사할 수 있었다). 이는 이루어지는 행위의 두 가지 유형에 따라서 사회적 중편 소설과 비사회적 중편 소설로 구분하는 것이다. 대부분의 소설 주인공들은 사회적인 인물들에 속한다(다섯 종류의 유교적 행동 방식에 해당한다). 이에 있어 긍정적 이미지의 인물들은 우주적 조화와 사회적 조화에 부합하며, 부정적 이미지의 인물들은 우주의 질서를 위반하는 자들로 등장한다. 그러므로 소설은 "주인공과 적"이라는 개인적 대립 관계가 아닌 "조화와 혼돈"이라는 우주적 대립 관계를 나타내는 것이다. 본 학술서적에서는 소설의 언어적 특성이 고찰되었는데, 이는 한 전형의 인물들을 한 가지의 표현 및 상징으로써 묘사하는 경향이다. 여기서 말하는 표현 및 상징이란, 문학 전통에 의해 개발되고 신화적 연상 작용 원칙에 따라 만들

23) L. V. 쥐다노바. 1983. 「최치원의 시문학(9세기)」 어문학 박사(candidate of science) 학위 청구 논문 요약서. 레닌그라드.
24) M. I. 니끼찌나. 1981. 「의식(儀式)과 신화와의 연계 속에서 본 한국 고대 시가」 어문학 박사(doctor of science) 학위 청구 논문 요약서. 레닌그라드.
25) A. F. 뜨로쩨비치. 1983. 「한국 중세 장편 소설」 어문학 박사(doctor of science) 학위 청구 논문 요약서. 레닌그라드.
26) A. F. 뜨로쩨비치. 1975. 『한국 중세 중편 소설』. 모스크바.

어진 것들이다. 이 저작에서 중편 소설은 전통 한국의 문화 관념이 실현되는 현상으로서 소개되어 있다.

한국 문화의 기저에 대한 연구가 M. I. 니끼찌나의 저서 "의식(儀式)과 신화와의 연계 속에서 본 한국 고대 시가"27)를 통해 이루어졌다. 6~9세기에 신라에서 만들어져 역사서 "삼국유사"에 기록된 운문 작품 향가를 연구의 대상으로 삼았다. 향가 연구 및 향가를 포함하는 산문들에 대한 연구를 통해 저자는 향가에 그 어떤 공통적인 세계관이 반영되어 있다는 가설을 세울 수 있었다. 이 세계관은 신화적이자 시적인 성격을 띠며, 이 세계관 속에 구현되어 있는 세계에 대한 관념 체계는 우주의 질서를 재현하고 유지하는 것을 목표로 하고 있다. M. I. 니끼찌나는 문장들의 심오한 의미를 파헤치면서 그 이면에 존재하는 세계에 대한 특이한 관념 체계를 규명해 내는데, 임시로 이에 "형상 체계"라는 명칭을 부여한다. 나아가 이 저서에서는 "연장자의 형상"을 향하여 이루어지는 여러 가지 의식(儀式)이 공개된다. 연장자의 형상이란 사회와 우주와 동일시되는 존재로 이해된다. 의식은 어떤 경우에는 샤머니즘 의식에 기반하여 진행되고, 다른 어떤 경우에는 태양신 숭배 의식에 기반하여 진행된다. 태양신 숭배 의식의 기저에는 세오녀 신화, 해모수와 자연계의 두 주인에 관한 신화가 놓여 있다.

M. I. 니끼찌나는 한국어로 된 전통 한국 시가 장르 중 가장 널리 보급되어 있는 장르인 시조에 대한 연구를 내용으로 하는 저서28)에서 구조 분석이라는 방법을 적용하였다. 이 저서에서는 시조에 반영되어 있는 세계관이

27) M. I. 니끼찌나. 1982.『의식과 신화와의 연계 속에서 본 한국 고대 시가』. 모스크바.
28) M. I. 니끼찌나. 1994.『16~19세기 시조 장르 한국 시가』. 상트페테르부르그.

고찰된다. 이 저서의 기저에 놓인 것은 16~19세기 시가 전집 필사본이다. 저자는 통계학적 방법을 통해 시조에서 세상의 기본적 요소들을 분별해 내고 그것들 사이의 연계를 밝혀 냄으로써 시조 내의 공간의 특성을 규명하고 그 안에 두 가지 타입의 시간에 관한 관념이 존재한다는 것을 증명해 낸다. 순수 한국어 단어들과 한자어들로써 각각 의미되는 기본적 시적 형상들이 갖는 특징을 대조함으로써, 대비되는 단어들은 상호 교환 가능한 것이 아니라는(즉 동의어가 아니라는) 결론을 낼 수 있었다. 이 저서에서는, 시조에 나타난 세계관의 성격도 시에서 쓰이는 비유의 특징들과 마찬가지로 많은 점에서 그 이전의 시가 전통(6~10세기의 향가)에 의해 정해진다는 것이 증명되었다.

A. F. 뜨로쩨비치의 저서 "한국 중세 장편 소설"29)은 한국 전통 산문의 주요 장르들에 대한 연구를 내용으로 하는 네 번째 저작이다. 장편 소설의 특징이 문화의 관념 규명을 통해 고찰된다. 이 저서를 통해서, 한국 장편 소설 속에서는 개인이 조화를 이루는 문제가 논의되며 이 문제 해결을 위한 두 가지 길이 제시된다는 것이 밝혀졌다. 그 중 하나는 이상적인 사회를 향한 길이며, 나머지 하나는 사회 생활 자체를 거부하는 것으로 향한 길이다. 한국 최초의 장편 소설들의 저자는 김만중(1637~1692)으로서, 사회 소설인 "사씨남정기"(한글로 기록되었음)와 꿈 묘사 소설인 "구운몽"(한문으로 기록되었음)의 두 작품을 지었다. 본 저서에서는 먼저 소설 "구운몽"이 연구된다. 이 소설에서는 세 가지의 주된 문화적 요소가 분별된다. 첫 번째 것은 작가의 종교적, 철학적 세계관과 연관된다(불교적 득도의 길이 묘사된다). 두 번째 것은 신화적 요소로서 소재 설정의 기반에 놓이며, 태양신의 죽음

29) A. F. 뜨로쩨비치. 1986. 한국 중세 장편 소설. 김만중의 『구운몽』. 모스크바.

과 출생에 관한 신화와 관련된다. 세 번째 것은 "중국 고전 세계"로써 대표되는 문학적 가치 체계이다. 이 세 요소가 동일한 가치를 갖는다. 이 세 요소가 조화롭게 엮여 "구운몽"이라고 하는 독특한 예술 작품을 탄생시킨다. 본 학술서의 저자는, 이 소설을 나중에 가서 한국어로 간략하게 줄여서 번역하여 보급함으로써 이 철학 작품이 광범위한 독자층의 "흥미를 끄는 읽을 거리"로 변화한 사실을 언급하였다.

다음 단계로, 번역 문학의 영역이 넓어져 간다. 역사서에 한문으로 기록되어 있던 전설과 신화를 번역한 것이 선집으로 나온다(M. I. 니끼찌나, L. V. 쥐다노바, L. R. 꼰쩨비치, M. N. 박, A. F. 뜨로쩨비치 역).[30] 한국 소설들이 한문에서 번역되거나("구운몽") 한국어에서 러시아어로 번역된다("창선감의록", "인현왕후전" G. E. 라치꼬브 역); "창선감의록"(D. D. 옐리쎄예브 역); 김만중 편. "구운몽"(A. F. 뜨로쩨비치 역).[31] 또한 "옥루몽"(G. E. 라치꼬브 역)[32], 그리고 18세기의 소설가이자 사상가인 박지원의 작품들[33]이 번역된다. 같은 시기에 동문 시 부문과 관련 된 "동문 문예작품집"에서 M. I. 니끼찌나와 N. 말체바 시인이 번역한 윤선도의 시집이 발간되었다("어부사시가", "산중신곡", "산중속신곡". 1987).

글을 연구하기 위한 문화학적 접근 방법이 A. F. 뜨로쩨비치가 최근에 집필한 2편의 저서들의 특징이 되는데, 그 중 하나가 "적성의전 권지단"[34]

30) 『한국의 전설과 신화』. 1980. 중세 서적에서 발췌. 모스크바.
31) 『창선감의록』. 1985. 레닌그라드.
32) 『옥루몽』. 1982. 모스크바.
33) 『화사』. 1991. 한국 고전 산문. 레닌그라드.
34) 『적성의전 권지단』. 1996. 러시아 학술 아카데미 동양학 연구소 상트페테르부르그 지부 한국목판본 중에서. 목판 사본/한국어 번역. 머리말, 주해, 부록, 색인: A. F. 뜨로쩨비치. 상트페테르부르그.

이다. 머리말에서 저자는 이 소설이 두 왕자, 즉 선우(善友)와 악우(惡友)에 대한 불교 경전의 내용을 소재로 하여 쓰였다고 밝힌다. 이 경전은 "선한 일에 보응하는 대방편(大方便)의 부처"를 말하는 불경에 포함되는 것이다. 그러므로 본 저작에서는 타국의 소재가 한국 문화에 토착화하는 문제가 논의된다. 저자는, 경전이 한국 전통 소설에 의해 개발된 사건 전개 법칙 및 주인공 행동 양식에 부응하도록 개작되었다는 결론에 이른다.

두 번째 저서인 "한국의 신화와 주제 소설"35)은 한국 주제 소설의 특징이 무엇에 기인하는지를 찾으려는 시도이다. 이 저서는 한국에 존재했던 왕국들을 수립한 자들에 대한 전설, 불교 신화, 전통 소설, 20세기 초의 "신소설"을 자료로 하여 쓰였다. 이 책은 총2부로 되어 있다. 제1부에서는 글이 신화에 기반을 두고 있다는 점을 강조하고 작품 주인공들을 신화적 사건에의 참여자들로 보려는 시도가 행해졌다. 주인공들의 상호 관계는 혼돈 상태로부터 우주의 조화로 이행(移行)해 간다. 그러한 이행은 선(善)의 원리(原理)를 대표하는 자가 악의 힘과 싸워 이김으로써 실현되는 것이 아니라, 상반되는 두 주인공이 혼인을 하여 어린아이가 태어남으로써이다. 두 원리의 조화로운 결합은 비극적 종말을 피할 수 있게 해 준다. 제2부에서는 유형 분류의 옛 형태들, 그 중 무엇보다도 신화의 주인공들과 연관된 색깔의 상징성 연구가 이루어진다. 전통 한국 문학에서는 색깔이 자연의 생산력을 상징하는 것으로 이해되었다는 가설이 세워졌다.

1998년, L. V. 쥐다노바의 저서 "최치원의 운문 작품 세계"가 발행되었다. 이 저서에서는 이 시인의 시구들에 대한 자세한 분석이 이루어졌다. 즉 비유 체계에 대한 분석과, 비유 체계가 중국 시가 전통과 갖는 연계에 대한

35) A. F. 뜨로쩨비치. 1996.『한국의 신화와 주제 소설』. 상트페테르부르그.

분석이 이루어졌으며, 최치원의 운문에 있는 전통적 시적 형상들의 독특한 해석이 면밀히 고찰되었다. 저자의 의견에 따르면 이러한 독특한 해석은 한국의 신화적, 시적 전통과 연관되어 있다. 이 연구의 중심에 놓인 것은 본 작가의 작품집인 "계원필경"과 15세기 명시 선집 "동문선"에 포함된 시들이다. 이에 있어 두 부류의 시들이 특히 분별되었는데, 이는 "풍월 예찬"과 "대구법이 쓰인 칠언절구 고시"이다. 또한 L. V. 쥐다노바의 저서에서는 "부록"이 특별한 가치를 지니는데, 여기에는 이 시인의 운문 및 산문의 번역이 실려 있고, 연구된 두 부류의 시들에 쓰인 단어를 풀이해 주는 부분이 덧붙여져 있다.

3. 맺음말

단행본의 문집에 실린 번역 작품들에는 모두 머리말과 자세한 주해가 곁들어진다. 소련 시대에 한국 전통 문학 번역 작품들은 국립 예술 문학 출판사와 '나우까' 출판사라는 두 출판사에 의해 발행되었다. 번역 작품들의 발행 부수는 많아, 3만~5만 부에 이르렀지만, 보통 이 작품들은 순식간에 매진되곤 했다. 이 사실은 러시아 독자들이 한국 문학에 대해 큰 관심을 갖고 있었다는 것을 증명해 준다.

현재 상트페테르부르그 소재 '기빼리온' 출판사가 '한국 문학의 금자탑'이라는 명칭으로 극동의 산문 및 운문 번역 작품들을 속속 발행할 예정이다. 전통 문학을 구성하는 주요 작품들, 또한 대한민국 최고 유명 작가들의 현대 산문 및 운문의 발행이 계획되고 있다.

러시아 독자들이 한국 문학을 처음 접한 지 50년 이상이 지났다. 그들로 하여금 처음 한국 문학을 접하게 한 것은 전통 소설 번역 작품집이었다. 그 첫 발행 후 고전 산문 및 운문의 번역 작품들이 줄지어 나타났다. 현재는 그러한 출판물들이 희귀 서적들이 되어, 러시아 독자들의 신세대는 그러한 출판물들을 알지 못한다.

현대 한국 시인들 및 소설가들의 작품을 번역한 책들이 러시아 책 시장에 나타난 것은 최근의 일이다. 한편 현대 문학 작품들은 전통 문학 작품들과는 달리 독자들로부터 인정을 받지 못했다. 이렇듯 관심을 끌지 못하는 이유는 무엇보다도 작품 선정이 그리 성공적이지 못한 점, 그리고 번역 자체의 질적인 문제가 아닐까 한다(비평가들에 의해 이 점이 몇 번씩이나 지적되었다). 또한 출판물들의 표지 디자인 역시 별로 만족할 만한 것이 못 되었다.

한국 문학에 대하여, 또한 상기 출판사가 근간을 계획하고 있는 작품들에 대하여 다음과 같이 간략히 말할 수 있겠다. 한국 문학은 고대 동방 문화의 총체를 구성하는 요소였으므로, 한국 문학에서는 중국 및 일본 작품들의 특징이기도 한, 그와 공통되는 점들을 많이 찾아볼 수 있다. 그러나 순수하게 한국적인 세계관, 그리고 세상에서 인간이 점하는 위치에 대한 순수하게 한국적인 관념이 드러나 있다는 점을 두고 볼 때 한국 문학은 극동의 이웃 국가들이 지니는 문학과는 전혀 닮지 않은 독특한 현상이기도 하다.

예를 들어, 전통 운문 및 산문은 그 스스로의 장르 체계를 구성하였는데, 이 장르들의 명칭을 러시아어로 번역하기 위하여 러시아 문학에서 유사한 장르들을 찾으려 해도, 그에 해당함직한 것을 좀처럼 찾기가 어렵다. 이 장르들의 명칭을 한국어 단어들을 그대로 사용하여 러시아어로 표기하는 수

밖에 없다. 예를 들어 산문 문학에서 단신(短信)들, 짧은 이야기들이 특수한 장르로 분별되어 있는데, 이는 패설이라는 명칭을 갖는다. '한국 문학의 금자탑' 시리즈의 첫 출판물로 계획되어 있는 것은 '여우재[狐嶺]'라는 명칭의 전통 산문 문집이다. 이는 옛날 관리들이 서로 주고받으면서 즐겼던, 재미있는 사건들에 대한 해학적인 짧은 이야기들을 모아 놓은 것이다(그것이 바로 위에서 말한 패설이라는 장르이다).

운문 분야에서 현재 특히 잘 알려져 있는 것은, 3행으로 된 짧은 시라고 할 수 있는 시조이며, 또한 행이 많고 묘사적 성격을 지니며 서사시를 연상케 하는 시문학 장르인 가사이다. 시조 및 가사 장르에 속하는 작품들을 선별하여 번역한 책이 발행됨으로써 독자들에게 전통 운문을 소개시켜 줄 수 있을 것이다. 또한 이규보의 산문과 운문을 모은 문집의 발행이 계획되고 있다.

한국 전통 산문에서는 갈등이 비극적으로 해결되는 법이 전혀 없다. 작품들 속에서 사건은 언제나 혼란 상태로부터 조화 상태(해피엔드)로 발전해 간다. 그러나 이 양극의 사이에 있는 '중간 단계'는 주인공들의 기이한 모험에 대한 묘사로 가득하다. 바로 그러한 묘사가 장편 소설들 및 중편 소설들의 사건 전개에 묘미를 가져다 준다. 주제가 뚜렷한 전통 산문의 예로서, 17세기의 가장 유명한 장편 소설 두 편, 즉 '구운몽'과 '사씨남정기'가 또한 19세기 중편 소설들이 선집의 형태로 소개될 예정인데, 이 선집에 실리는 작품들을 대표하는 명칭으로서 '춘향전'이라는 명칭이 쓰일 것이다.

번역을 함께 실은 '효경언해'(번역: S. O. 꾸르바노브)와 '해동고승전'(번역: J. V. 볼따치)이 금년에 출판될 예정이다.

참고문헌

N. G. 가린 미하일로브스끼. 1950. 『세계 일주 여행 일지에서 뽑은 글』. 모스크바.

김시습. 『금오신화』. 1973. 모스크바,

『극동의 고전 산문』. 1975. 모스크바, 인도, 중국, 한국, 베트남, 일본의 고전 시가. 모스크바.

『옥루몽』. 1982. 모스크바.

D. D. 엘리쎄예브. 1960. 『백련초해: 한국어 번역이 첨부된 서정시 선집 /원문 발행, 번역, 머리말』. 모스크바.

D. D. 엘리쎄예브. 1968. 『한국 중세 패설 문학(기원 및 장르와 관련된 문제들)』. 모스크바.

D. D. 엘리쎄예브. 1971. 『최충전 /한글 필사본, 번역, 머리말, 주해』. 모스크바.

D. D. 엘리쎄예브. 1975. 『목판 사본 / 원문 발행, 한국어 번역, 머리말, 주해』. 모스크바, M. I. 니끼찌나와 A. F. 뜨로쩨비치에 의해 출간된 장편 소설.

D. D. 엘리쎄예브. 1977. 『한국 중세 단편 소설(장르의 진화)』. 모스크바.

D. D. 엘리쎄예브. 1979. 「한국 중세 단편 소설(장르의 진화)」 어문학 박사(doctor of science) 학위청구 논문 요약서. 모스크바.

『눈 속의 대』. 1978. 8~19세기 한국 서정시. 모스크바.

M. I. 니끼찌나, A. F. 뜨로쩨비치 1968. 『중세 한국 문학의 시대 구분』. 모스크바.

M. I. 니끼찌나, A. F. 뜨로쩨비치. 1969. 『14세기 이전 한국 문학 역사 개관』. 모스크바.

M. I. 니끼찌나, A. F. 뜨로쩨비치. 1962. 『쌍천기봉 / 원문 발행, 번역, 머리말』: 모스크바. A. F. 뜨로쩨비치가 발표한 중편 소설.

M. I. 니끼찌나. 1981. 「의식(儀式)과 신화와의 연계 속에서 본 한국 고대 시가」 어문학 박사(doctor of science) 학위 청구 논문 요약서. 레닌그라드.

M. I. 니끼찌나, 1982.『의식과 신화와의 연계 속에서 본 한국 고대 시가』. 모스크바.
M. I. 니끼찌나. 1994.『16~19세기 시조 장르 한국 시가』. 상트페테르부르그.
A. F. 뜨로쩨비치. 1975.『춘향전 권지단 / 목판 사본, 번역, 머리말, 주해』. 모스크바. 1968.
『한국 중세 중편 소설』. 모스크바.
A. F. 뜨로쩨비치. 1983.『한국 중세 장편 소설』 어문학 박사(doctor of science) 학위 청구 논문 요약서. 레닌그라드,
A. F. 뜨로쩨비치. 1986. 김만중의 「구운몽」.『한국 중세 장편 소설』. 모스크바.
A. F. 뜨로쩨비치. 1996a.『한국의 신화와 주제 소설』. 상트페테르부르그, 1996a.
A. F. 뜨로쩨비치. 1996b.『적성의전 권지단』. 러시아 학술 아카데미 동양학 연구소 상트페테르부르그 지부 한국목판본 중에서. 목판 사본/한국어 번역, 머리말, 주해, 부록, 색인:. 상트페테르부르그,
박인로. 1962.『오색의 구름』. 알마아타(M. I. 니끼찌나, L. R. 꼰쩨비치, A. G. 조브티스 시인 역).
『세계문학사』. 1984~1988. 모스크바, 제2~5권.
『자라국: 15~17세기 한국 단편 소설』. 1970. 레닌그라드.
정철.『외로운 학』.1975. 모스크바.
L. V. 쥐다노바. 1983.「최치원 의 시문학(9세기)」 어문학 박사(candidate of science) 학위 청구 논문 요약서. 레닌그라드.
『창선감의록』. 1985. 레닌그라드.
「춘향전」. 1960.『중세 중편소설집』. 모스크바.
『한국에 대한 기록』. 1900. 상트페테르부르그, 제2부.
『한국 중편소설 선집』.1954. 모스크바.
『한국 고전시가 선집』.1956. 모스크바.

『한국의 문학: 1945~1978년에 러시아어로 출판된 번역본과 비평서 목록』. 제 1판. 모스크바,
『한국의 전설과 신화』. 1980. 모스크바.
『화사』 한국 고전 산문. 1991. 레닌그라드.

2부

한국 역사 자료 번역

『삼국사기』의 「백제본기」를 번역하면서 얻은 교훈

조나단 W. 베스트(웨슬리안대학교, 미국)
번역: 은은기(계명대학교 사학과)

하나의 언어를 다른 언어로 옮기는 데에는 항상 번역하는 사람이 어떻게 해석하는가의 문제가 따른다. 이 문제는 번역자가 그 원문의 내용이 전개되던 시대의 역사적 상황에 대해 어느 정도 이해하고 있는가에 의해 좌우된다. 이것은 말하자면 『삼국사기』를 영어로 번역할 때뿐만 아니라 현대 한국어로 번역할 때도 생기는 현상이다. 따라서 근본적으로 모든 번역은 그 사람이 사용하는 단어의 선택과 그 선택을 결정하는 해석상의 전후 맥락으로 말미암아 주관적인 성격을 띤다. 이와 마찬가지로 번역은 작게는 독자가 받아들이는 입장과 단어가 포함하는 의미에 의해서 영향 받으며, 그리고 크게는 사용된 단어들이 독자들에게 가지는 의미에 의해 영향을 받기 때문에 항상 주관적이다. 또한 중요한 것은 번역이 이루어지고 있는 이유이다. 번역이 독자들에게 시나 소설의 번역처럼 심미적 경험을 제공하는가? 아니면 종교적 또는 철학적 글에서 나타나는 통찰력이나 사려 깊은 반성을 불러일으키는가? 아니면 역사문서의 경우처럼 과거에 대한 이해를 제공하는가? 역사를 다루는 문서들의 특정 사례에서 어떤 시간 간격과 어떤 유형의 정보가 고려되고 있는 역사의 적절한 이해에 부합한가를 개념화하는 것도 중요하다. 그러한 특정 사례는 삼국사기와 같은 저작의 원본 저술과 그러한 텍스트의 번역에도 마찬가지로 똑같이 적용된다. 다른 중요한 요소는 역사의 가치와 목적에 대한 이해, 이러한 목적들이 적절하게 달성될 수 있는 사료편찬 방법론에 대한 이해, 그리고 그러한 목적들이 가장 잘 드러날 수 있는 역사서편찬양식에 대한 원본저자 및 번역가의 이해 등이다.

『삼국사기』의 서문에서 김부식(1075~1151)은 고대 한국사의 서술 동기뿐만 아니라 저술 목적을 우리에게 말해 준다. 직접적인 저술 동기는 왕의 명령에 따른 것이다. 저술 목적은 고대 한국 및 중국의 사료들에서 발췌한 자료들의 편찬서를 만들려는 것이었고, 분량도 그에 맞게 정해졌다. 일종의 정치적 교훈서인 『삼국사기』는 중국 왕조사의 유교적 모델에 따라 집필되었다. 따라서 고대 유명 한국인들의 전기와 한반도의 지리 및 관료제 같은 주제에 관한 보고서 이외에 편년체 형식으로 배열된 신라, 고구려, 백제 왕조들의 개별 역사도 포함한다.

나는 개인적으로 번역가로서의 폭넓은 경험에 힘입어 처음으로 『삼국사기』「백제본기」의 영어 번역을 준비해 오고 있다. 고대 한국역사에 대한 이 특별 연대기를 번역할 때 서양인들 중에는 고대 백제에 대해서는 말할 것도 없고 고대 한국에 대해 상세한 지식을 소유한 자가 극히 드물었다. 이러한 열악한 여건 가운데서 나는 사료(삼국사기)를 번역할 때 사료가 지닌 원래의 의미나 그것이 쓰여진 12세기라는 시대적 상황 속에서 그 사료가 지니는 의미에 가장 부합하는 방식으로 그 역사서를 번역해야 하는 것이 나의 첫 번째 책임임을 인식했다. 『삼국사기』가 12세기의 문서이지만, 김부식은 그것이 하나의 편집서임을 분명히 인정했다. 즉 삼국사기는 주로 보다 앞선 시기의 다양한 사료에서 가져온 자료들로 구성되는 것이다. 나는 「백제본기」를 번역하는 과정에서 그 본문이 주로 3가지 유형의 사료에서 비롯된 정보로 구성되었다는 것을 확실히 알았다. 그 3가지 유형의 정보란 1) 백제에서 만들어졌고 그리고 주로 490년 이전 시기에 관련된 사료들에서 나온 정보, 2) 신라 사료에서 나왔으며 그리고 「백제본기」에 전반적으로 흩어져 기록되어 있는 정보, 3) 또한 「백제본기」에 전반적으로 흩어져 나타나는 다양한 중국 사료에서 비롯된 정보를 말한다.

김부식이 실제 그 정보를 발췌한 사료의 대부분은 백제멸망 이후인 통일신라시대나 고려 왕조의 첫 200년 동안에 편집되어졌음이 명백하다. 김부식이 「백제본기」에 삽입하기 위해 자료를 가져온 중국 측 원전은 사실상 『후한서』에서 『신당서』에 이르기까지 모든 중국왕조사를 포함하며, 그것은 3세기 『삼국지』에서 11세기 『자치통감』에 이르는 자료들을 망라하고 있다.

김부식이 주도하는 고려의 학자출신 관료 그룹에 의해 모아진 한반도와 중국 양측의 자료에서 비롯된 편찬서로서 삼국사기의 내용이 단지 하나의 의미를 지닌다고 진실로 말할 수 있는가? 김부식은 종종 자신이 이용한 사료들을 한마디씩 인용하면서 보다 앞선 시기의 사료들에서 나온 자료를 선정했고, 그 다음엔 전통적인 동아시아 사료편찬의 기준이었던 편년체 형식으로 자료들을 배열했다. 나는 여기에서 "선정했다"라는 단어의 의미를 강조하는 바이다. 따라서 그 문구들은 원저자의 의도와 두 개의 독특하지만 상호 밀접하게 관련된 목적을 달성하기 위해 선택하고 배열한 김부식에 의해 부가된 의미 양자 모두를 반영한다. 그 두 개의 상호 밀접하게 관련된 목적이란 첫째, 12세기 한국역사에 대한 김부식의 이해를 토대로 고려시대 이전의 주요 왕조국가들의 일관성 있는 역사를 제공하고, 둘째로 김부식과 그의 왕조와, 그의 학문적 동료들의 역사서술에 대한 유교의 기준에 따라 내용과 형식적인 면에서 수용될 수 있는 한국사를 만들어내는 것이다. 그래서 김부식의 편집행위는 역시 번역에 속한다. 왜냐하면 그의 자료가 자신이 쓰는 언어로 쓰여짐에도 불구하고, 그의 의도하는 바들은 그가 선택 · 배열하는 과정에서 그 책의 본문에 분산되어 기록되기 때문이다. 생각을 보다 더 명확히 전달하기 위해, 내가 「백제본기」를 번역할 때 사실상 다음 세 가지 입장이 반영되었다고 주장하는 것은 합리적이다. 그 세 입장이란 첫째 21세기 미국교수인 나의 입장, 둘째 고려왕조의 뛰어난 유학자인 김부식의 입장, 그리고 셋째 김부식의 책안에 인용문이나 부연설명문으로 선택된 기록들을 남긴 한국과 중국의 원사료 전사자들(transcribers: 옮겨 적는 자들)의 입장이다.

「백제본기」를 영어로 번역하면서 나는 기본적으로 번역의 이 세 입장 중에서 마지막인 원사료 전사자들의 입장를 무시했다. 그러나 나는 김부식이 쓴 글의 성격에 대한 독자들의 이해를 도와주기 위해 「백제본기」에 포함된 자료들이 발췌되었던 원전 사료들을 가능한 한 구체적으로 확인하는 것이 유용할 것이라 판단했다. 이를 위해 나는 사료편찬방법으로 주석형식을 이용했다. 김부식의 사료편찬 모델은 역시 그의 책에 정교한 주석을 삽입하기 위한 수단을 제공한다. 사실 김부식은 두 가지 형태의 주석을 활용했다. 첫 번째 주석은 그가 통상 이용한 행간주석이다. 두 번째 주석은 연대기의 본문 속에 삽입되었지만 그러나 내가 '주석서(Commentary)'라고 번역하는 용어인 론(論)을 항상 머리말로 가진 본문의 하나의 분명한 글 묶음이기 때문에 연대기의 역사적 설명과 구분되는 구절들이다. 여섯 개의 그러한 주석서는 「백제본기」에 나타나며, 그 주석들은 연대기에서 단지 다뤄지는 몇몇 역사적 문제에 대해 김부식이 단지 자신의 도덕주의적 평가를 표명하기 위한 수단으로 인용된다. 이 주석들은 역시 김부식이 중국 고전에 대한 자신의 박식한 이해와 자신의 가장 유려한 산문적 문체를 과시할 수 있는 삼국사기에 나오는 몇 안되는 장소 중 하나이다.

이 논문의 앞부분에서, 나는 여기에서 재차 언급하면 유용할 세 가지 요소를 지적했다. 왜냐하면 그 요소들은 원래의 역사서술과 후에 있을 번역 양자 모두에 근본적으로 중요하기 때문이다. 간단히 말해 그 세 가지는 첫째 어떤 시간대와 어떤 형태의 정보가 고려되고 있는 역사에 대한 적절한 이해에 관련되는지에 대한 저자의 개념화이다. 둘째, 역사의 가치 및 목적에 대한 저자의 더욱 이론적이거나 철학적인 가설이다. 셋째, 이러한 목적들을 적절히 성취할 수 있다고 믿을 수 있는 사료편찬 방법이다. 김부식과 나는 이 세 가지 관점 모두에서 조금씩 다르다. 그러나 그의 저작을 번역하는 번역가로서 나의 첫 의무는 「백제본기」에 표현된 대로 그의 생각을 가능한 정확히 드러내고 그리고 그가 쓴 본문에 덧붙여진 주석에서 나 자신의 어떤 대치되는 인식을 표현하는 것이다. 우리의 해석적 방법론과 우리에게 유용한 자료라는 양자의 차이에서 생겨나는 백제사에 대한 김부식의 인식과 나의 인식을 구별하는 차이점을 고려한다. 그러면서 나는 백제의 과거를 꽤 자세히 설명해주는 그의 역사에 대한 나의 주석달린 번역을 소개하는 것이 적절하다고 판단했다. 그렇게 함으로써 김부식의 원전과 그것에 대한 나의 수많은 주석 양자 모두를 더욱 이해하기 쉽도록 하려는 것이 나의 의도이다.

그러한 의도는 「백제본기」를 번역해온 나의 전반적인 생각의 일부이고, 내가 그러한 생각을 명확하게 표명하기 위해 이용한 전략의 일부이다. 나는 이 세 가지 요소들이 어떻게 「백제본기」에서 김부식의 백제사 서술에 영향을 주었는지, 그리고 나의 상이한 역사적 관점이 그의 글에 대한 나의 해석을 통해 어떻게 표현되었는지에 대한 몇몇 실례들을 인용할 것이다. 우선 김부식은 백제가 언제 세워졌고, 결과적으로 백제의 역사에 대한 연대기가 언제 시작되었는지에 관해 매우 상이한 생각을 가지고 있다. 「백제본기」의 앞부분에서 그는 왕조의 창건에 대한 세 가지 다른 이야기의 존재(백제의 건국이 기원전 1세기 후반에 이루어졌다고 보는 두 개의 대조적인 토착적인 이야기, 그리고 약 2백년 후에 백제가 건국되었다고 보는 중국 사료에 기초한 이야기)를 인정했을지라도, 그는 토착적인 이야기들 중 하나를 선택하여 기원전 18년에 백제가 건국된 것으로 기록했다. 게다가 김부식이 「백제본기」 본문에 기원전 '18년 건국설'만을 포함시킴으로써 그가 선호하는 건국설화를 우선시한 반면, 다른 두 이야기는 행간 주석으로 밀려났다. 백제개국을 기원전 18년으로 설정한 것이 현재까지 몇몇 출판물에서 지속적으로 나타났을지라도, 이제 기원 후 3세기 말에 백제가 창건되었다고 주장하는 한국인 고고학자와 역사학자의 수가 증가하고 있다. 또한 나의 연구 결과도 백제가 4세기 초반까지는 왕정으로 발전하지 않았음을 말해주고 있다. 어느 경우에든 「백제본기」에 서술된 규모와 중요성을 지닌 한 왕국이 삼국사기에서 주장하는 것과 같은 일찍은 시기에 나타나서 한국의 남서부 지방을 통치했다는 주장은 명백히 있을 수 없는 일이다.

김부식이 편년체라는 동아시아 사료편찬 형식을 사용하면서 기원전 1세기를 백제의 개국시기로 받아들인 사실 때문에 그는 '사려깊게 욕심이 많은' 사람이 될 수밖에 없다. 그리고 백제왕국 역사의 연대기형식을 만족시키기 위해 '연대기를 짜맞추어야' 했다. 여기서 '사려깊게 욕심이 많은' 이라는 표현은 김부식이 백제의 과거에 대해서 자신의 관점에 부합하는 중국의 왕조 역사들에서 나온 자료의 편린들을 선택적으로 발췌했음을 내가 논증할 수 있다는 것을 의미한다. '연대기를 짜맞추었다' 라는 표현을 쓴 것은 김부식이 그의 자료를 조작했다고 주장하려는 것이 아니다. 오히려 김부식이 백제 역사에 나오는 후일의 사건들에 관해 진실한 기록을 채택하고 그리고 기원전 18년을 백제건국 연대로 받아들임으로써 그 사건들의 실제 내용을 바꾸지 않고 그 첫 삼백년이 백제왕국 시기에 해당한다고 여기는 페이지들을 매우 적절하게 채울 수 있도록 그 후일의 사건들을 실제 시기보다 앞선 시기에 발생한 것으로 꾸며냈음을 주장하려는 것이다. 김부식은 백제역사를 기술하기 위하여 편년체 형식과 기원전 18년이라는 개국 년도 양자를 이용한 삼한고기와 이른바 고(古)삼국사와 같은 보다 고대의 그리고 이제는 더 이상 현존하지 않는 한국의 자료에 의존했다. 아울러 그는 아마도 「백제본기」에 나타난 사건들의 발생 시기의 수정을 단순히 또는 대체로 받아들였던 것이다. 그러나 김부식이 개인적으로 책임이 있든 없든간에 년대수정은 「백제본기」 전반에 걸쳐 나타났다. 김부식은 이 연대기의 생산에 의심할 나위 없이 책임이 있고 또한 그의 자료는 년대수정을 포함하는 가장 앞선 시기의 남아있는 사료이기 때문에 그가 직접 그 날짜 수정을 한 것으로 간주하는 것은 현재로서는 타당하다는 점이 나의 연구 결과 밝혀졌다.

위에서 추론한 바와 같이, 김부식이 선호되어온 전근대적 동아시아 사료 편찬 양식인 편년체 형식을 사용하였고, 이와 결부된 전통적이지만 전적으로 옹호할 수 없는 '기원전 18년 백제 개국설'을 수용했다. 이로 인해 그는 백제의 존속기간으로 추정되는 기원 후 최초의 몇 세기에 대한 연대기상의 공백을 메우기 위하여 중국의 고대 역사서들에서 그가 취할 수 있었던 적절해 보이거나 유용해 보이는 자료들을 선택적으로 발췌하거나 채택하지 않을 수 없었다. 그러나 4세기 중엽 이전의 중국 사료에는 백제 왕국에 대한 어떠한 언급도 없기 때문에 김부식은 왕조의 연대기에 포함시키기에 적당한 보다 초기의 자료를 얻기 위해 중국의 하늘에서와 마찬가지로 한국의 하늘에서 인지될 수 있었을 천체의 사건들에 대한 보고서에 의존했다. 예를 들면, 「백제본기」에 나타나는 26번에 걸친 일식 보고서 전체는 중국 사료에서 논증적으로 추론한 것이다. 11번 또는 40% 이상의 일식들은 4세기 중반보다 이전 시기에 발생한 것들이다. 결과적으로 이 11번의 일식 기록은 중국기록에 나오는 백제 왕조에 대한 최초의 기록보다 시기적으로 앞설 뿐만 아니라 백제본기의 고증에 의하면 공식기록이 처음으로 백제 왕궁에 보관되어지기 시작했던 4세기 말의 사건들이다.1)

이 보고서들의 기록이 보다 앞선 시기에 작성된 중국 사료들에서 발견되는 기록에 정확히 일치한다는 사실과 그러한 일식들 중 단지 하나만이 한

1) 백제에서 공식기록보관의 착수는 「백제본기」근초고왕 통치 기간 연대기의 종결 부분에서 있는 부록에서 언급되고 있다. 『삼국사기』[이병도 편집, 1977] 24.221~22(근초고왕 30:부록)를 보라. 이 기록에 대한 영어번역문을 보려면 Jonathan W. Best의 *A History of the Early Korean Kingdom of Paekche-together with an annotated translation of the Paekche Annals of the Samguk sagi* (Harvard East Asian Monogrpphs No. 256. Cambridge: Harvard University Asia Center, 2006). p.258을 참조할 것.

반도의 다른 국가에서 또한 관찰되었음이 삼국사기의 다른 부분에서도 언급되고 있음은 마찬가지로 주목할만한 가치가 있다. 현대 천문학적 계산에 따르면 그 당시 기상 조건이 매우 좋았다 할지라도 백제 영토 안에서 11번의 일식이 관찰되었을 가능성은 없다는 사실이 밝혀졌다. 더 정확히 말하자면, 기원전 13년과 기원후 308년 사이에 「백제본기」에 기록된 11번의 일식 중에서 단지 4번의 일식(35%)이 한반도 전역에서 겨우 볼 수 있었던 경우이고, 더욱이 나머지 7번의 일식(65%)은 한반도에서 결코 볼 수 없던 것들이다.[2]

또한 김부식이 중국 사료로부터 발췌한 것이 자의적이었은 명백하다. 다시 말하면, 그는 백제의 과거에 대해 자신의 관점에 일치하는 것은 취하고 자신의 관점에 부합하지 않는 것은 무시했다. 예를 들면 김부식은 308년과 368년의 개기일식과 372년 백제 대사의 초기 중국 왕실 방문 –진왕조(266~420) 방문–에 대한 보고서를 포함하는 7세기 『진서』에서부터 가져온 많은 기록들을 포함시키기로 하였다. 그렇지만 그는 280년대와 290년대에 같은 진왕조들에 대해 마한 대사의 여러 차례에 걸친 방문에 대한 동일한 자료의 보고서들을 수용하지 않았다.[3] 표면적으로 그는 『진서』에 나오는 이러한 특별한 기록을 무시하려고 했다. 왜냐하면, 백제왕조 건국시기를 315~325년 경으로 보는 나의 산정은 기원후 8년 백제가 마한을 효과

2) 「백제본기」에 나오는 일식에 관한 기록에 관해서는 Best의 *A History of the Early Korean Kingdom of Paekche*, pp.58~60을 참조할 것.

3) 308년과 369년 일식에 대해서는 『진서』[편집Chung-hua Shu-chu, 1974] 5.117(Yung-chia 2:1)과 8.212(T'ai-hua 3:3)를 각각 참고하라. 그리고 이 일식에 대한 「백제본기」의 언급은 『삼국사기』 24.200(비류 5:1)와 24.221(근초고 23:3)에 나타난다. 이 두 「백제본기」의 영어 번역은 Best의 *A History of the Early Korean Kingdom of Paekche*, pp.248과 254를 각각 참고하라. 372년 진왕조를 방문한 백제 사신에 대해서는 『진서』 9.221(Hsien-an 2:1). 『삼국사기』

적으로 무력정복했다는 기록이 실린 「백제본기」의 날짜 설정과 모순될 것이기 때문이다.

이미 지적한 바와 같이, 12세기에 김부식이 여전히 접근하기 쉬웠고 그리고 적어도 백제의 원전에 토대를 둔 백제에 대한 모든 기록은 490년 이전 시기를 다룬 것이다. 따라서 그는 그 다음 시기의 백제 역사를 쓰면서 신라와 중국의 보다 잘 보존된 기록들에서 얻어낸 적절한 증거를 토대로 역사를 서술해야만 했다. 그러나 이 발췌된 기록들은 백제와 우선적으로 관계가 없기 때문에, 단지 490년 이후의 백제역사의 윤곽을 그리는 데에만 충분했을 뿐이다. 결과적으로 그는 자신의 편년체 역사서술 방식이 요구하는 곳에서는 어디서나 역사적 공백을 채워 넣어야 했고, 물론 그렇게 할 수 있었다. 바로 이러한 곳들에서 년대가 수정된 흔적이 발견되는 것이다. 이것의 좋은 예는 여전히 한강 유역 이남을 통치하고, 그 군대가 오늘날 황해도 신계만큼 북쪽으로 멀리 고구려에 공격적으로 도전하는 백제의 모습을 보여주는 5세기 마지막 10년과 6세기 중반 사이에 그 년대가 잡힌 모든 일련의 기록들이다.[4] 「백제본기」의 이 부분에 507년과 523년에 한성(지금의 서

4) 「백제본기」는 501년 백제의 무령왕이 고구려의 수곡성을 공격하기 위해 5천 명의 군대를 보냈다고 기록한다. 삼국사기 지에 포함된 정보에 의하면 수곡성은 현재 황해도 신계에 해당하며, 그 당시 고구려-백제 국경선에서 북쪽으로 180킬로미터 떨어진 곳에 위치하고 있다. 501년 백제의 수곡성 공격에 대한 기록은 『삼국사기』26.235(무령 1:11)과 Best의 *A History of the Early Korean Kingdom* 24.221(근초고 27:1)과 Best의 *A History of the Early Korean Kingdom of Paekche*, p.256을 참고하라. 3세기 말 진왕조에 대한 마한의 사절파견에 관해서는 『진서』 97.2533(마한)을, 8년에 마한이 멸망했다는 「백제본기」 기술에 대해서는 『삼국사기』 23.210(온조 26 :10)과 Best의 *A History of the Early Korean Kingdom of Paekche*, p.218을 각기 참고하라.
of Paekche, p.318을 참고하라. 그리고 이 성의 위치 확인은 『삼국사기』 37.3529(지리 4, 고구려)와 정구복(역). 『역주 삼국사기』 5권(성남 : 한국정신문화연구원. 1997~98). 4:363. n.97을 참고하라.

울)에 특별히 왕궁을 두었다는 기록이 포함되었다. 또한 여기에 495년 백제의 치양성(오늘날 황해도 백천)과 548년 한강 북쪽(오늘날 충청북도 청주 인근)에 위치하는 것으로 언급된 독산성을 고구려가 공격했다는 기록도 있다.[5] 이 모든 기록의 문제점은 김부식이 「백제본기」의 불과 몇 페이지 앞에서 고구려가 475년 백제 수도 한성을 포함한 한강 이남을 정복하고 병합했음을 특이할 정도로 상세하게 서술한 것이다. 고구려가 전략적 요충지인 이 지역을 550년까지 소유하였고, 그 후에 신라가 그 지역을 통치하게 되었다는 것은 『삼국사기』의 다른 부분에서 발견되는 증거를 통해서도 명백히 알 수 있다.

백제가 고구려에게 한성을 빼앗긴 것은 다른 동아시아 사료인 중국기록과 일본기록에서도 잘 나타나며, 또한 고고학 기록도 그 사실을 잘 입증하고 있다. 김부식도 그 사실을 알고 있었다. 그러나 내가 보기에 490년 이후의 정치적, 군사적 역사를 설명해줄 수 있는 백제사료에서 나온 적절한 자료가 부족했기 때문에 그의 연대기에는 뚜렷한 공백이 생긴다. 그는 그 공백을 채우기 위해 백제에 관한 초기 자료의 년대를 부득이 수정했다. 년대 수정을 위해 그가 행한 자료 선별은 그가 중국 양나라(502~527)의 공식 역사서인 7세기의 『양서』에서 발췌하여 521년으로 날짜가 잡힌 기록을 만들기 위해 「백제본기」에 다시 삽입한 정보에 의해 부분적으로 조장되었다.[6] 이 기록에 의하면 백제는 이전에 고구려에게 큰 손실 즉 한성과 한강유역

5) 507년과 523년의 사건에 대해서는 『삼국사기』 26.235와 236(무령 7:10과 23:2 각각)와 Best의 *A History of the Early Korean Kingdom of Paekche*, pp.312와 330~31을 참고하라. 치양성의 위치에 대해서 정구복 외 『역주 삼국사기』 3:655. n.122를 참고하고 독산성의 위치에 관해서는 Best의 *A History of the Early Korean Kingdom of Paekche*, pp.444~48의 부록 8을 참고하라.

6) 『양서』[편집 Chung-hua Shu-chu, 1973] 3.65(P'u-t'ung 2:11). 54.804(Pai-chi) 그리고 『삼국사기』 26.235(무령 21:8)과 Best의 *A History of The Early Korean Kingdom of Paekche*, p.323을 참고하라.

상실을 당하고 심히 약해졌다는 것이다. 그러나 백제는 6세기 초에 양도하도록 이전에 강요당했던 그 영토를 회복한 것은 아니라 할지라도 북쪽의 적인 고구려에 대항하여 싸워서 계속 이겨 국력을 회복했다. 그래서 김부식은 편년체 형식과 『양서』에서 발췌한 역사적 자료의 요구를 충족시키기 위해 고구려와의 교전에 대한 충분한 양의 증거 즉 490년 이전의 기간을 다루는 기록들에 의존했으며, 60년을 두 번으로 하는 주기로나 120년을 단위로 그 기록들의 선정 시기를 늦추었다. 그러나 그가 역사서술에서 지리적 기록을 바꾸지 않았기 때문에 그 자료들이 연대기상으로 바뀌어버린 내막을 밝힐 수 있는 단서가 남겨진 것이다.

김부식은 490년 이후의 백제사를 다시 개관하기 위해 중국과 초기 백제의 사료에만 의존한 것은 아니었다. 이전에 의도되었듯이, 그는 비교적 더 잘 보존된 신라 역사 기록의 관련 부분에 또한 크게 의존했다. 이 한국 사료에서 유용한 자료를 발췌하는 것 이외에, 그는 백제에 불리한 편견을 표면적으로 수용하거나 그 편견에 의해 영향을 받았다. 이것의 좋은 예는 주석의 맨 마지막 몇 줄에서 발견되거나 또는 「백제본기」의 끝을 맺는 론(論)에서 발견된다.[7] 이 구절은 그의 신라 사료에 대한 실질적인 의존이 그의 고대한국역사 서술에 영향을 미친 정도를 분명히 드러나게 하였을 뿐만 아니라 우리가 의심 없이 김부식의 주장에 직접 접근할 수 있기 때문에 중요하다. 그는 백제 멸망 이유에 대해 도덕적이면서 신라지향적인 평가를 했다. 이때 그는 박식했고, 유려한 문체를 구사했으며 그리고 공개적으로 유교적이었다. 나는 「백제본기」번역본에서 그 구절을 다음과 같이 옮긴다.

---

7) 『삼국사기』28.250~51(논평)과 Best의 *A History of the Early Korean Kingdom of Paekche*, p.415을 참고하라.

백제가 존속하는 동안 그 왕들의 많은 행위는 불공정했다. 여러 세대 동안 백제는 신라의 고통스런 적이었는데, 백제는 신라를 보다 더 약화시키기 위하여 고구려와 동맹관계를 유지했다. 백제의 군대는 주어진 이점도 이용하고 모든 전망있는 조건을 활용하면서 끊임없이 신라의 전략적 요새와 중요한 군사요충지를 습격하여 차지했다. 확실히 이와 같은 행위를 고려해 볼 때 "이웃나라와의 친밀함과 우정이 한 나라의 보배"라는 고매한 격언을 인용하는 것은 설득력이 없다.[8] 당의 황제들이 백제왕들에게 신라를 향한 그들의 적개심을 단념도록 명령하는 칙령을 계속해서 발표한 것은 바로 그러한 행위들 때문이다. 백제의 왕들은 공식적으로는 당의 그러한 지침에 따랐지만, 암암리에 그것들을 어긴다. 그러면서 막강한 당의 명령을 듣지 않는 죄를 범했던 것이다. 이것이 백제의 멸망 원인이다.

김부식은 「백제본기」에서 유교적 결론을 이끌어내기를 원하면서 역시 신라에 대한 유리한 자신의 편견을 명백히 드러냈다. 신라본기의 기록에 의하면 그는 660년 나당연합군의 백제정복보다 20년 이전에 신라가 고구려로 하여금 백제에 대항하여 같은 종류의 차별적인 공수동맹을 맺게 하려고 시도한 점을 겉보기에는 무시한 것처럼 보인다. 그 공수동맹은 위에 인용된 주석에서 그가 단언한 바와 같이 후에 백제 멸망을 촉진한 바로 그 요인이었던 것이다.

끝으로, 다른 사람들은 내가 「백제본기」를 번역하면서 얻어낸 것에서 어떤 교훈을 이끌어낼 수 있을까? 더욱 일반적으로 나는 삼국사기 자체에 대해 무엇을 말할 수 있는가? 우리가 하나의 역사적 논거를 지지하는 한

---

8) 주석서에 나오는 격언은 『좌전』에서 직접 인용한 것이다. 제임스 레게(James Legge)(역), 『좌전』 vol 5, *The Chinese Classics*, vol. 5, second ed.(Oxford: Clarendon Press, 1893]5:20과 21a(Duke Yin 6).

단일 문구를 단순히 인용하든, 그 연대기나 논문들 중 하나의 전체를 번역하든 간에 「백제본기」는 분명히 가장 주의 깊은 비판적 관심을 필요로 하며 또한 그런 관심이 기울여질 가치가 있는 하나의 텍스트이다. 좀 더 구체적으로 말하면, 나는 왕의 직접적인 명령에 따라 12세기의 학구적인 한 유교 관료에 의해 결합된 편집서라는 기본인식을 갖고 삼국사기에 접근해야 한다는 경고성의 주의를 촉구할 수 있다. 삼국사기 본기는 사실 상당히 상이한 기록년대와 기술의도가 담긴 중국과 한국 양측의 다양한 자료에서 특정한 사료편찬적 관점에 따라 선택되어 연대순으로 정렬된 자료의 편집서이다. 내가 보기에는 각 구절의 출처를 밝히기 위한 모든 시도를 하고 김부식이 무시하려했거나 몰랐던 구절에 관련된 모든 추가적인 동시대의 정보를 아는 것이 중요하다. 이러한 과업들은 그 구절들이 지닌 원래의 의미를 더 잘 이해할 수 있도록, 그리고 본문에 포함시키기 위한 선택의 바탕이 되는 이론적 근거를 더 잘 구분할 수 있도록 시도되어야 한다. 삼국사기는 한국 고대사 이해에 필요한 기본적이고 풍부한 사료이다. 그러므로 삼국사기는 그 구절들을 단지 피상적으로만 현대 언어로 번역하는 것보다는 보다 큰 통찰력을 기울일 만한 가치를 가지고 있다. 그 같은 노력에는 충분한 보상이 뒤따른다. 사료를 전후 관계의 맥락 속에서 파악한다면 번역 시에 더욱 큰 성과를 거둘 것이다. 그럴수록 번역이 제공하는 역사적 통찰력은 더욱 깊어지고 더욱 믿을 수 있게 된다.

9) 『삼국사기』 5.47~48 (Sondok 11:8 and winter)와 Best의 *A History of the Early Korean Kingdom of Paekche*, pp.464~465 참조할 것.

고려의 사료: 고려엔 고려청자 이상의 무언가가 있다.

에드워드 슐츠(하와이대학교, 미국)

번역: 은은기(계명대학교 사학과)

고려사 연구를 과감하게 시도하는 서구의 학자들은 매우 드물다. 더욱이, 한국의 세 왕조시대인 삼국시대, 고려시대 그리고 조선시대의 중간에 속하는 고려는 한국 역사학계의 관심을 거의 끌지 못하고 있다. 그 주된 이유는 부분적으로 조선사에 대한 사료가 풍부한데 비해 고려사에 대한 사료가 매우 제한되어 있기 때문이다. 이러한 사실에도 불구하고, 공식적인 왕조의 기록, 다양한 문학 작품, 종교 서적, 해석이 절대적으로 필요한 무덤 글귀 및 비문과 같은 중요한 사료가 여전히 남아있다. 번역자가 직면하는 어려움이 많다 할지라도, 과거를 파헤치고 그것에 일반 독자가 접근하기 쉽게 만드는 작업에는 독특한 보상이 따른다. 이 글은 이러한 주제들을 탐구하고 고려사 사료 번역에 관한 필자 자신의 문제점과 그 성과를 보여준다. 고려사 사료는 종종 소홀히 다루어졌던 고려시대에 고려청자 이상을 훨씬 넘어서는 많은 것이 있음을 예리하게 보여준다.

번역

고려사를 연구하고자 하는 사람이라면 먼저 반드시 한자에 정통하기 위해 노력함은 물론 다방면에 걸쳐 고려의 1차 사료들을 연구하는 것이 필요하다. 대학원 시절에 나는 『고려사』와 『고려사절요』를 읽기 시작했다. 나는 지도교수였던 강휴 박사(Dr. Hugh H.W. Kang)와 함께 매주 『고려사절요』를 읽었다. 이것은 사실 내가 멋지고도 도전적인 번역의 세계로 들어가는 계기가 되었다. 그 후에 박사학위를 받고 나서 교수로서의 첫해 동안에 나는 에드워드 와그너(Edward W. Wagner)와 함께 이기백의『한국사신론』[1]을 번역하고, 그 서명을 *A New History of Korea*라고 붙였다. 그러나 십 년 후에 나는 강휴 박사와 함께 고려 사료 번역을 재개하였다. 마침내 고려사 자료가 콜럼비아(Columbia)대학 출판부에서 '한국전통에 대한 사료(*Sources of Korean Tradition*)'와 '한국문명 사료집(*Sourcebook of Korean Civilization*)'[2]으로 출판되었다. 여분의 시간에 나는 또한 『삼국사기』에도 관심을 가졌다. 조나단 베스트(Jonathan Best)는 『삼국사기』「백제본기」를 훌륭하게 완역했다. 나는 몇몇 다른 사람과 더불어 「신라본기」 및 「고구려본기」를 번역 중이다.[3]

왜 꼭 영어로 1차 사료를 번역해야 하는 것인가. 나는 우리 학생들로 하

1) Lee Ki-baik, *A New History of Korea*, Edward W. Wagner. Edward J. Shultz(역), Cambridge: Harvard Univ. Press, 1984.

2) Peter Lee. ed., *Sourcebook of Korean Civilization*, Vols 1. 2. New York: Columbia Univ. Press, 1997.

3) Jonathan Best, *The History of Paekche, an early Korean Kingdom and an Annotated Translation of the Paekche Annals*(이하 *History*로 약함), Cambridge: Harvard Univ. Press, 2006.

여금 가능한 한 원사료에 접근하도록 할 필요가 있다는 것을 확신한다. 번역된 사료를 연구함으로써 학생들은 사료에 내포된 미묘한 의미를 알아내고, 그리고 다른 번역자들에 의해 이루어진 해석에만 의존하지는 않고 사료에 대해 그들 자신들의 해석을 내린다. 한자를 읽을 줄 모르는 한국전문가들과 동아시아 연구자들은 일반적으로 자신들의 이해수준을 높이기 위해 한국의 1차 사료들을 알 필요가 있다. 일본이나 중국의 학자들조차도 한국의 1차 사료를 이해하고자 시도할 때 영어 번역본이 매우 귀중함을 알게 될 것이다. 그 이유는 부분적으로 번역자가 전문가들을 가끔 당황케 할 수 있는 고유명사를 규명해주기 때문이다. 더욱이, 번역자는 연구 중에 있는 텍스트를 그것에 고유한 역사적 맥락 속에 위치시킬 수 있기 때문이다.

중국의 초기 서양인 선교사들과 일본의 초기 서양인 방문자들은 곧 1차 사료들을 다루면서 그것들을 영어로 번역을 했다. 이에 비해 한국 사료의 번역은 지체되어 왔다. 영어로 된 자료의 부족은 한국역사의 해독방법에 대해서 뿐만 아니라 동아시아의 역동성에 대한 이해에도 부정적인 영향을 끼쳤다. 한국과 다른 지역의 학생 및 학자들은 고대 한국의 1차 사료를 번역함으로써 한국의 유구한 역사와 전통을 철저하게 파악할 수 있게 되었다.

고려 사료

일반적인 생각과는 달리 번역할만한 가치가 있는 고려 사료는 많다. 그렇지만 그 수가 엄청나게 많은 조선의 1차 사료와 일본 및 중국의 자료에 비해 고려의 사료들은 제한적인 것 같다. 『고려사』와 『고려사절요』는 왕조의 역사서로, 고려시기를 연구하고자 하는 사람이라면 필수적으로 읽어야하는 풍부한 사료이다. 『고려사』는 4가지 섹션(세가, 지, 연표, 열전)으로 나누어져 있는 여러 권으로 구성된 왕조 역사이다. 『고려사절요』는 각 왕들의 재위기간을 다룬 연대기이며, 『고려사』에서도 찾을 수 있는 많은 중요한 주제와 주요 인물의 전기를 포함하고 있으나 축약된 형식을 취하고 있다. 『고려사』는 방대하기 때문에 어느 개인이나 그룹이 이 저작의 번역을 시도한다는 것은 아주 어려운 일인 듯하다. 『송서』, 『당서』와 같은 유사한 중국 문헌도 아직 영어로 번역되지 않았다. 『고려사』의 한글번역본은 분량이 10권에 달한다. 누가 이 작품을 영어로 출간할 것인지는 말하기란 어렵다. 하물며 그것이 번역된다 할지라도 누가 그 영역본을 완전히 읽게 될지 알기 어렵다. 특히 지(志)에서 발견되는 몇몇 단락들은 매우 세밀한 내용을 담고 있기 때문에 종종 원본에서만 제대로 파악할 수 있다. 『고려사절요』는 많은 측면에서 『고려사』의 축약본이다. 비록 그 본문이 길지만 번역하기가 훨씬 쉽다. 한글로 번역된 것은 5권이다. 이것은 많은 중요한 인용문을 포함하고 있으며, 앞서 지적했듯이 중요한 왕조의 핵심 인물들에 대한 귀중한 전기를 보여준다. 연세대학교가 이 작품을 한글로 번역하는 작업을 시작했고, 나는 대학원생 시절 동안 완성했던 약간의 예비 번역문을 가지고 그 번역 작업에 동참하였다. 왕조사 이외에 매우 흥미로운 읽을거리를 제공하고 또한 반드시 번역되어야 하는, 학자들에게 유용한 다른 저작과 자료들이 있다. 12세기 초 이래로 많은 수의 문집이나 갖가지의 문학 작품들이 보전되어 왔다. 고려의 가장 뛰어난 작가 중 한 명인 이규보(1168~1241)의 수필과 시는 『동국이상국집』에 집성되었다. 이규보 외에도, 비슷한 시문집에 자신들의 작품이 보전된 이인로(1152~1220), 최자

(1188~1260), 이제현(1287~1367) 등 많은 학자들이 있다.[4] 그들의 저작 중 번역된 작품은 한국문화사료집과 같은 저작들과 그리고 일반 교과서에 나타난다. 이러한 수필과 시들을 통하여 독자들은 고려 사람들의 유머와 열정을 발견할 수 있다.

묘의 비문과 종이나 조각상과 같은 다른 자료에서 발견되는 비문은 또 다른 사료이다. 한국에 있는 학자들은 이런 흩어져 있는 자료들을 찾아내는데 애썼고, 그것들을 본래의 한자로 출간하거나 한글로 번역하여 출판했다. 독자들은 위에서 언급된 왕조의 역사서와 다방면에 걸친 저작들을 통해서는 물론 이 비문들을 통해 고려인의 삶과 생각에 대한 중요한 통찰력을 얻을 수 있다. 수많은 묘비문은 승려에 대해서 혹은 승려에 의해 쓰여졌고, 따라서 그것들은 불교를 이해하는 데에 필요한 길잡이 역할을 한다. 불교 문학의 풍부한 자료가 보전되어 왔고, 많은 곳에서 그것들을 찾아볼 수 있다. 가장 유명한 고려의 자료 중 하나는『삼국유사』이다. 승려 일연에 의해 13세기에 쓰여진『삼국유사』는 주로 고려 이전의 사건을 다루었음에도 불구하고 본문 속에는 고려와 관계된 자료들이 숨겨져 있다. 한국 불교사에 초점이 맞추어져 있는 또 다른 유사한 고려 자료인『해동고승전』은 '한국 저명 승려들의 삶' (*Lives of Eminent Korean Monks*)[5]이란 제목으로 피터 리(Peter Lee)에 의해 번역되었다. 로버트 버스웰(Robert Buswell)은 그의 논문 "선(禪)에 대한 한국인의 접근: 지눌의 저작 모음집"(*The Korean approach to Zen: The collected Works of Chinul*)에서 고려 불교에 대한 방대한 분량의 문헌

4) 이인로.『파한집』(나태를 깨뜨리기 위한 비망록); 최자,『보한집』(파한집을 보충하는 책); 이제현.『역옹패설』(참나무늙은이의 잡록집).

5 Cambridge. MA: Harvard Univ. Press, 1969.

을 소개하고 번역했다.[6] 셈 베어미어취(Sem Vermeersch) 박사의 학술논문인 "부처의 힘(The Power of Buddha)" 역시 고려 불교사를 이해하는데 풍부한 아이디어를 제공한다.[7] 고려 말경에 유학자들의 사상이 다시 힘을 얻게 됨에 따라 많은 학자들은 유학을 주제로 삼는 글을 썼고, 이들 작품들의 다수가 역시 보전되어 왔다.

조선의 학자들은 훌륭한 수집가이자 작가였고, 『동문선』과 같은 작품을 통해 고려의 명사들이 남긴 수많은 문학 작품이 존재한다. 『신증동국여지승람』(한국의 지리학 연구서)과 같은 지리지는 한국의 전 지역에 걸쳐 있는 유적지의 지형과 지세를 상세히 설명하고 있을 뿐만 아니라 각 지역에 대한 간단한 역사적 소개와 정확한 특징 파악도 해주고 있다. 분량 면에서 길게 쓰여진 왕조사와는 대조적으로, 다방면에 걸친 수많은 작품과 다른 저작들에서 가져온 수필과 시는 문체가 간결하여 영어로 번역하기에 훌륭한 자료일 것이다.

한국에서 기술되고 보전된 자료 이외에도 추가적으로 중국 사료가 때때로 고려시대 생활상에 대한 이해를 도와 준다. 고려에 대한 가장 유명한 송(宋)의 작품 하나는 宣和奉使高麗圖經(고려에서의 선화[송 휘종의 연호] 연간 사절의 기록을 묘사)으로, 송의 여행가이자 삽화가인 徐兢(Xu Jing)에 의해 쓰여진 작품이다. 서긍은 12세기 초 고려인들의 일상생활을 상세히 설명하고 있는데, 이 저작은 이 시기를 이해하기 원하는 학자들의 참고자료로 이용

6) Robert Buswell, *The Korean approach to Zen: The collected Works of Chinul*, Honolulu: Univ. of Hawaii Press, 1983.
7) Sem Vermeersch, "The Power of Buddha: The Ideological and Institutional role of Buddhism in the Koryo dynasty," Ph.D., dissertation, School of Oriental and African Studies, University of London, 2001.

되어 왔다. 중국 왕조의 사서들도 고려에 대한 추가적인 설명을 해준다.

번역의 의제

우선적으로 번역해야 할 의제를 정하는 것은 어렵다. 20년 전의 번역 분야와 지금의 번역 분야를 비교해 볼 때, 학생들과 일반 독자들이 번역 시에 풍부한 일차 자료를 접하게 되었을 정도로 상당한 진보가 이루어졌다. 강휴 박사와 함께 사료집의 고려 부분을 완성한 후에, 나는 『삼국사기』, 특히 「신라본기」와 「고구려본기」를 영어로 번역하는 프로젝트를 다시 시작하게 되었다. 이러한 노력 가운데 최근 조나단 베스트(Jonathan Best)에 의한 「백제본기」 출간과 더불어 커다란 성과가 이루어져 왔다. 현재, 「고구려본기」도 UH 출판사에서 재교정에 들어갔으며, 「신라본기」는 번역이 되어 최종 교정을 기다리고 있다. 열전의 많은 전기 역시 영어로 번역되어 간행될 예정이다. 이미 존재하는 『삼국유사』의 영어 번역본[8]은 아무리 상세히 이루어졌다할지라도 이미 시대에 뒤떨어져서 새로운 번역을 필요로 한다.

이 번역 분야는 사료들을 명확하게 꿰뚫고 또한 중요한 자료를 훌륭하게 번역하고 있는 최근의 많은 박사학위 취득자들로부터 혜택을 입어왔다. 2006년 라이덴(Leiden)대학에서 박사학위를 받은 렘코 브로이커(Remco Breuker)는 그의 학위논문 "진실이 모든 곳에 있었을 때: 고려 초기의 복수의 정체성 형성"에서 정치, 문화, 사상과 관련된 많은 텍스트를 해석하고 있다. 셈 베어미어취는 그의 박사논문 "부처의 힘"에서 로버트 버스웰의

8) 하태흥, Grafton Mintz(역), 서울: 연세대학교 출판부, 1972.

저작을 더욱 상세하게 설명한 많은 수의 중요한 불교 텍스트를 소개했다. 존 던칸(John Duncan)의 "조선왕조의 근원"과 같은 저작 혹은 챠를로트 홀릭(Charlotte Horlyck)에 의한 연구는 우리의 이해를 더욱 쉽게 해준다. 우리는 이 저작들과 다른 작품들에서 선별해낸 한 명문집이 "고려의 일상생활"과 같은 제목을 지닌 하나의 번역본으로 간행될 수 있을 정도로 번역분야에서 상당한 수준에 도달하였다.

번역 작업에서 다른 과제는 이를테면 위에서 언급된 선화봉사고려도경과 같은 중국 사료를 가능한 한 영어로 번역하는 것이다. 수 년 전에 콜럼비아대학에서 발표된 한 박사논문에서 선화봉사고려도경의 일부가 서투르게 번역된 적이 있다. 나는 베어미어취 박사가 이 작품을 역시 멋지게 번역하리라는 것을 믿는다.

문제점

1차 사료를 번역하기 원하는 학생들과 학자들이 직면하게 되는 문제점은 많다. 우선 도움을 거의 받을 수 없다는 점을 들수 있다. 사전은 종종 상용어를 파악하는데 유용하지만, 역사적인 의미로 점철된 용어는 번역하기 어렵다. 나는 이를테면 한글 해석을 위해 이희승의 『국어대사전』같은 한국어 사전을, 한자 해독에 필요한 정석과 같은 매튜(Mathew)의 중영사전(*Chinese English Dictionary*) 또는 무로하시 사전(*Murohashi multi volume dictionary*)을 참조해왔다. 한국의 대한한사전(大韓漢事典)[9]과 중국어 사전도

9) 장삼식, 대한한사전, 서울: 성문사, 1968.

또 다른 도움이 된다. 이것들은 일정한 수준에 도달한 대학원생에게는 유용하지만 신참 연구자들에게는 어렵다. 위에서 언급된 많은 고려의 자료들은 한글로 번역되었다. 이 한글번역본들이 때때로 지침이 되고 부가적인 통찰력을 제공하기는 하지만, 종종 번역자는 고려 역사에 조예가 깊지 못하므로 사건들을 잘못 해석하게 되기 때문에 그 한글 번역본들은 반드시 주의해서 검토되어야 한다.

번역자가 직면하는 하나의 주요 문제점은 로마자화다. 서구에 기반을 둔 학자들은 로마자 표기법인 맥쿤 라이스쇼어(McCune Reischauer) 체제를 거의 만장일치로 지지하고 있다. 이 체제는 1960년대 초 이래로 대학 사회에 의해 널리 받아들여졌고, 서구의 도서 목록 전체에서 일반적으로 드러나고 있다.[10] 한국 교육부는 새로운 표기 시스템을 제안하려 했지만, 이것은 남한 이외의 지역에서는 미온적으로 받아들여질 뿐이었다. 더욱이, 뒤를 이은 한국 정부들은 상이한 구상을 제시하였고, 이러한 일관성 결여는 로마자표기 방식에 대한 정부의 개입을 더욱 불신하게 만드는 원인이 되었다. 헵번(Hepburn)식 로마자 표기는 일본 용어를 로마자화하기 위해 일반적으로 사용된다. 그러나 중국 용어를 로마자화하는 것은 한국 용어를 로마자화하는 것만큼 문제가 있다. 10~15년 전까지 웨이드-길레스(Wade-Giles) 표기법이 서구 학계에서 널리 사용되었다. 오늘날, 중국공산당으로부터 강력한 지지를 받는 핀인(pinyin: 併音)이 대부분의 중국학자들의 선택을 받게 되었다. 한국 전문가들의 일부는 핀인 표기법을 선택하고 다른 일부는 웨이드-길레스 표기법을 선택하면서 방관하는 자세를 취하

10) Mccune-Reischauer System은 1939년 왕립아시아협회의 한국 지사 회보에서 처음으로 출판되었고 이어서 1961년에 38권에서 재출판되었다.

고 있는 것처럼 보인다. 나는 편인을 택하는 쪽이 좋다고 생각한다.

보다 더 골치 아픈 것은 중요한 용어를 어떻게 다룰 것인가라는 점이다. 정부의 체계화된 관직 용어표가 없다. 고려에 대해서는 이점이 특히 문제점으로 작용한다. 1970년 미국의 몇몇 학자들은 한국의 일반대중을 위한 공식 용어법을 마련하기 위해 만났으나 의견의 일치를 보지 못했다. 아마 이제 학자들 사이에서 한번 더 의견합일을 시도할 때이다. 나는 강휴 교수님의 지시를 받아 고려 술어학을 연구했다. 우리는 용어를 직역하기보다 의역하기로 결심했다. 심지어 주어진 관직 그 자체를 위한 한국어 용어가 시간이 흘러감에 따라 변할 때 조차도 용어의 차이가 기능적인 그리고/혹은 다른 변화에 의해 수반되지 않는다면 그 동일한 번역은 유지된다. 우리는 종종 중국의 관직과 지위를 모델로 삼아 생겨난 용어를 번역하려고 시도할 때 크라케(E.A Kracke), 장 푸-쥐(Chang Fu-jui) 그리고 데 로투어스(Robert des Rotours)의 관련 저작들을 참조했다.[11] 오늘날 우리는 역시 여러 세기에 걸쳐 중국어 용어를 규명하는데 도움이 되고 그리고 우리로 하여금 한국 용어의 번역에 대한 이해를 가능하게 해주는 허커(Charles O. Hucker)가 만든 '제정 중국 관직칭호사전(A Dictionary of Official Titles in Imperial China)'의 도움을 받는다.[12] 이기백의 한국사신론(A New History of Korea)은 1984년에 처음으로 출판되었다. 이 책은 역시 한국 관직에 대한 상세한 표와 공용어를 제공한다.

---

11) Robert des Rotours, *Traité des fonctionnaires et trait? de L'armée*, Leiden, 1948; E. A. Kracke, Civil Service in Early Sung China, Boston: Harvard Univ. Press. 1953; Fu-jui Chang, *Les Fonctionnaires des Song*, Paris, 1962.

12) Charles O. Hucker, *A dictionary of Official Titles in Imperial China*. Stanford: Stanford Univ. Press, 1985.

가능하다면 용어에 대해서 뿐만 아니라 고유 명사에 대해서도 직역하는 것보다는 기능적인 번역에 의지하는 것이 더 타당성을 갖는다. 예를 들면 고려의 군대는 2군과 6위로 이루어져 있다. 1,000명의 남자로 구성된 응양군은 왕실의 '날아오르는 독수리부대' 또는 '제1 왕실부대'로 번역되었다. 그러나 나는 그것을 응양군(Ungyanggun)으로 음역하기를 원한다. 나는 처음으로 이 용어를 사용했을 때 이 용어를 영어로 번역했다. 예를 들면, 도방을 고위인사기구(Personnel Authority)로 번역하였으나, 나중에 그것을 도방(Tobang)으로 음역하였다. 필요하다면, 독자들이 로마자화된 한국어 버전이나 영어번역본에 나오는 용어집-색인들에서 그 단어를 선택할 수 있다.

삼국사기의 고구려본기를 번역했을 때 나는 중국황제가 고구려왕에게 하사한 봉토(enfeofment)를 우연히 발견하였다. 처음에, 나는 영어로 기능적인 번역을 하고 아울러 중국어 제목도 제공했다. 그러나 그 다음에 인용문들에서는 단지 영어로 번역된 용어만 사용하였다. 예를 들면, 463년에 삼국사기는 "황제 효무제(Xianwu)가 고구려왕을 무적의 전차와 말을 거느린 위대하고 명예로운 대장군(車騎大將軍 開府儀同三司)으로 책봉했다"고 전한다. 이러한 명칭 이외에도 고유명사 역시 주의가 요구된다. 유명한 경주의 절인 불국사는 Pulguksa나 아니면 Pulguk temple 또는 Buddha Nation Temple이라 해도 좋다. 여기에 내가 선호하는 한두 가지의 선택이 있다. 북한산(Pukhansan) 같은 산들을 지칭할 때 나는 북한 마운턴(Pukhan Mountain)으로 번역한다. 그러나 나는 남산에 대해서는 남 마운턴(Nam Mountain)보다 남산 마운턴(Namsan Mountain)으로 번역한다. 하나의 음절로 된 산 명칭은 나에게 정확하게 발음되지 않는다. 가장 실용적인 방법은 일관성이다. 다른 예는 백마강을 백마 리버(Paekma River)로 번역한다. 그렇지만 비록 일반적인 영어 연설에서 나는 한 리버(Han River)가 아닌 한강 리버(Hangang River)라고 불리는 것을 들어본 적은 없을 지라도 나는 한 리버(Han River)가 아닌 한강 리버(Hangang River)를 선택한다. 유사하게도 무게와 길이의 경우에 나는 우선 그럴듯한 말로 얼버무린 후, 그 다음에 한국 용어를 사용했다. 예를 들면 곡(kok)은 5펙(pecks) 또는 10갤런(1펙은 8 쿼트(quart)이다.)이다. 만약 텍스트가 5곡을 언급했다면 나는 괄호를 넣어서(50갤런)이라고 덧붙일 것이다. 이 동일한 계량단위는 용어사전 표에 나타날 것이다.

지역의 명칭도 어느 정도 문제가 될 수 있다. 고려는 여러 주(Chu)로 나뉘어져 있었다. 주라는 지역을 어떻게 표기해야 할 것인가? 예를 들어 경주(Kyongju)인가 경-주(Kyong-chu)인가? 후자는 경주가 하나의 주(州, Chu)라는 인식을 분명히 전달한다. 전자는 훨씬 덜 성가시지만 그 지역 명칭이 지니는 독특한 의미를 전달하지 못하고 있다.

각주 또한 또 다른 문제이다. 번역할 때, 첫 번째 과제는 독자를 확인하는 것이다. 독자를 누구로 삼을 것인지를 결정한다면 텍스트에 각주를 얼마나 많이 달지 결정할 수 있다. 사료집(Sourcebook)의 독자는 대학생과 일반대중이었으므로, 본문에 각주를 거의 달지 않았다. 조나단 베스트가 번역한 「백제본기」에서 그는 각주를 통해 많은 부분을 설명했다. 종종 각주는 본문보다 더 많은 분량을 차지하기도 한다. 내가 「고구려본기」를 번역했을 때 대학생이나 대학원 신입생을 우선적인 독자로 삼아야 한다는 것이 우리의 생각이었다. 우리의 목표는 학생들이 가능한 한 쉽게 읽을 수 있도록 텍스트를 만드는 것이었다. 진지한 학생이나 학자는 원문을 참고하여야 하고, 역시 대량으로 주석이 달린 다양한 한글 번역본을 참조해야 할 것이다.

번역하는데 소요되는 시간은 엄청나다. 초고를 완성하는 것은 아마도 이 과정에서 가장 쉬운 부분이다. 일단 그것이 완성되면, 주석이 필요한 부분을 결정해야 한다. 주석을 완성한 후에 자료는 명쾌하고 일관성 있게 교정되어야 한다. 문제들이 드러난다. 종종 매우 화려한 언어로 쓰여진, 고전작품의 인용문에서 풍부하게 나타나는 중국 황제의 문서 혹은 특별한 외교문서는 따라서 번역하기 힘들다. 다른 시기들의 경우 텍스트 그 자체는 명확하지가 않다. 예를 들어 「고구려본기」(권 13)에서 유리왕 37년 왕자 여진이 물에 빠져 죽었다고 진술하고 있다. 그러나 여진(如津)이라는 이름은 '강을 걸어서 건넘'이라는 의미를 지닌다. 그러므로 이것을 "왕의 아들이 강을 건너는 동안 물에 빠져 죽었다'로 잘못 읽을 수 있다.

놓치고 있는 것

인내를 요하는 노력에도 불구하고, 번역은 완벽할 수가 없다. 한 개인으로서 '번역은 반역'이라고 한탄한다. 달리 말하자면, "번역본은 원사료에 충실하지 않다"[13]는 것이다. 특히 고려 사료를 다룰 때 역자는 14세기 이전부터 21세기까지 다룰 수 있어야 할뿐만 아니라 한자에서 영어까지 해독할 수 있어야 한다. '보내진(sent)'이나 '파견된(dispatched)'과 같이 영어로 단순하게 나타낼 수 있는 단어는 한자로 쓰여질 때 사실상 많은 미묘한

13) Jorge Luis Borges. 세르반테스는 "번역은 태피스트리의 다른 한쪽이다."라고 한때 빈정댔다.

의미들을 가진다. 예를 들면, 조나단 베스트는 동사의 사용조차도 다른 의미를 나타낼 수 있다는 것을 유념했다.[14] 동사의 시제와 수동태, 능동태 같은 다른 문제들은 영어에서는 분명하게 나타날 수 있지만 원사료에서는 거의 무시되는 것이다.

맺음말

결론적으로, 번역이 시간을 잡아먹는 것임이 드러날지라도, 그것은 역자에게는 분명히 보상을 가져다주고 독자들에게 커다란 기여를 하는 것이다. 아직도 번역해야 할 고려 사료는 많이 남아있다. 내가 위에서 약술한 과제 중의 몇몇은 다음과 같다: 삼국유사 재번역하기, "고려인의 일상생활"이라는 전체 표제 하에 번역된 자료들의 수집물을 편집하기, 『선화봉사고려도경』 같은 여행기 번역하기, 다방면에 걸친 글들의 일부 또는 대부분 번역하기 그리고 관직용어의 적절한 번역에 관한 의견 일치를 위한 학자들 간의 만남 등이 그 과제들이다.

끝으로, 세계에 고려 사료를 소개함으로써 독자들은 고려가 더없이 아름다운 고려청자를 만들었을 뿐만 아니라 대단한 문학작품들도 창작했음을 이해할 수 있을 것이다.

---

14) History. p.223을 보라.

조선시대 자료의 영문 번역 현황과 장래의 과제

최영호(하와이대학교, 미국)

어느 한 나라의 전통과 문화를 제대로 이해하려면 그 나라의 전통과 문화를 역사적으로 형성한 원천(Sources)을 잘 알아야 할 것이다. 그러기 위해서는 그 문화권이 어떻게 시작되었으며 또한 어떠한 과정을 겪어 이루어졌는지를 잘 알아야 할 것이다. 우리가 이러한 역사적 과정을 이해함으로써 그 나라 문화의 보편성과 특수성을 찾아 낼 수 있는 것이다.

우리나라는 지난 3~40년 동안에 세계에서 가장 가난한 나라에 속하는 저개발국가에서 선진국대열에 곧 끼여 드려는 산업국가로 탈바꿈 하였다. 이렇게 한국의 위상이 급격히 바뀌면서 우리나라의 경제발전이 세계의 큰 관심사가 되었음은 다 잘 알려져 있는 사실이다.

이에 따라 세계는 한국에 대해 보다 많은 관심을 가지게 되었으며 또한 한국에 대해 더 많은 것을 알려고 하고 있다. 한국이란 나라의 역사와 전통이 어떠한 것이며, 그 나라가 갖고 있는 문화적 특성은 어떤 것인가 등에 대해 많은 외국인들이 알려고 하고 있다. 그러나 다년간 외국에서 살아온 나의 눈으로 볼 때 불행히도 우리나라는 한국에 대해 더 많이 알고자하는 외국인의 욕구와 필요를 제대로 충족시키지 못하고 있다. 아니, 그들의 관심을 충족 못시키는 정도가 아니라, 오히려 그들에게 한국을 알리려는 객관적 여건은 극히 열악한 상태에 있다고 해야 할 것이다. 그러면 우리나라는 어떻게 이러한 상황에 처하게 되었을까. 그것은 무엇보다 한국에 대한 역사와 문화를 학문적으로 격조 높게 소개해 주는 영문서적과 논문이 부족하기 때문이라고 하겠다.

이에 대한 단적인 예를 들어보자. 한국역사와 전통문화를 충분히 소개해 주는 영문으로 된 개설서가 현재까지 하나도 없다는 사실이다. 적어도 나의 견지로는(부족하겠지만) 외국인들에게 영어로 된 한국역사와 문화를 제대로 잘 소개 해 주는 책이라고 자신 있게 추천할 수 있는 것은 아직 없다. 그렇다보니 미국대학에서 쓸 만한 한국사교과서가 없는 것이다. 그렇다고 해서 한국역사에 관한 영문 역사개설서가 전혀 없다는 것은 아니다. 이기백의 "한국사 신론"과 한우근의 "한국통사"가 영문으로 번역되어 있다. 특히 이기백의 "한국사 신론"은 Edward W. Wagner가(Edward J. Shultz의 도움을 받아) 다년간 공을 들여 영문으로 번역하여 "A New History of Korea"라는 제목으로 출판되어 미국의 많은 대학에서 한국사 교과서로 이용되고 있다. 이 영문판은 원저자의 높은 학문적 수준 못지않게 아주 우수한 번역서로 미국의 학자와 학생들이 소중하게 이용하고 있다. 특히 한국사에 나오는 극히 어려운 특수단어와 용어를 아주 적절하게 번역해 주어 한국사를 공부하는 사람들에게 크게 도움이 되고 있다. 그러나 여러분이 다 잘 아시다시피 "한국사 신론"은 원래 한국인, 특히 한국대학생을 상대로 저술한 역사서인 것이다. 여기에 이 책이 미국에서 이용되는데 문제가 있다. 원저자가 이 책을 저술할 때 표적을 둔 대상은 적어도 중고등학교에서 대학입학시험준비를 위해 한국사를 상당히 공부한 한국인이었을 것이다. 그러나 이와 반대로 이 책의 영문판을 사용하는 미국인 학생들은 대부분 한국역사에 대해 전혀 기초지식도 가지고 있지 않은 사람들이다. 한국어를 모르고, 평범한 한국인의 이름조차 부르기 힘들어 하는 이들 학생들에게는 "A New History of Korea"에 나오는 그 수많은 사람이름, 지명, 특수용어 등은 무의미하거나 혼돈스러운 것이다.

미국학생이나 일반 독자들이 원하는 것은 지나친 사실(事實)위주의 역사서술이 아니라, 그 나라의 역사와 전통의 큰 흐름과 특수성을 설명해 주고 해석해 주는 저서인 것이다. 대부분의 서양인들은 한국의 전통과 문화를 잘 모르고 있다. 그들에게 필요한 것은 학문적으로 수준이 높고 그들이 읽어서 쉽게 이해할 수 있는 한국역사서이다. 그러나 내가 보기에는 불행하게도 아직까지 그러한 영문 한국역사서는 한권도 없다. 실로 개탄할 현실이라고 하지 아니할 수 없다.

그렇다고 하여 여태까지 서구에서 한국에 대한 영문연구가 전혀 없었다는 것은 아니다. 사실이지 지난 2~30년 동안 한국에 대한 학술적 연구가 상당히 활발하였으며, 이에 따라 제법 큰 업적과 성과가 있었다. 그래서 학문적으로 우수한 연구저서도 많이 출판되었다. 그리고 무엇보담 중요한 것은 한국학만을 전담하는 학술지가 두 개나 있다는 사실이다. "Korean Studies"라는 영문 학술지가 1977년부터 하와이주립대학교의 한국학연구소 주관으로 꾸준히 나오고 있고, "Journal of Korean Studies"가 1979년부터 1992년까지 나오다 중단되었다가 다시 2005년에 복간되었다. 이 학술지를 통해 수준 높은 학술논문들이 발표되어 한국학 발전에 크게 기여하고 있다. 그러나 학술지가 보통 계간으로 일 년에 네 번 발간되는 것이 통상인데 이 두 한국학술지는 일 년에 한번만 나올 뿐이다.

이와 같이 거의 황무지였던 2~30년 전의 미국에서의 한국학연구는 21세기에 들어와서 장족의 발전을 하였음은 사실이다. 그러나 한편 이웃나라 중국과 일본에 관한 연구에 비하면 한국의 연구는 상대적으로 너무나 빈약하다. 중국과 일본에 대한 연구저서는 매년 수십 권이 출판되고 있으며 연구논문은 이보다 훨씬 더 많이 발표되고 있다. 미국에서의 중국과 일본의 연구에 비하면 한국학의 연구는 아직 미개지라고 할 수 있다.

이러한 사정을 고려할 때 나의 고향에 소재한 계명대학교에서 이번 "한국학 고전자료의 번역현황과 과제"에 대한 학술대회를 가지는 것은 큰 의의가 있다고 하겠다. 무릇 어느 나라의 전통과 문화를 올바르게 이해하려면 그 나라 역사발전 과정에서 각 시대별로 당시의 전통과 문화를 형성하는데 직접으로 공헌한 인물들의 저서나 문헌들을 통해서만 가능하다. 2차적인 사료만 가지고는 한계가 있는 것이다. 계명대학교에서 주최하는 이번 학술대회를 통해 한국 고전의 1차적 자료가 더 많이 외국어로 번역 출판되는데 기폭제가 되었으면 한다.

조선왕조시대의 고전문헌이 영문으로 번역되어 출판된 것은 그렇게 많지 않다. 그러나 여기에서 미국에서 출판되어 있는 몇 가지 중요한 번역서를 간단하게 소개하겠다. 이황(李愰)의 "성학십도(聖學十圖)"가 Michael C. Kalton에 의해 "To Become a Sage: The Ten Diagrams on Sage Learning By Yi T'oegye"라는 제목으로 번역 되어 Columbia University Press에서 1988년 출판되어 있다. "성학십도"는 퇴계(退溪)가 17세의 나이로 왕위에 오른 선조(宣祖)에게 올린 상소문의 일부로, 그 내용은 선조가 성군(聖君)이 되기를 바라면서 어떻게 하면 성인(聖人)의 도를 다 할 수 있는가라는 주자학(朱子學)의 요점을 도표를 그려가며 쉽게 설명한 글이다. Kalton은 원전을 정확하게 번역하였을 뿐만 아니라 이 글이 어떠한 상황에서 쓰여 졌으며 또한 퇴계의 철학사상 특히 그가 동아시아 주자학 대계(大系)에서 차지하는 지위 등 을 학문적으로 매우 수준 높게 설명하고 있다. 그리고 그의 주석과 해석은 한국의 전문 학자들에게도 크게 도움이 될 수 있는 연구서이기도 하다. "성학십도"에 나오는 어려운 용어의 영어 번역은 그의 독특한 것이 있기는 하지만 서양인이 한국의 사상과 철학을 배우는데 아주 유용하게 쓰일 수 있는 번역서이며 연구서이다.

이른바 주리파(主理派)와 주기파(主氣派)들의 논쟁의 주제였던 사단칠정(四端七情)의 문제도 영문으로 번역되어 있다. 조선왕조의 철학과 사상의 논쟁에서 가장 중요한 위치를 차지하였던 이(理)와 기(氣)의 역할과 기능에 대한 논의가 "The Four-Seven Debate: An Annotated Translation of the Most Famous Controversy in Korean Neo-Confucian Thought"라는 제목으로 State University of New York Press에서 1994년에 출판되었다. 이 책도 Michael C. Kalton이 주동이 되어 다섯 분의 학자들의 도움을 받아 번역된 것이다. 이 번역서는 두 부분으로 나누어 있다고 할 수 있다. 첫째는 "고봉전집(孤峯全集)"에 수록되어 있는 퇴계와 기고봉(奇孤峯)이 "사단칠정"에 관에 의견을 교환한 유명한 서한들을 번역한 것이고, 둘째는 이이(李珥)와 성혼(成渾)이 같은 문제로 의견을 나누어 "율곡전서(栗谷全書)"에 수록되어 있는 것들이다. "사단칠정"논쟁의 내용과 사상적 의의에 대해 알기 쉽게 설명을 한 후 원전의 번역문이 실려 있다. 또한 번역문에 원전의 쪽수까지 적어두어 원전과의 대조를 쉽게 할 수 있게 하였다. Kalton의 이 두 번역서는 우리나라 철학과 사상을 한층 깊이 이해하는데 크게 도움을 주는 연구서이기도 하다.

이황과 기대승이 교환한 서한을 영어로 번역한 책이 최근에 또 하나 나왔다. "Toegye and Gobong Write Letters"라는 제목으로 California주 Fremont에 주소를 둔 Jain Publishing Company라는 출판사에서 2005년 나온 것인데, 이 책은 김영두의 "퇴계와 고봉, 편지를 쓰다"(소나무, 2003)를 Louis Choi가 영문으로 번역한 것이다. 그러나 이 번역서는 좀 문제가 있다. 퇴계와 고봉이 주고받은 서한의 한문(漢文) 원문을 김영두가 현대 한국어로 옮긴 것을 Louis Choi가 다시 영어로 번역한 것이다. 이렇게 이중(二重)의 번역서가 되다보니 원저자인 퇴계와 고봉의 참뜻이 제대로 전달되었는지 의심이 간다. 그리고 번역자의 학문적인 전문성이 미비해 이 번역서를 통해 퇴계와 고봉의 심오한 사상과 철학을 옳게 이해할 수 있을지 모르겠다. 그렇다고 해서 이 책에 부정적인 것만 있는 것은 결코 아니다. 이 책에 퇴계와 고봉의 사적인 내용이 담긴 서한들이 많이 번역되어 있어 두 석학의 교우관계와 인간성을 이해하는데 도움이 될 수 있다.

혜경궁 홍씨(惠慶宮洪氏)의 "한중록(閑中錄)"을 영문으로 번역한 책이 두 개나 있다. 하나는 "The Memoirs of Lady Hyegyong: The Autobiographical Writings of a Crown Princess of Eighteenth Century Korea"라는 제목으로 JaHyun Kim Haboush가 번역하여 University of California Press에서 1996년에 출판되었고, 또 하나는 "Han Joong Nok: Reminiscences in Retirement [by] Crown Princess Hong"이라는 제목으로 Bruce K. Grant와 Kim Chin-man이 번역하여 New York의 Larchwood Publications에서 1980년에 출판되었다.

JaHyun Kim Haboush가 번역한 "Memoirs of Lady Hyegyong"은 앞으로 우리나라 고전문헌을 번역하는데 모범이 될 수 있는 걸작(傑作)의 번역서라 할 수 있다. 원문에 충실하면서 격조 높은 영문으로 번역된 이 책은 학문적으로 우수한 연구서이기도 하다. "한중록"을 쓰게 된 시대적 배경, 당시의 복잡한 정치상황, 그리고 저자의 가족사항이 상세하게 설명되어 있으며, 원문에 등장하는 많은 인물 중 중요한 이름들을 별도로 해설을 부쳐 복잡한 "한중록"의 내용을 쉽게 이해할 수 있도록 되어있다. 그리고 필요한 부분에는 각주를 달아 설명함으로써 "한중록"을 더 심도 깊게 이해할 수 있도록 하였다. 이 책은 아주 훌륭한 번역서임과 동시에 뛰어난 연구서이기도 하다.

Bruce K. Grant와 Kim Chin-man의 "Han Joong Nok"은 매우 우아한 문장으로 번역되어, 이 것 또한 "한중록"을 소개하는데 좋은 역할을 하고 있다. 그러나 이 책은 서두에 "한중록"을 쓰게 된 배경을 아주 짧게 설명하고 있을 뿐, 다른 해설과 설명이 전혀 없어 18세기 한국의 정치사회사정을 잘 모르는 사람들에게는 약간 불편할 수도 있겠다.

임진란(壬辰亂)에 대한 중요한 사료 두 개가 영문으로 번역되어 있는데, 그것은 충무공(忠武公) 이순신(李舜臣)의 "난중일기(亂中日記)"와 "임진장초(壬辰狀草)"이다. 둘 다 Ha Tae-hung(하태홍)이 번역하여 "Nanjung Ilgi: War Diary of Admiral Yi Sun-sin"과 "Imjin Changch'o: Admiral Yi Sun-sin's Memorials to Court"라는 제목으로 연세대학교 출판부에서 1977년과 1981년에 각각 출판되었다. 원문에 충실하게 번역되어 임진란을 이해하는데 크게 도움이 되는 번역서이다.

조선왕조(朝鮮王朝) 초기 불교(佛敎)를 어떻게 할 것인가라는 문제를 가지고 논쟁을 한 두 대학자의 고전이 영어로 번역되어 있다. 즉 불교는 주자학의 입장으로 보아 이단(異端)이어서 결단코 배척하여야한다고 주장한 정도전(鄭道傳)의 "불씨잡변(佛氏雜辨)"과, 불교의 교리는 유교(儒敎)의 원리와 반드시 서로 배치되는 것이 아니라 오히려 공존할 수 있다고 불교의 입장을 대변한 기화(己和)의 "현정론(顯正論)"이다. 이 중요한 고전을 Charles Muller(일본 도요가꾸엔 근무)가 번역하여 원전과 영문을 서로 대조하여가며 연구하고 있어 조선조 초기 사상사, 특히 불교문제를 이해하는데 크게 도움이 된다. 그러나 이 번역은 이색적으로 Intemet에 올라 원고로만 수년간 남아있었지 아직 인쇄되어 책으로 출판되지는 못하고 있는 것으로 안다. 이번 대회를 계기로 계명대학교에서 저자 Muller씨를 접촉하여 그의 원고를 정식으로 출판하는 방도를 모색하기를 필자는 희망한다. 이 원고의 영문제목은 "The Culmination of the East Asian Confucian–Buddhist Debate in Korea: Jeong Dojeon's Array of Critiques Against Buddhism(Bulssi Japbyeon) vs. Gihwa's Exposition of the Correct(Hyeonjeong non)"이다. 그리고 그의 웹사이트는 http://www.acmuller.net/jeong-gihwa 이다.

다음으로 한국의 전통과 문화의 정수(精髓)라고 할 수 있는 고전을 엄선하여 영문으로 번역 해설을 한 중요한 책을 소개하겠다. 이 책의 제목은 "Sourcebook of Korean Civilization"이며, Peter H. Lee(李鶴洙), Donald Baker, Yongho Ch'oe(崔永浩), Hugh H. W. Kang(姜希雄), Han-Kyo Kim(金漢教) 등이 편저자이다. Columbia University Press에서 두 권으로 출판되었는데 제 1권은 1993년에 나와 총 750페이지이고 제 2권은 1996년에 나와 총 574페이지이다. 페이지 수만 보더라도 아주 방대한 책이라고 하겠다.

미국에서는 수십 년 전부터 Columbia대학교를 중심으로 세계의 전통과 문화는 그 문명을 창조한 원전(原典)을 통해야만 보다 더 깊이 이해할 수 있다고 하여, 문화사의 강의를 위해 원전을 번역 해설하는 이른바 "Sources"라는 책을 출판하여 대학의 교과서로 많이 사용하고 있다. 그래서 동양문화도 "Sources"를 통해 이해하기 위해 "Sources of Japanese Tradition"이 1958년에, "Sources of Chinese Tradition"이 1960년에, "Sources of Indian Tradition"이 1969년에 각각 나와 많은 대학교에서 동양역사 및 문화사강좌의 교과서로 쓰이고 있다. 그러나 불행히도 한국에 관하여는 그러한 책이 없어 우리나라의 전통과 문화가 제대로 소개되지 못하고 있었다. 이러한 아쉬움을 덜기 위해 미국에 있는 학자들이 나서서 이에 대응하는 "Sourcebook of Korean Civilization"을 만들어 낸 것이다. 필자가 이 책을 저술하는데 처음부터 참여하여 그것이 완수될 때까지 필요로 하는 모든 사무 및 연락책임을 맡고 있었기 때문에 여기서 간단하게 어떠한 과정을 겪어 이 작업이 이루어졌는지 설명하려고 한다.

일본 중국 인도의 "Sources"에 버금가는 "Sources of Korean Tradition"을 만들어 내야 한다고 하는 생각은 오래전부터 있었으나 미국에서의 한국학의 부진과 연구학자의 부족으로 이루어지지 못하고 있었다. 그러다가 1970년대 후반에 가서 새로운 움직임이 일어나 "Sources of Korean Tradition" 편찬사업이 시작되었다. 이 사업을 처음으로 추진한 사람은 하와이대학교 나의 동료교수인 강희웅이었다. 그는 이 일을 추진하기 위해 UNESCO한국위원회의 당시 사무총장이었던 김규택을 설득하여 UNESCO한국위원회에서 주관하는 사업으로 만드는데 성공하였다. 그래서 UNESCO한국위원회는 문교부를 통해 필요한 기금을 마련하여 해외학자들의 편찬사업을 후원해 주었다.

"Sources of Korean Tradition"편찬을 위한 준비 작업으로 우선 1978년에 UNESCO한국위원회주최로 한국전통자료집 출판준비 학술대회가 서울에서 개최되었다. 이에 한국학자와 미국에 있는 학자들이 참석하였는데 한국학자들은 고병익(高柄翊), 한우근(韓沽劤), 이기백(李基白), 이광린(李光麟) 등이었고 미국에서는 Edward Wagner, Han-Kyo Kim, Gari Ledyard, John C. Jamieson, Hugh Kang, Yong-ho Ch'oe 등이었다. 여기에서 UNESCO주관으로 "한국전통자료집"을 한어판과 영문판으로 별도로 내기를 결정하고 이를 위해 한국위원회와 미주위원회를 따로 조직하기로 하였다.

미주위원회는 1979년에 University of Califomia Berkeley에서 첫모임을 가져 정식으로 Sources of Korean Tradition Compilation Committee를 조직하였다. 여기에 참석한 학자는 Michael Rogers, Gari Ledyard, Han-Kyo Kim, Hugh H.W. Kang, James B. Palais와 Yong-ho Ch'oe였고, 필자가 연락책을 맡게 되었다. 이 Berkeley모임에서 편찬 작업을 어떠한 방편으로 추진할 것인가를 논의하였는데, 그 중의 하나는 편찬 작업을 한 사람이 책임지고 모든 것을 맡아하느냐, 그렇지 않으면 몇 사람이 공동으로 위원회를 만들어 진행할 것인가 하는 것이었다. 이에 대해 서로의 장점과 단점을 토의한 후 최종 결정은 나중에 UNESCO위원회가 하기로 합의를 보았다. UNESCO한국위원회는 이 작업의 방대성을 고려할 때 한 사람이 맡아서 하기에는 어려울 것이라고 하여 몇 사람이 위원이 되어 공동으로 하는 것이 좋겠다고 결정지었다. 그래서 여러 사람이 시대별로 나누어 작업을 분담하기로 하여 Sources of Korean Tradition Compilation

Committee에서 다음과 같이 Period Editors(시대별 담당 편집장)를 임명하였다.

I. Three Kingdoms and Unified Silla	Peter H. Lee
II. Koryo	Hugh H.W. Kang
III. Early Choson	Yong-ho Ch'oe
IV. Late Choson	Donald Baker
V. Modern Period, 1860~1945	Han-Kyo Kim

책의 편찬은 Period Editor가 자기담당시대를 책임지기로 하여, 그가 번역하여야 할 고전을 골라 선택하고, 그 것을 번역할 수 있는 학자를 찾아 번역작업을 맡기고, 번역된 고전에 해설을 붙이고 또한 자기시대를 이해하는데 도움이 되는 서문을 쓰기로 하였다. 그 많은 고전을 영문으로 번역할 수 있는 학자들을 찾아내기가 그리 쉽지 않았다. 힘든 노력 끝에 궁극에는 서구에 있는 자격을 갖춘 학자들을 총동원하게 되었다. 그리고 한문의 고전을 번역하는 것은 다분히 전문성을 요구하는 일이었기 때문에 이 일을 추진하는데 의외로 많은 시간이 걸렸다. 그 밖에 여러 가지 어려운 점이 많았으나 시간관계로 여기에서 설명하지 않겠지만 정말 힘든 일이 많았다. 그렇게 해서 완성된 원고를 각 Period Editor가 정리하여 Peter H. Lee에게 넘겨 그가 마지막으로 감수하여 출판사에 넘기게 하였다.

처음부터 우리는 우리의 책이 중국, 일본, 인도의 Sources를 발간한 Columbia University Press에서 출판하기를 희망하며 사업을 시작하였다. 웬만한 학문적 수준의 글이 아니면 좀처럼 받아주지 않은 Columbia University Press임을 잘 아는 우리는 이를 의식하여 최선을 다하였다. 그래서 이 출판사가 우리의 원고를 검토하고 단번에 기꺼이 출판하겠다는 결정을 듣고 우리는 몹시 기뻐했으며 또 한편 우리의 노력이 헛되지 않았음에 안도하였다. 이 작업을 완수하는데 비록 근 20년이라는 오랜 시일이 걸렸지만 "Sourcebook of Korean Civilization"은 한국학발전에 크게 이바지하는 업적이라고 자부한다. 이 방대한 사업은 UNESCO한국위원회의 적극적인 물심양면의 지원 없이는 이루어질 수 없었으며, 또한 이 작업을 현실화하는데 미주와 구라파의 많은 학자들의 헌신적인 노고가 없었으면 가능하지 못했을 것이다. 고전번역에 직접 참가한 학자들은 모두 29명이었다.

"Sourcebook of Korean Civilization"이 나오자 이에 기저(基底)하여 미국 동양학의 태두(泰斗)인 Wm. Theodore de Bary가 중심이 되어 Peter H. Lee와 Yong-ho Ch'oe와 함께 숙원이던 "Sources of Korean Tradition"을 1997년과 2000년에 Columbia University Press에서 2권으로 출판을 하게 되었다. "Sources of Korean Tradition"의 많은 부분은 "Sourcebook of Korean Civilization"에서 추려 수록하였으나, 제 2권에는 "Sourcebook of Korean Civilization"에 포함되지 않은 새로운 사료들도 상당히 포함되어 있으며 또한 시대적으로는 현재에 더 가까운 1998년까지 다루고 있다.

그러면 이제 "Sourcebook of Korean Civilization"에 수록된 조선왕조시대의 문헌들을 간단하게 소개하겠다. 조선왕조는 전기와 후기로 나뉘어져 있는데 전기는 제 13장에서 제 16장까지이고, 후기는 제 20장에서 제 25장까지이다. 전기부분은 Yong-ho Ch'oe가 맡아, 제 13장은 Founding the Choson Dynasty라고 하여 왕조성립에 관하여 태조(太祖)의 훈계 등 왕조실록에서 뽑아 수록하였다. 제 14장은 Political Thought in Early Korea라는 제목으로 조선조초기 정치사상을 다루고 있는데, 여기에는 조준(趙浚), 권근(權近), 정도전(鄭道傳), 양성지(梁誠之), 조광조(趙光祖), 이황(李滉) 및 이이

(李珥) 등의 글이 들어있다. 제 15장은 Culture로 훈민정음, 교육제도, 과거제도, 역사편찬, 과학의 발달 등을 다루고 있는데, 세종(世宗), 정인지(鄭麟趾), 최만리(崔萬理), 성현(成俔), 변계량(卞季良), 이극돈(李克墩), 유희춘(柳希春) 등의 글이 수록되어 있다. 제 16장은 Social Life로 불교배척(佛敎排斥), 가례(家禮), 제사(祭祀), 여성의 지위 등 문제를 다루고 있으며, 윤회(尹淮), 최항(崔恒), 어숙권(魚叔權), 신숙주(申叔舟), 서거정(徐居正) 등의 글이 수록되어 있다. 제 17장은 Economy로 전제(田制), 농업, 상업, 지폐(紙幣), 장시(場市) 등을 다루어 정도전, 세종, 문종(文宗), 김시습(金時習), 이이 등의 글이 실려 있다. 제 18장은 Thought라 하여 권근, 서경덕(徐敬德), 이언적(李彦迪), 이황, 기대승, 이이 등 사상과 철학에 관한 글이 번역되어 있다. 제 19장은 Buddhism으로 기화(己和), 김시습, 보우(普雨)와 휴정(休政)의 글이 수록되어 있다.

조선조 후기는 Donald Baker가 맡아, 제 20장은 Politics로 이익(李瀷), 유수원(柳壽垣), 박제가(朴齊家), 정약용(丁若鏞), 이중환(李重煥) 및 영조(英祖) 등의 글로 정치문제를 다르고 있다. 제 21장은 Refom Proposal로 유형원(柳馨遠), 이익, 정약용, 김육(金堉), 유수원, 박제가, 정약용 등의 실학적 개혁에 관한 고전을 소개하고 있다. 제 22장은 Encounter with the West라 하여 서양의 과학기술도입과 천주교(天主敎)에 관한 문제를 다루고 있는데 김육, 이익, 박지원(朴趾遠), 홍대용(洪大容), 안정복(安鼎福), 정조(正祖), 정하상(丁夏祥), 황사영(黃嗣永), 이항로(李恒老) 등의 글이 수록되어 있다. 제 23장은 Society라 하여 향약(鄕約), 노비(奴婢)와 서얼(庶孼)문제, 상속, 관리들의 부패, 민란(民亂) 등을 다루고 있는데 이이, 유형원, 이익, 유수원, 안정복 등의 글이 번역되어 있다. 제 24장은 Culture and National Identity라 하여 조선의 주체적인 자아의식을 나타내는 역사 문학 음악 등을 다루고 있는데 이익, 안정복, 유득공(柳得恭), 한치윤(韓致奫), 정내교(鄭來僑), 정약용, 허균(許筠) 등의 글이 수록되어 있다. 제 25장은 Confucianism이라 하여 호락(湖洛) 논쟁, 왕양명(王陽明)학의 도입 등을 다루고 있는데 여기에는 한원진(韓元震), 이간(李柬), 최한기(崔漢綺), 최명길(崔鳴吉), 정제두(鄭霽斗) 등의 글이 번역되어 소개되고 있다.

개항 이후 국권상실까지는 제 5부인 Modern Period에 속하여 Han-Kyo Kim이 편찬을 맡아 개화운동, 동학항쟁, 독립협회활동, 의병운동, 애국계몽운동 등을 취급을 하였는데 시간상 여기에 소개하지 않기로 하겠다.

조선왕조의 고전문헌 가운데 어느 것을 골라 번역할 것인가를 정하는 일은 쉬운 작업이 아니다. 우선 현존하고 있는 사료들이 너무 방대하기 때문에 그 가운데 무엇을 선택하여야 할 것인지가 매우 어려운 문제다. 조선왕조실록, 승정원일기, 비변사등록, 개인문집, 야사, 대중소설 등 문헌들이 각종각양으로 있다. 그리고 분야별로 어느 부분을 선택하여야할지라는 문제도 까다로운 일이다. 예를 들어 사상과 이념, 정치, 경제, 교육, 사회, 실학 등 어느 분야를 강조하거나 또 균형을 어떻게 둘 것인가 하는 것들이 있다. 그렇기 때문에 번역할 문헌을 선택하는 작업자체가 매우 큰일이다. 취사선택에 있어서 심사숙고(深思熟考)가 필요할 것이다.

"Sourcebook of Korean Civilization"과 "Sources of Korean Tradition"을 편찬하면서 내 나름대로 한국의 전통문화의 정수를 각 부문마다 균형있게 소개하려고 노력을 하였다. 그러나 그 뜻이 제대로 이루어진 결과가 나왔는지는 모르겠지만, 한 가지 아쉬운 점이 있다. 그것은 조선시대의 생활상에 관한 것이다. 비록 우리나라의 전통과 문화를 대표하는 고전을 소개하는 것이 주목적이었지만, 한편 조선시대를 통해 우리의 선조들이 실제로 어떠한 생활을 하였는가에 대해서는 좀 미비한 점이 있지 않나 한다. 나라의 제도와 사상에 치중하다보니 일반백성들의 실제 생활상에 대해서는 충분한 소개를 못한 것 같다. 그래서 앞으로 우리나라의 고전을 번역하려는 분들에게 부탁하고 싶은 것은 조선시대 일반대중들의 생활을 알릴 수 있는 문헌들을 소개해 주었으면 하는 것이다. 물론 여기에는 사료의 제한이 있을 것이다. 후세에 남아 현존하는 문헌은 양반과 선비 등 상류층의 인물들의 글이 대부분이다. 서민층에 관한 글이나 또는 그들이 직접 쓴 글들이 남아있는 것은 그렇게 많지 않다. 비록 그렇다 하더라도 어떻게 하든 일반인들이 생활하는 모습을 그리는 문헌들을 찾아 알려주었으면 좋겠다. 서민들의 생활도 우리의 전통인 것이다. 예를 들면 몇 년 전, 안동지방 어느 묘지에서 나온 글, 즉 아내가 죽은 남편을 보내면서 애타게 그리움을 표시한 한글 편지(제목은 지금 기억을 못하겠지만 안동대학교소장) 같은 것은 당시의 생활상을 아는데 중요한 사료가 된다.

끝으로 앞으로 한국의 고전을 번역을 하는데 유의해야할 점 두 가지를 지적하겠다. 첫째는 한국의 고전을 번역하여 출판하는 대상이 누구인가에 대해 유의해야 할 것이다. 무엇보다 중요한 것은 그들이 읽고 내용을 쉽게 이해할 수 있어야한다. 외국 사람들이 읽고 한국의 전통문화가 이러한 것이구나라고 할 수 있는 책을 저술해 내야한다는 것이다. 이를 위해서는 원문의 뜻에 충실하면서 그 내용을 충분히 전달하는 번역이라야 할 것이다. 또한 번역한 고전에 대한 설명과 해설이 제대로 잘 되어야 할 것이다. 그 문헌의 시대적 배경, 저자가 글에서 뜻하는 요점이 무엇이라는 것, 그러한 글을 쓰게 된 저자의 동기 등에 대한 설명과 주석이 잘 되어 있을 적에 외국인 독자들이 이해하기 쉬울 것이다. 그렇기 때문에 문헌의 배경과 역사적 의의를 모르고 한국어와 영어만 알고 번역하려면 문제가 있게 마련이다.

둘째는 번역하는 사람의 영어 문장력에 관한 것이다. 번역된 영어 문장이 서구의 대학에서 사용되는데 손색이 없어야 할 것이다. 여태까지 우리나라에서 영어로 번역된 책과 글들이 많이 나와 있는데, 그 중 상당히 많은 것들은 영어에 문제가 있다. 번역된 영어문장이 약하면 그 원전의 본질도 약하게 보이는 것이다. 퇴계나 율곡의 글도 번역된 영어가 부실하면 그들이 쓴 글도 부실한 것이다. 예를 들면 Shakespeare의 명문도 한글 번역자의 한국어실력이 고등학생 정도밖에 되지 못하면 번역된 Shakespeare의 문장도 고등학생의 글 정도밖에 되지 못할 것이다. 우리는 이를 명심하여야 할 것이다.

3부

한국 사상 자료 번역

서양 독자를 겨냥한 불교 원전의 번역: 한국 불교의 주석적 번역

리차드 D. 맥브라이드 2세(세인트루이스워싱턴대학교, 미국)
번역: 안세권(계명대학교 철학부)

한국의 불교 관련 자료들을 영어로 번역하는 작업은 비록 이 분야의 학자들이 많지 않음에도 불구하고 그 전망은 어느 때보다 높다. 20세기 후반부 동안 몇몇 중요한 텍스트에 대한 완역이 다양한 지적 맥락 속에서 산발적으로 이루어졌지만, 1990년대에 출판된 『한국문명원전(*Sourcebook of Korean Civilization*)』과 『한국전통문화원전(*Sources of Korean Tradition*)』에 실린 자료들은 한국 불교의 핵심적 텍스트에 대한 양질의 엄선된 번역물을 연구자와 비전문가들에게 최초로 제공하였다. 최근에 출판된 『한국의 종교 관행(*Religions of Korea in Practice*)』은 한국 불교의 자료를 보다 광범위한 독자들에게 제공할 것이다. 2007년 봄에는 오랫동안 기다려온 『원효전집(Collected Works of Wŏnhyo)』 첫 권이 마침내 선을 보였으며, 2008년에는 두 권이 더 출판될 예정이다. 중국 불교를 전공하는 저명한 학자들이 한국 선원의 기본 교재인 『사집(四集)』을 번역 중이다. 서양의 불교 학자들이 상당한 업적을 내고 있긴 하지만 아직도 많은 어려움이 남아있기 때문에, 한국의 불교학자들과 자주 교류를 하고 또 그들이 이루어 낼 많은 종류의 번역물을 접할 필요가 있다.

번역과 주석적 번역은 동아시아의 불교와 한국 불교가 발전해온 과정에 있어 장구하고도 중요한, 그러면서도 복잡한 역사를 가지고 있다. 이 논문에서 나는 번역과 주석적 번역을 구분할 것이다. 나는 '번역(translation)'을 일선 학교수업에서 사용할 목적으로 만들어진 선집에 수록된 전체 혹은 부분적 번역 및 발췌된 번역물을 포함하는 광범위한 자료를 포괄적으로 가리키는 용어로 사용하고자 한다. 내가 말하는 주석적 번역(high textual scholarship)이란 번역이라는 폭넓은 범주 안에 속한 보다 작고 엄밀한 소집단으로서, 이를테면 문학적, 역사적, 해석적 자료들에 대해 주석을 붙인 학술적 완역 작업을 의미한다.

문헌학적 관심을 갖고 한국 불교를 연구하는 젊은 학자로서 나는 한국 불교 자료의 번역과 주석적 번역에 대한 작금의 동향을 기술하기에 앞서서 우리가 명심해야할 몇 가지 주의사항들이 있음을 알게 되었다. 그 첫 번째는 비단 한국 불교 연구뿐만 아니라 미국에 있어 불교 연구의 특성을 반영하는 것이기도 하다. 간단히 말하면 그것은 21세기 초반 현재, 대부분의 젊은 학자들은 그들의 중요한 연구과제로서 주석이 달린 학술적 번역을 하지 않는다는 사실인데, 그 이유는 설사 그들이 불교학이나 종교학 분야에서 정년보장교수 트랙 자리를 찾는다할지라도 번역 작업을 출판한 책으로는 그 자리에 임용되지 못하는 일이 허다하기 때문이다. 이것은 미국 학계가 대개 여타의 영어권이나 서구의 학계(유럽, 호주 등)와는 달리 문헌학을 더 이상 학문연구의 이상으로 인정하지 않으며, 종교적 믿음이나 실천의 정확한 모형을 연구하는 것을 훌륭한 지적 전통의 한 양식으로 간주하지 않기 때문이다. 그 대신 학자들은 종교학의 여러 범주들과 이따금 (신비주의, 수도원 생활, 샤머니즘, '놀이'로서의 종교 등과 같은) 문제의 소지가 많은 용어들과 포스트모던 비평, 종교의례 연구, 젠더 연구 등에 편승해서 자신의 연구주제에 접근하고 있다. 다시 말해, 불교학 전문가들이 종교학이나 학문적 범위가 모호한 분야에서 일하는 그들의 동료들과 소통하는 것을 방관하는 지적 분위기가 이 분야를 지배하는 추세에 있다.

그렇다고 나는 주석적 번역이 별 대접을 받지 못하고 있으며 또 중요하지 않다고 주장하려는 것은 아니다. 사실 일부 가장 촉망받는 학자들은 작금의 동아시아 불교학이 원전을 토대로 한 철학적, 이론적 연구에서 벗어나 이론적 뒷받침이 없는 물질적 문화 및 관행 위주로 나아가고 있는 것에 대해 매우 안타까워하고 있다.[1] 오락과 최첨단 학습 도구, 그리고 인터넷이 지배하는 오늘날, 선정적 화제나 자극적 주제가 진지한 원전 연구와 번역보다 훨씬 더 주목을 끌고 있다. 한국 불교 자료에 대한 주석적 번역이나 다른 방식의 번역을 수행하기 위해선 많은 시간과 훈련이 필요하다. 학자들은 한문으로 된 불교문헌을 독해할 수 있어야 할 뿐 아니라 그들이 연구하는 문헌에 나오는 인물들에 대한 역사적, 지적 배경에 익숙해지고 관련 정보를 처리하는데 유능해져야 한다. 또한 한국과 일본 학계의 연구물과 다양한 참고 자료들을 활용할 수 있어야 한다.[2] 그런데 이러한 원전 연구

1) 예컨대 Robert M. Gimello, "Icon and Incantation: The Goddess Zhunti and the Role of Images in the Occult Buddhism of China," in *Texts in Asian Religions: Text and Context*, ed. Phyllis Granoff and Koichi Shinohara (Vancouver and Toronto: University of British Columbia Press, 2004), 239~246를 참조할 것.

2) 이 문제에 대해서는 Robert E. Buswell이 1997년 5월 30일 동국대학교에서 열린 국제원효학회 학술심포지움에서 발표한 "On Translating Wŏnhyo"에서 논의

에 관심을 가진 학자들은 흔히 시간적 제약 때문에 정년보장을 받기 이전에는 그러한 프로젝트에 몰입할 수가 없다. 아메리카 대륙에서 전통적인 동아시아 불교 자료를 독해하고 번역할 수 있는 교수나 연구원은 차치하고, 한국학 프로그램이나 그와 관련한 충분한 도서관 자료를 확보하고 있는 대학은 거의 없는 실정이다. 오직 북미의 몇몇 대학만이 대학원 차원에서 동아시아 불교나 한국 불교에 대한 주석적 번역을 수행할 수 있는 적절한 훈련을 제공하고 있을 뿐이다.

동아시아 불교에 대한 일반적 번역 작업과 주석적 번역에 종사하고 있는 학자들이 직면하는 근본적인 문제 중 하나는 한문으로 된 불교 전문 용어들을 영어나 다른 서양 언어로 바꾸는 것이다. 한국어, 중국어, 그리고 일본어로 된 많은 참고 자료들-사전, 안내서, 참고문헌목록-이 있지만, 과거에는 이런 용어들을 주로 산스크리트어나 프라크리트어로 옮기는 것을 선호했다. 그러나 동아시아 불교 문헌에 등장하는 많은 전문 용어들은 한어(漢語)의 형태로만 발견되고 또 용어들 자체가 동아시아적 맥락에서 상이한 의미를 담고 있기 때문에, 이러한 접근은 심각한 한계를 안고 있다. 예를 들면, 산스크리트어로 번역된 것은 상세한 용어해설과 기타 색인의 도움 없이는 비전문가들이 이해하거나 평가하기가 거의 불가능하다. 아울러 번역자마다 같은 용어를 서로 다른 영어 단어로 옮기는 경향이 있다. 예컨대 잘 알려진 용어인 '염불(念佛)'을 들 수 있다. 이 용어를 일부 번역자들은 재조합된 *buddhānusmrti*로, 다른 번역자들은 buddha-recollection, buddha-mindfulness, buddha-contemplation, buddha-recitation 등으

한 바 있다. 『원효사상체계와 원효전서 영역상의 제문제』(서울: 국제원효학회, 동국대학교, 1997), 68~74를 참조할 것.

로 옮기고 있다. 또 다른 사람들은 맥락을 무시하고 일본의 정토신앙 전통의 현대적 관례에 따라 "chanting the name of the Buddha Amitābha"로 번역하기도 한다. 한국의 불교 사상을 번역하는 사람들이 겪는 전문적인 어려움을 논하는 것은 이 논문의 목적이 아니다. 그러한 어려움은 빙산에 일각에 지나지 않는다.

한국 불교라는 분야는 서양 학계에서 비교적 역사가 짧고 또 이 분야를 연구하는 학자들의 수도 적기 때문에, 필자는 한국 불교를 연구하는 학자들이 성취한 업적을 중국이나 일본 불교 분야의 학자들이 낸 업적과 비교하여 저울질하는 것은 아주 공정하거나 생산적이라고 생각하지 않는다. 그럼에도 불구하고 필자는 몇 가지 비교를 하고자 한다. 내가 알고 있는 한국 불교 자료에 대한 모든 번역물에 대한 문헌 정보가 이 논문의 부록 1에 번역자의 이름이나 단체에 따라 수록되어 있기 때문에, 이에 대한 별도의 각주를 생략키로 한다. 아울러 근현대 한국 선불교 선사들과 일반 독자를 위한 불교지도자들의 설법을 번역한 출판물도 증가 추세에 있다. 이 문헌들에 대한 언급도 따로 하지는 않을 터인데, 내가 알고 있는 문헌들은 부록 2에 수록하였다.

한국 불교 번역의 현황

중국과 일본의 불교 문헌과 마찬가지로, 최초의 번역물 중 일부는 전기(傳記)와 여행에 관한 것들이었다.[3] 1969년에 피터 리(Peter H. Lee)가 주석

3) 예를 들어 Faxian 法顯(d. after 423)과 Sung Yün 宋雲(fl. 516~523)의 여행에

을 달고 번역한 『해동고승전(海東高僧傳)』(*T* 2065) [역자 주: 'T'는 일본에서 간행된 『대정신수대장경』의 약호임]은 일찌감치 한국 불교를 연구하는 학자들에게 학문적 탁월성의 모범이 되었다. 곧 이어서 1972년에 하태흥과 그래프턴 민츠(Grafton K. Mintz)가 일반독자를 위해 쉽게 풀이하여 번역한 일연(一然, 1206~1289)의 『삼국유사(三國遺事)』를 출간하였다. 내가 보기에는, 피터 리의 번역 스타일과 주석은 하태흥과 민츠가 사용한 방법보다 훨씬 뛰어나지만 내용면에서는 『삼국유사』의 원전이 『해동고승전』보다 훨씬 더 신뢰할 수 있으며, 또한 적어도 교카이(景戒, fl. 787)의 『일본영이기(日本靈異記)』를 두 개의 장(章)에 걸친 학술적 서문과 원전에 나오는 인물들에 대한 상세한 주석을 붙여 번역한 교토 모토무치 나카무라의 특징적인 수준을 참고할 때, 주석이 달린 학술적 번역을 할 가치가 있는 것이다.[4] 김달용이

대해서는 M. Abel Rémusat, *Revu, Completé, et Augmenté d'Eclaircissements Nouveauxsee par M. M. Klaproth et Landresse* (Paris, 1836); Samuel Beal, *Travels of Fa Hian and Sung Yün* (London, 1869; rpt. Susil Gupta, 1964), revised in *Buddhist Records of the Western World* (London, 1884); Herbert A. Giles, *The Travels of Fa-Hsien(399~414) or Record of Buddhistic Kingdom* (Shanghai and London, 1877; rpt. Cambridge, 1923); James Legge, *A Record of Buddhistic Kingdom* (Oxford: Clarendon, 1886); Edouard Chavannes, Voyage de Sung-Yün dans l'Udyana et la Gandhara (Hanoi, 1903)를 참조할 것. Xuanzang 玄奘(ca. 600~664)의 여행기는 Samuel Beal, *Life of Hiuen Tsiang by the Shamans Hwui Li and Yen Tsung* (London, 1888, rpt. 1911)을 참조할 것. Yijing 義淨(635~713)의 여행기는 Takakusu Junjirō, *A Record of the Buddhist Religion* (Oxford: Clarendon, 1896)에 실려 있고, 불법을 구하느라 서쪽으로 여행한 승려들에 대해 義淨이 쓴 전기는 Latika Lahiri, *Chinese Monks in India* (Dehli: Motilal Banarsidass, 1986; rpt. 1995)에 실려 있다. 845년의 회창 박해(Huichang suppression) 기간 동안 중국 내 신라 사찰에 은거한 Ennin 圓仁(793~864)의 여행기록은 Edwin O. Reischauer, *Ennin's Diary: The Record of a Pilgrimage to China in Search of the Law* (New York: The Ronald Press Company, 1955)와 *Ennin's Travels in T'ang China* (New York: The Ronald Press Company, 1955)에 수록되어 있다.

4) Kyoto Motomuchi Nakamura, trans. and ed., *Miraculous Stories from the*

2006년에 『삼국유사』의 새로운 영역을 출간하긴 했지만, 보다 학술적인 번역은 오랫동안 지연되고 있다.

서경보는 『조당집(祖堂集)』에 수록된 한국 선사들의 전기 중 상당 부분을 영역하여 1969년 자신의 박사학위 논문에 실었고, 이는 다시 1973년에 한국에서 출판되었다. 이후 1984년에는 양한승과 젠윈화가 주도한 일군의 학자들이 현존하는 혜초(惠超, ca. 704~780)의 『왕오천축국전(往五天竺國傳)』 단편에 대해 주석을 단 영역을 출판하였는데, 그 원본은 1908년 폴 펠리오(Paul Peliot)가 발견한 돈황(敦煌)의 문서들 속에 들어있던 것이다. 이 영역은 1939년에 출판된 발터 푹스(Walter Fuchs)의 독일어 번역본에 기초한 것이다. 1993년에는 애드리언 부조(Adrian Buzo)와 토니 프린스(Tony Prince)가 혁련정(赫連挺, 1075~1105)의 『균여전(均如傳)』에 주석을 붙인 영역본을 출판하였다. 최근에는 2002년에 베르너 사세(Wemer Sasse)와 안정희가 『월인천강지곡(月印千江之曲)』을 독일어로 번역하였는데, 이 작품은 세종대왕이 1447년에서 1450년에 걸쳐 자신이 발명한 한글을 사용하여 석가모니 부처의 일생을 그린 서사시다.

1970년대 후반과 1980년대에는 한국 불교 사상이라는 이름에 걸맞은 타이틀을 가진 번역물이 나타나기 시작했다. 박성배의 1979년 학위논문은 『대승기신론(大乘起信論)』(*T* 1666)에 대한 가장 영향력 있는 주석서 중 하나인 원효(元曉, 617~686)의 『대승기신론소(大乘起信論疏)』(*T* 1844)의 첫째 권에 대해 주석을 붙인 번역을 담고 있다. 『대승기신론』에 대한 원효의 세 편의 주석은 단언컨대 현존하는 원효의 주석 중 가장 중요한 것들이다. 박성배

Japanese Buddhist Tradition: The Nihon ryōiki of the Monk Kyōka (Cambridge: Harvard University Press, 1973; rpt., Surry, England: Curzon, 1997).

는 현재 그 주석들에다 다시 자신이 주석을 붙여 번역하는 작업을 진행 중인데, 이것들은 모두 필자가 조금 있다가 상세히 언급할 『원효전집(Collected Works of Wŏnhyo)』에 실릴 예정이다.

1980년대 초반에 데이비드 채플(David Chappell)이 주도한 일군의 학자들은 '불교번역세미나'라는 조직을 만들어 『체관(諦觀)』(d. 970)이 지은 『천태사교의(天台四教儀)』의 주석적 번역을 완료하였다. 서양학자들에게는 중국어 발음을 따라 *Tiantai sijiao yi*로 더 잘 알려진 이 작품이 번역된 주된 이유는–체관이 그 텍스트를 한문으로 작성하고 나서 죽은 다음 그의 중국인 제자들이 그의 유품에서 그것을 발견한 이래–그것이 중국 천태종 계열에서 가장 중요하고 근본적인 텍스트 중 하나로 남아 있었기 때문이다.

1985년에는 스티브 오딘(Steve Odin)이 의상(義湘, 625~702)이 지은 『화엄일승법계도(華嚴一乘法界圖)』(*T* 1887)의 번역을 과정 형이상학(process metaphysics)의 누적 침투 개념을 화엄의 사사무애(事事無碍) 개념과 비교하는 그의 저서의 부록으로 출판하였다. 1986년에는 리오 리(Leo Lee)가 『유심안락도(遊心安樂道)』(*T* 1965)를 완곡하게 풀어서 옮긴 불어 번역판을 출판했다. 정토사상이 담긴 이 텍스트는 일제강점기 때 처음으로 한국에 소개된 이후 점차로 대중화된 듯하다. 이 텍스트에 대해서는 여러 가지 학문적 견해가 있지만, 나의 입장은 아마도 그것은 10세기에 일본에서 만들어졌으나 작품의 전반부가 원효의 『무량수경종요(無量壽經宗要)』(*T* 1747)에서 발췌한 것이기 때문에 원효의 저작으로 간주되어 왔다는 것이다.[5] 한편 원효

5) Richard D. McBride II, "*Yu simallak to* (Traveling the Path to Mental Peace and Bliss): Annotated Translation and Introduction," *in Arouse Your Mind and Practice: Wŏnhyo's Pure Land, Edifying, and Didactic Texts*, The Collected Works of Wŏnhyo, vol. 3, ed. Robert E. Buswell, Jr. (Honolulu: University of Hawai'i Press, forthcoming, 2008).

의 유명한 에세이인 『십문화쟁론(十門和諍論)』은 오영봉의 박사학위논문의 주제였다. 그의 연구와 『십문화쟁론』의 주석적 영문 번역 및 한국어 번역은 한국학술진흥재단에 의해 1989년에 *Wŏnhyo's Theory of Harmonization*이라는 제목으로 출판되었다.

1983년에 출판된 로버트 버스웰(Robert Buswell)의 『한국의 선불교 연구: 지눌전서(*The Korean Approach to Zen: The Collected Works of Chinul*)』는 아직까지 한국 불교사상에 대한 주석적 번역의 가장 대표적인 사례로 꼽힌다. 이 영역본은 어떤 점에서는 구카이(空海, 774~835)의 주요 저술을 번역한 요시토 하케다의 작업과 비슷하지만 범위에 있어서는 훨씬 더 넓다.[6] 지눌(知訥, 1158~1210)의 저술 대부분에 대해 상세한 주석이 첨가된 번역을 수행한 이 전서에 들어 있는 저술 목록은 다음과 같다: 『권수정혜결사문(勸修定慧結社文)』, 『계초심학인문(誡初心學人文)』, 『수심결(修心訣)』, 『진심직설(眞心直說)』, 『염불요문(念佛要門)』, 『원돈성불론(圓頓成佛論)』, 『간화결의론(看話決疑論)』, 『법집별행록절요병입사기(法集別行錄節要並入私記)』. 『지눌전서』는 너무나 중요해서 버스웰이 번역한 지눌의 『수심결』, 『진심직설』, 『법집별행록절요병입사기』에다 서문이 첨가된 요약본이 1991년에 구로다연구소가 기획한 '동아시아 불교고전총서' 에 『광명을 찾아서(*Tracing Back the Radiance*)』라는 제목으로 재발간될 정도였다. 1988년에는 J. C. 클리어리(J. C. Cleary)가 완역한 태고보우(太古普愚, 1301~1382)의 『태고집(太古集)』이 출간되었다. 이 책은 샴발라출판사에서 나온 다른 선(禪) 서적들, 예컨대 토마스 클리어리(Thomas Cleary)와 J. C. 클리어리가 번역한 중국 송대(宋代)의 고전인 『벽암

6) Yoshito S. Hakeda, trans., *Kūkai: Major Works* (New York: Columbia University Press, 1972).

록(碧巖錄)』과 마찬가지로 전통적 선 수행에 관심을 가진 일반 독자들을 염두에 둔 것이었다.7)

앞에서 잠시 언급한 불교승려들의 인도여행기에 대한 연구와는 별개로, 문헌학적 연구와 주요 불교 경전-여기서 말하는 '경전'이란 경(經, sūtras)과 인도의 승려들이 지은 론(論)을 가리킨다-의 번역에 종사하는 학자들은, 근자에 그 영향력이 대체로 감소 추세에 있긴 하지만, 동아시아 불교 연구사에 있어 가장 훌륭하고 오랜 전통을 가지고 있다.8) 중국 불교를 연구하는 서양학자들이 원전을 번역할 때, 그들은 동아시아의 승려들이 경전에 붙인 주석들보다는 원래의 경전 자료를 바로 대상으로 삼는 경향이 있다. 간혹 가장 유명하거나 지적인 측면에서 중요한 경들이 전통적 중국 불교의 용어로 이른바 '의경(疑經)'이나 '위경(僞經)'으로 취급받아 왔다. 바로 이 분야에 대한 연구를 한 바 있는 로버트 버스웰은 보다 긍정적으로 '중국자생 불교경전(indigenous Chinese Buddhist scriptures)'이라는 표현을 제안하였다. 그런데 중국 불교의 위경 연구에 진출한 버스웰이 처음으로 해낸

7) Thomas Cleary and J. C. Cleary, trans., *The Blue Cliff Record* (Boston: Shambhala, 1977) 참조.

8) 학술적 번역의 이러한 감소 추세는 중국불교의 번역 목록을 보면 명확히 드러난다. 번역 목록은 Laurence G. Thompson, *Chinese Religion in Western Languages: A Comprehensive and Classified Bibliography of Publications in English, French, and German through* 1980 (Tuscan: University of Arizona Press for the Association for Asian Studies, 1985), 186~192; *Chinese Religions: Publications in Western Languages* 1981 *through* 1990, comp. Laurence G. Thompson, ed. Gary Seaman (Ann Arbor: The Association for Asian Studies, 1993), 136~138; *Chinese Religions: Publication in Western Languages*, Volume 3: 1991~1995, comp. Laurence G. Thompson, ed. Gary Seaman (Ann Arbor: The Association for Asian Studies, 1998), 101~102; *Chinese Religions: Publications in Western Languages,* Volume 4: 1996~2000, comp. Gary Seaman, Laurence G. Thompson, and Zhifang Song, ed. Gary Seaman (Ann Arbor: The Association for Asian Studies, 2002), 157~158 등을 참조할 것.

것은 이른바 『금강삼매경(金剛三昧經, *Vajrasamādhi Sūtra*)』(*T* 273)에 대한 상세한 연구와 주석이 붙은 번역이었다. 버스웰은 『금강삼매경』이 한국에서 초기에 선불교를 지지한 사람으로서 아마도 중국초기 선불교의 여러 역사적 흐름들에 정통하면서 당시 동아시아 불교학계에서 6세기에서 8세기에 걸쳐 크게 유행했던 여래장(如來藏, Tathāgatagarbha) 사상을 발판으로 삼아 이 흐름들을 융합할 수 있는 토대 경전을 제공하고자 한 신라의 승려 법랑(法朗)과 같은 인물에 의해 작성되었음을 설득력 있게 논증하였다. 버스웰의 연구는 찬녕(贊寧, 919~1001)이 『송고승전(宋高僧傳)』(*T* 2061)에서 기록한 원효 전기의 중요성을 강조한다. 그 전기에는 그 당시까지 '용이 보호'해 오던 이 경이 기적적으로 발견된 이야기와 함께 그것이 중국으로 들어오기 이전에 원효가 그 경에 주석을 붙였다는 내용이 상세히 거론되어 있다. 이 문제에 대한 버스웰의 연구는, 비록 그가 내린 결론이 마치 법랑이 그 위경의 저자임을 결정적으로 증명했다는 식으로 잘못 받아들여지긴 했지만, 한국에 잘 알려져 있다.

1999년에 찰스 뮬러(A. Charles Muller)는 명상 수행자들을 염두에 두고 『원각경(圓覺經)』(*T* 842)의 번역본을 출판했다. 현대의 학자들은 이 경전이 중국 불교의 위경임을 밝혔으며, 또 그것은 중국인 승려가 자국의 불교도들을 위해 저술했을 개연성이 있기 때문에 중국과 한국의 선불교 전통에 있어 매우 중요한 위치를 차지한다. 뮬러의 영역본이 한국 불교 사상과 관련성이 있다고 볼 수 있는 근거는 그의 번역이 조선 초기 승려인 기화(己和; 함허득통(涵虛得通), 1376~1433)가 지은 『대방광원각수다라요의경설의(大方廣圓覺修多羅了義經說誼)』(*HPC* 제7권) [역자 주: *'HPC'*는 동국대학교 출판부에서 펴낸 『한국 불교전서』의 약호임]를 거의 대부분 영어로 옮기는 과정에서 준비되었다는 것이다. 부록에서 뮬러는 기화의 수정본을 참조해서 『원각경』을 완전히 새로 번역하였다.

2006년에는 법정(法頂)과 현각(賢覺) 두 승려가 조선 시대의 서산대사(西山大師; 휴정(休靜), 1520~1604)가 선불교 수행자들을 위해 지은 유명한 지침서인 『선가귀감(禪家龜鑑)』(*HPC* 제7권)을 번역하였다. 그것은 그 원본에 대한 법정의 한국어 번역본을 현각이 다시 영어로 옮긴 것이다. 법정은 수필을 많이 쓰는 분이고, 현각의 영역은 서양의 선 수행자들에게 도움을 주기 위해 마련된 것이기 때문에, 이 번역본은 주석적 번역이라고 볼 수 없고, 대신에 원전에 대한 유용한 안내서가 될 수는 있다.

1990년대에 들어와 피터 리(Peter H. Lee)가 편집한 『한국문명원전(*Sourcebook of Korean Civilization*)』(제 1권 1993; 제2권 1996)과 피터 H 리, 최용호 등이 편집한 『한국전통문화원전(*Sources of Korean Tradition*)』(제1권 1997; 제2권 2001)이 출판되면서 학자들은 한국학을 공부하는 학생들에게 큰 힘을 보태주었다. 이 두 세트의 원전은 드 베리(W. Theodore de Bary)가 편집하고 컬럼비아대학 출판부에서 간행해서 대성공을 거둔 '아시아문명입문총서'의 최종 회분이면서 그 총서에 이미 들어있는 중국철학의 원전과 역사의 장점을 본 딴 것이다.[9] 주지하다시피, 두 원전 세트는 한국 지성사에 등

---

9) 이 총서에는 Fung Yu-lan, *A Short History of Chinese Philosophy*, trans. and ed. Derk Bodde (New York: The Free Press, 1948); Feng, *A History of Chinese Philosophy, Volume I: The Period of the Philosopher*, 2nd ed., trans. and ed. Derk Bodde (Princeton: Princeton University Press, 1952); Feng, *A History of Chinese Philosophy, Volume II: The Period of the Classical Learning*, trans. and ed. Derk Bodde (Princeton: Princeton University Press, 1953); Wing-tsit Chan, comp. and trans., *A Source Book in Chinese Philosophy* (Princeton: Princeton University Press, 1963). See also, *Sources of Indian Tradition*, 2 vols. (New York: Columbia University Press, 1958, 2nd. ed.,

장하는 다양한 원전들로부터 발췌한 문헌들을 간단한 해설을 곁들어서 번역한 것이다. 각 세트의 첫째 권은 고대에서부터 1600년까지의 자료를 수록하고 있기 때문에 한국 불교의 측면에서 볼 때 매우 가치가 있다. 불교에 관련된 인물들의 전기를 번역한 것은 그 이전에도 구할 수 있었지만, 이 번역이 나옴으로써 비로소 한국 불교 사상에 매우 숙달된 전문가들이 아니면 오랫동안 접근이 불가능했던 해설이 붙은 자료가 널리 빛을 보게 되었다. 이 번역물 덕분에 한국 불교를 학부과정에서 가르치는 것이 더 체계적이고 보람 있는 일이 되었다.

로버트 버스웰이 편집한 『한국의 종교 관행(Religions of Korea in Practice)』은 도날드 로페즈 2세(Donald S. Lopez, Jr.)가 총괄 편집의 일을 맡고 있는 '프린스턴종교선집총서'의 최종 회분이다. 이 책의 앞 150여 쪽은 한국의 불교 수행자들의 관습과 이해가 담긴 다양한 종류의 문헌들-경전, 역사, 문학-에 대한 번역물들로 구성되어 있다. 삼국시대와 통일신라, 그리고 고려 시대의 불교도 및 불교 의식에 대한 번역 자료에는 일연의 『삼국유사』, 도선(道宣, 596~667)의 『속고승전(續高僧傳)』(*T* 2060), 정인지(鄭麟趾, 1396~1478) 외의 『고려사(高麗史)』, 김종서(金宗瑞, 1390~1453) 외의 『고려사절요(高麗史節要)』, 서거정(徐居正, 1420~1488) 외의 『동문선(東文選)』 등으로부터 발췌한 것들이 포함되어 있지만, 조선 후기와 현대의 자료들은 최근에 출판된 서적과 선집에서 발췌하였다. 비록 이들 번역물-이를테면 인과응보에 대한 불교 고유의 노래, 불교의 액막이 의식, 태교에 대한 선사의 가르침 등에

1988), *Sources of Japanese Tradition,* 2 vols. (New York: Columbia University Press, 1958, 2nd. ed. 2001); *Sources of Chinese Tradition* (New York: Columbia University Press, 1960; issued in 2 vols., 1964; 2nd ed. vol. 1, 1999; 2nd ed. vol. 2, 2000)등이 들어 있다.

대한 번역물-은 전통적 의미의 주석적 번역은 아니지만, 우리들은 이를 통해 불교수행자들이 자신의 메시지를 전파하고 신도들을 교육함에 있어 어떻게 관련 문헌들을 활용했는지 일별할 수 있다.

현재와 미래의 과제

현재 진행 중인 가장 유망한 주석적 번역 사업 중 하나는 『원효전집(Collected Works of Wŏnhyo)』 영역 프로젝트이다. 도합 다섯 권이 출간 기획된 이 프로젝트를 주창한 박성배는 동국대학교의 전 총장과 함께 이 사업을 착수한 공로를 인정받을 만하다. 이 전집의 간행은 하와이대학 출판부가 맡았다. 그 첫째 권은 원효의 『금강삼매경론』에 대해 로버트 버스웰이 주석적 번역을 하고 학술적 서문을 붙인 것으로 2007년 4월에 출간이 되었다.[10] 2008년 초에 출간 예정인 둘째 권은 유식불교문헌에 대한 원효의 주석에 대한 주석적 번역인데 찰스 A. 뮬러와 깜뚜 구엔(Cuong-Tu Nguyen)이 편집을 맡았다.[11] 셋째 권은 2008년 후반부에 출간 예정으로, 정토신앙에 대한 원효의 해석에 필자가 주석이 붙은 번역 작업을 한 것과 조은수가 맡은 『범망경보살계본사기(梵網經菩薩戒本私記)』와 유명한 『발심수행장(發心

10) Robert E. Buswell, Jr., *Cultivating Original Enlightenment: Wŏnhyo's Exposition of the Vajrasamadhi-Sūtra*(Kŭmgang Sammaegyŏng Non). The Collected Works of Wŏnhyo, vol. 1 (Honolulu: University of Hawai'i Press, 2007).

11) Charles A. Muller and Cuong-Tu Nguyen, eds., *Wŏnhyo's Yogācāra Philosophy,* The Collected Works of Wŏnhyo, vol. 2 (Honolulu: University ofHawai'i Press, forthcoming 2008).

修行章)』 같은 교훈적 저술들에 대한 번역을 담고 있다.12) 박성배가 편집하는 넷째 권은 차후 동아시아 불교 사상가들에게 가장 큰 영향력을 끼친 것으로 평가되는 원효의 유명한 『대승기신론소』에 대한 주석적 번역을 포함한다. 다섯째 권은 조성택이 편집을 맡았는데, 『종요(宗要)』의 나머지 저술들이 포함될 예정이다.

한편 로버트 버스웰은 중국선불교를 연구하는 미국의 선도 학자들과 함께 또 다른 번역 사업에 관여하고 있다. 이 프로젝트는 한국의 선사상을 연구하는 학자들뿐만 아니라 동아시아 선불교 일반을 연구하는 학자들에게도 관심거리가 될 것인데, 그 이유는 이것이 『사집과(四集科)』에 대한 주석적 번역 작업이기 때문이다. 한국 선원의 수행승들을 위한 전통적 교육과정은 17~18세기 동안 체계화되었고, 최근에는 일부 학자들의 주목을 받기도 하였다.13) 모두 네 부분으로 구성된 이 전집의 내역은 다음과 같다: (1) 대혜종고(大慧宗杲, 1089~1163)의 『서장(書狀)』-미리엄 레브링(Miriam Levering) 번역; (2) 규봉종밀(圭峰宗密, 780~841)의 『도서(都序)』-피터 그레고리(Peter N. Gregory) 번역; (3) 고봉원묘(高峰原妙, 1238-1295)의 『선요(禪要)』-로버트 버스웰 번역; (4)지눌(知訥, 1158~1210)의 『절요(節要)』-로버트 버스웰 번역. 이 번역서들은 저명한 '구로다불교연구원 모노

12) Robert E. Buswell, Jr., ed. *Arouse Your Mind and Practice Wŏnhyo's Pure Land, Edifying, and Didactic Texts*, The Collected Works of Wŏnhyo, vol. 3 (Honolulu: University of Hawai'i Press, forthcoming 2008).

13) Hee-Sung Keel, *Chinul: The Founder of the Korean Sŏn Tradition*. Berkeley Buddhist Studies Series, no. 6 (Berkeley: Center for South and Southeast Asian Studies and Seoul: Po Chin Chai, Ltd., 1984), 175~178; Robert E. Buswell, Jr., *The Zen Monastic Experience: Buddhist Practice in Contemporary Korea* (Princeton: Princeton University Press. 1992; rpt. 1994), 95~102.

그래프 총서'에 포함되어 한 세트로 나올 예정인데, 출판은 하와이대학 출판부가 맡는다.

글을 마치며

서울대학교 출판부에서 기획한 『한국철학자료집』은 해석을 요하는 중요한 역사적 자료들에서 발췌한 것에 대해 학생들이 보다 쉽게 접할 수 있도록 주석적 번역 작업을 한 것으로 한국 불교를 연구하는 학생들과 학자들을 양성하는데 소중한 공헌을 하고 있다. 현재 두 권이 나와 있는데, 이들은 삼국과 통일신라, 그리고 고려시대의 불교 자료를 모은 인상적인 선집이다.[14] 유교와 같은 한국 전통 사상의 다른 측면을 취급한 자료집도 준비 중인 걸로 짐작한다. 앞으로 조선시대와 일제강점기 및 그 후 기간 동안의 불교 자료들을 취급한 자료집도 추가로 나오길 희망한다. 이러한 자료집은 한국 불교 전통의 여러 측면을 탐구하는 서양 학자들에게 큰 도움이 될 것이다.

이제 필자는 한국의 학자들이 우리 서양의 동료 학자들에게 새로운 조망을 보여줄 수 있는 몇몇 분야를 언급함으로써 이 글을 끝맺고자 한다. 지금부터의 내용은 서양에서 필자와 동시대에 한국 불교를 연구하는 소수의 학자들의 의견을 들어보지 않고 그냥 필자 개인의 이기적인 바람과 관심을 적은 것이다. 첫째, 조선후기-대충 17세기에서 19세기 후반까지-의 불교

14) 허남진 외, 『삼국과 통일신라의 불교사상(한국철학자료집: 불교편 1)』(서울: 서울대학교 출판부, 2005); 심재룡 외, 『고려시대의 불교사상(한국철학자료집: 불교편 2)』(서울: 서울대학교출판부, 2006).

는 학자들의 연구가 상대적으로 부족한 분야이기 때문에, 이 시기에 씌어진 잘 알려지고 영향력이 있는 문헌에 대한 한글 번역을 접할 수 있으면 좋겠다. 조선시대 불교에 대한 한국 학자들의 번역이 최근 들어 조금씩 늘어나고 있긴 하지만, 서양 학자들은 이들 자료가 한국 문화 전통의 주류와 어떤 관련이 있는지 잘 모르기 때문에, 이에 대한 연구를 기피해온 것이 사실이다. 일례를 들면, 필자는 범해각안(梵海覺岸, 1820~1896)이 지은 『동사열전(東師列傳)』에 대한 비학문적 완역을 제외하고는 조선후기 불교자료에 대한 어떠한 한글 번역물도 알지 못한다.[15] 앞에서 언급한 바 있는 불교의 의식은 현재 학계의 관심을 받고 있는 분야다. 조선시대에 필사본이나 목판본 형식으로 제작된 불교의식 자료는 한반도 곳곳에 있는 많은 사찰들에 보관되어 있다. 그 일부는 『한국 불교전서』를 통해 간행이 되었지만 대부분은 아직 미간행 상태이다.[16] 간행작업이 진행 중인 이 총서는 수행승과 평신도들이 부처와 보살들에게 올리는 제식 공양에 수반된 여러 관행들에 대한 중요한 통찰을 제공한다. 이러한 관행은 그와 관련된 교리에 대한 적절한 문헌 자료가 뒷받침될 경우 조선시대 불교가 지닌 보다 다양한 색깔을 보여줄 것이다. 이러한 자료의 연구는 조선시대의 불교의례 및 관련 사상이 고려 초기의 그것과 밀접한 연속성이 있음을 보여주리라 믿는다. 이 자료들을 강조하는 또 다른 중요한 이유는 그것이 조선조의 배불 정책에도 불구하고 한국의 불교도들이 동아시아 불교의 일반적 전통에 지속적으로 참여해왔음을 증명하기 때문이다.

15) 여섯 개 장으로 구성된 『동사열전』은 *HPC* 10:995a–1075b; 梵海, 『東師列傳』, 金侖世 譯(서울: 광제원, 1991)에 실려 있다.

16) Henrik H. Sørensen, "A Bibliographical Survey of Buddhist Ritual Texts from Korea," *Cahiers dExtrêm-Asie* 6(1991~1992): 159~200.

아울러 불교의례 연구의 중요성을 이처럼 강조한 결과인지, 필자를 포함한 일부 학자들은 밀교를 동아시아 불교 내에서 뚜렷하거나 독립적인 전통을 가진 것으로 보고 이에 대한 비판적인 재평가에 착수하였다. 이러한 형태의 불교가 신라시대에 처음으로 받아들여지고 이어서 고려시대 사람들에 의해 이해되어진 방식은 그것이 어떻게 한자문화권에 살고 있는 불교도들에 의해 인식되어졌는가를 알 수 있는 중요한 실마리가 된다. 이러한 맥락에서 불가사의(不可思議, 8세기에 활동)가 지은 『대비로자나경공양차제법소(大毘盧遮那經供養次第法疏)』(*T* 1797; *HPC* 제 3권)의 주석적 번역은 매우 유용하다.[17]

한국 불교학 분야는 한국과 일본을 벗어나서 보면 아직 규모가 작기 때문에, 우리는 특히 주석적 번역에 관해서는 아시아의 동료 학자들이 내어놓는 연구 성과에 계속 의존할 것이다. 일반적 번역과 주석적 번역 작업을 할 때 우리는 분명히 아시아권의 언어로 된 주요선행연구에 의존하고 있으며, 이러한 사실에 늘 감사함을 느낀다. 훨씬 신속하고 편리해진 의사소통 수단과 전자문헌과 같은 중요한 기술적 발전을 토대로 하여, 앞으로 공동연구과제, 특히 문헌 자료와 번역을 다루는 공동연구과제들을 함께 수행할 기회를 많이 가졌으면 한다. 과거 사십년 동안 점진적으로 모멘텀이 형성되어왔고, 우리는 바야흐로 한국 불교의 영역 사업이라는 시대적 요청의 최첨단에 서 있다.[18]

---

17) 이 주석의 발췌 일부가 허남진 외, 『삼국과 통일신라의 불교사상』, 292~297에 실려 있다.

18) [역자 주] 이 글을 번역하는 과정에서 귀중한 조언을 해 준 김종명 교수(한국학중앙연구원)께 감사드린다. 그러나 부족한 이 번역에 남아 있을지 모르는 모든 잘못은 역자의 몫이다.

Buddhist Translation Seminar of Hawai'i, trans. *T'ien-t'ai Buddhism: An Outline of the Fourfold Teachings.* Honolulu: University of Hawai'i Press, 1983. [체관의 『천태사교의』의 주석적 번역]

Buswell, Robert E., Jr., ed. *Cultivating Original Enlightenment: Wŏnhyo's Exposition of the Vajrasamadhi-Sūtra*(Kŭmgang Sammaegyŏng Non). The Collected Works of Wŏnhyo, vol. 1. Honolulu: University of Hawai'i Press, 2007.

———. "Hagiographies of the Korean Monk Wŏnhyo." In *Buddhism and Practice,* edited by Donald S. Lopez, Jr., 553~562. Princeton Readings in Religions. Princeton: Princeton University Press, 1995.

———. *The Korean Approach to Zen: The Collected Works of Chinul.* Honolulu: University of Hawai'i Press, 1983.

———, ed. *Religions of Korea in Practice.* Princeton: Princeton University Press, 2007.

———. *Tracing Back the Radiance: Chinul's Korean Way of Zen.* Honolulu: University of Hawai'i Press, 1992.

———, ed. *Arouse Your Mind and Practice: Wŏnhyo's Pure Land, Edifying, and Didactic Texts.* The Collected Works of Wŏnhyo, vol. 3. Honolulu: University of Hawai'i Press, forthcoming 2008.

Buzo, Adrian, and Tony Prince, trans. *Kyunyŏ-jŏn: The Life, Times and Songs of a Tenth Century Korean Monk.* University of Sydney East Asian Series 6. Canberra: Wild Peony, 1993.

Ch'oe Yong-Ho, Peter H. Lee, and Theodore de Bary, eds. *Sources of Korean Tradition, Volume Two: From the Seventeenth Century to the Modern World.* New York: Columbia University Press, 2000. [불교관련 장(章)들]

Cleary, J. C. [Jonathan Christopher]. *A Buddha from Korea: The Zen Teachings of T'aego.* Boston: Shambala, 1988.

Fuchs, Walter, trans. *Huei-chào's Pilgerreise durch Nordwest-Indien und Zentral-Asien um 726.* Berlin: Verlag der Akademie der Wissenschaften, 1939.

Ha Tae-Hung and Grafton K. Mintz, trans. *Samguk Yusa: Legends and History of the Three Kingdoms of Ancient Korea.* Seoul: Yonsei University Press, 1972.

Kim Dal-Yong, trans. *Overlooked Historical Records of the Three Kingdoms.* Seoul: Jimoondang, 2006.

Lee, Leo. *Le maître Wôn-hyo de Sil-la du VIIè siIècle: Sa vie, ses écrits, son apostolat.* Seoul: Librarie Catholique, 1986. [61~88쪽에 『유심안락도』의 번역 수록]

Lee Peter H., trans. *Lives of Eminent Korean Monks: The Haedong Kosŭng Chŏn.* Harvard-Yenching Institute Studies, no. 25. Cambridge: Harvard University Press, 1969.

Lee, Peter H. and Theodore de Bary, eds. *Sourcebook of Korean Civilization, Volume 1: From Early Times to the Sixteenth Century.* New York: Columbia University Press, 1993. [불교 관련 장(章)들]

———. *Sources of Korean Tradition, Volume One: From Early Times through the Sixteenth Century.* New York: Columbia University Press, 1997. [불교관련 장(章)들]

Lee, Peter H. et al., ed. *Sourcebook of Korean Civilization, Volume 2: From the Seventeenth Century to the Modern World.* New York:

Columbia University Press, 1996. [불교관련 장(章)들]

Lew, Walter Kyu-sung. "Against Counting Up The Verses: An Analysis and Translation of the *Haein sammae-ron*, a Silla Treatise on the Oceal Seal Samàdhi." M.A. thesis, University of California, Los Angeles, 1992.

Muller, A. Charles, trans. *The Sutra of Perfect Enlightenment: Korean Buddhism's Guide to Meditation(with Commentary by the Sŏn Monk Kihwa)*. Albany: State University of New York Press, 1999.

———, and Cuong-Tu Nguyen, eds. *Wŏnhyo's Yogācāra Philosophy*. The Collected Works of Wŏnhyo, vol. 2. Honolulu: University of Hawai'i Press, forthcoming, 2008.

Odin, Steve. *Process Metaphysics and Hua-yen Buddhism*. Albany: State University of New York Press, 1985. [부록 189~213쪽에 의상의 『화엄일승법계도』 번역 수록]

Oh Young Bong(Oh Bup An). *Wonhyo's Theory of Harmonization(Wŏnhyo ŭi hwajaengsasang yŏn'gu)*. Seoul: Korea Research Foundation, 1989. [현존하는 『십문화쟁론』 단편에 대한 연구와 번역 수록]

Park Sung Bae. "Wonhyo's Commentaries on the Awakening of Faith in Mahayana." Ph.D. diss., University of California Berkeley, 1979. [원효의 『대승기신론소』의 일부 번역 수록]

Sasse, Werner and Jung-hee An, trans. *Der Mond Gespiegelt in Tausend Flüssen: Das Leben des Buddha Gautama in Verse gesetzt im Jahre 1447 von König Sejong*(Wŏrhin ch'yŏn'gang chi k'ok ssang). Seoul: Sohaksa Verlag, 2002. [『월인천강지곡』의 독일어 번역]

Seo, Kyung-bo. *A Study of Korean Zen Buddhism Approached Through the Chodangjip*. Ph.D. diss., Temple University, 1969. Rpt. Seoul: Poryŏngak, 1973. [『조당집 』의 일부 번역 수록]

Sŏsan Taesa, Pŏpchŏng, and Hyŏn'gak. *The Mirror of Zen: The Classic Guide to Buddhist Practice by Zen Master So Sahn*. Boston: Shambhala, 2006.

Yang Han-sung et al., trans. *The Hye Ch'o Diary: Memoir of a Pilgrimage to the Five Regions of India*. Berkeley: Asian Humanities Press, 1984.

부록 2: 현대 선사들의 설법자료

Daehaeng Sunim. *No River to Cross, No Raft to Find*. Anyang, South Korea: Hanmaum Seonwon, 2005.

. *Wake Up and Laugh*. Anyang, South Korea: Hanmaum Seonwon, 2005.

Kim Jae Woong. *Polishing the Diamond, Enlightening the Mind: Reflections of a Korean Buddhist Master*. Boston: Wisdom Publications, 1999.

Kusan Sunim. *The Korean Way of Zen*. Translated by Martine Fages, edited with an introduction by Stephen Batchelor. Tokyo: Weatherhill, 1985.

. *Nine Mountains: Dharma Lectures of the Korean Meditation Master Ku San*. Seoul: International Meditation Center Song Kwang Sa Monastery Chogye Chonglim, 1976; rpt. 1978.

Song-chol(Sŏngch'ŏl). *Echos from Mt. Kaya*. Edited by Won-tek(Wŏnt'aek) and trans. by Brian Barry. Seoul: Lotus Lantern International Buddhist Center, 1988.

Sungsan Tae Sŏnsa, and Hyŏn'gak. *The Compass of Zen=[Ch'an Lo Chen P'an]*. Boston: Shambhala, 1997.

Sungsan Tae Sŏnsa. *Dropping Ashes on the Buddha: The Teaching of Zen Master Seung Sahn*. New York: Grove Press: distributed by Random House, 1976.

———, and Paul Muenzen. *Wanting Enlightenment Is a Big Mistake: Teachings of Zen Master Seung Sahn*. Boston: Shambhala, 2006.

Tae-heng [see also Daehaeng Sunim]. In Search of the Genuine "I": The Korean Buddhist Teachings and Sayings of Tae-Heng Se Nim. Seoul: Lotus Flower, 1989.

———. Teachings of the Heart: Zen Teachings of Korean Woman Zen Master Tae Heng Se Nim. Occidental, Cal.: Dai Shin Press, 1990.

성리학 번역의 어려움: 단어의 결핍으로 전통을 죽이다

마이클 C. 칼튼(타코마 워싱턴대학교, 미국)
번역: 김중순(계명대학교 한국문화정보학)

조선 성리학의 5백년 역사에서 만들어진 언표 가운데 가장 유명한 것은 아마도 "사단의 경우, 理가 발하면 氣가 따르게 된다" 혹은 "원리가 생기면 물질적 힘이 그 뒤를 따르게 된다"(理發而氣隨之)는 주장일 것이다. 이런 대담하고도 통찰력 있는 분석은 생생하고도 신랄한 논쟁을 불러일으켜 그 이후 3세기 동안 수 천 수 만의 논쟁을 뒤따르게 할 만큼 분명한 흔적을 남기게 되었다.

사실상 이 문장은 한국에서 학교에 다니는 어린 아이들조차 익히 아는 바여서 민족적 자긍심을 확보하는데 성공한 경우라고 할 수 있다. 퇴계(退溪) 이황(李滉)은 고봉(高峰) 기대승(奇大升)과 이 문제에 대해 수년 동안이나 심도 깊은 논쟁을 벌인 덕분에 바로 이 문장과 더불어 자신의 얼굴과 이름이 유명해지게 되었다. 하버드 대학의 뚜웨이밍(Tu Wei-ming) 같은 성리학

전문가들 사이에서는 이런 명제를 도출해 낸 이 집중적인 논쟁이야말로 아마도 가장 정교하고도 장기간 동안 지속된 대표적인 포괄적 지성의 교류로 인정받는 것이다. 율곡(栗谷) 이이(李珥)와 우계(牛溪) 성혼(成渾) 사이에서 벌어진 논쟁과 비교해 볼 수 있을 것이다. 이런 경우는 성리학의 다른 어느 전통에서도 찾아볼 수 없는 것이다. 나는 성리학 연구에 힘쓰고 있는 동료 학자들인 김옥숙, 박성배, 노영찬, 뚜웨이밍, 세뮤얼 야마시타 등과 함께 바로 이 편지 글을 *The Four-Seven Debate*(사칠논쟁, NY. Suny Press, 1994)라는 제목으로 공동번역을 해서 출판한 바 있다. 부제로는 "An Annotated Translation of the Most Famous Controversy in Korean Neo-Confucian Thought"(한국 성리학에 있어서 가장 유명한 논쟁에 대한 주해 번역)이라고 달았다.

'가장 유명한' 이라고 했지만 사실은 아직까지도 그것이 무엇인지는 분명치 않다. 서구에서는 몇몇 전문가들 외에는 그게 뭔지 모르고 있고 심지어 한국에서도 특별한 학문적 연구를 하는 사람들이 아니면 모르는 형편이다. '가장 유명한 논쟁' 이라고 하는 것은 사실 학계나 지성계에서는 그저 상투적인 표현에 지나지 않아 비판을 받고 있다. 그것은 문제를 더 혼란스럽게 만들어 난해하고 비생산적인 지적 담론을 도출해 내고 실제 세계와는 무관한 이야기들만 늘어놓기 때문이다. 내가 '서구에서 알려지지 않았다' 라고 했을 때, 그것은 단순히 알려지지 않았다는 말이다. 그런데 '한국에서 알려지지 않았다' 라고 한다면, 그 논쟁 가운데 있는 단어나 혹은 주창자들이 별로 대수롭지 않다 할지라도 명료성이 부족하여 대부분의 사람들이 제대로 이해를 못한다는 말이 된다. 사실 사칠논쟁에 관한 진짜 질문은 그 자세한 내용이 어떠한가에 있다기보다 왜 지적, 정신적 선배들이 이 사안을 그토록 중요시하고 몰두했는가 하는 것이다.

내가 여기서 말하고자 하는 바는 우리가 일반적으로 말하는 '번역'이라고 하는 측면에서 <사칠논쟁>은 이미 여러 차례 한문에서 한글로 번역된 바 있고 지금은 영어로도 번역이 이루어졌지만 논쟁 자체의 번역이 이루어졌다고 말하기는 어렵다는 것이다. 다시 말해 그 본래의 뜻이 한국어 독자나 영어 독자에게 충분히 전달되지 않았다는 말이다. 텍스트를 문제로 삼는 사람들은 원래가 어렵고 난해한 문제일 뿐이라고 할 것이다. 그것은 마치 칸트나 하이데거의 글을 읽을 때 보통 사람들이 쉽게 이해하거나 뜻을 파악하지 못하는 경우와 같다. 그러나 칸트나 하이데거와 동시대 사람들은 자신의 생각을 펼칠 수 있는 출구를 찾기 어려웠다. 그것과 달리 퇴계와 고봉, 율곡과 우계가 펼친 담론은 수세대에 걸쳐서도 선비들이 매달리기에 충분히 광범하고 매력적이었다. 그들의 깊은 전문성에 관해서는 아니라 할지라도 세상을 향한 창구로써 그리고 그들의 내면적 삶을 들여다 볼 수 있는 창구 노릇을 한 기본적인 개념들은 이해할 수가 있는 것이다.

성리학 전문사전은 어려운 용어들을 폭넓게 싣고 있다. 그러나 理와 氣는 번역 문제에 있어서 핵심에 해당하는 부분이다. 이 단어만 제대로 의미를 찾을 수 있으면 다른 부분은 모두 저절로 이해가 된다. 확실히 이들 단어들은 '번역불가 단어'의 목록에 속하는 것들이다. 우리가 보통 특수한 문화적 관점에 깊숙이 뿌리박힌 것으로 인식하는 용어들은 다른 문화적 배경에서는 자기들의 단어로 바꿀 수가 없음을 알 수 있다. 이것이 바로 모든 번역가들이 직면하게 되는 공통적인 '번역의 문제'인 것이다.

理와 氣가 이런 '번역불가' 목록에 들어가는 것이 사실이긴 하지만 그것은 단지 문제의 표면에 지나지 않는다. 불교의 경우 번역이 불가능한 단어로 가득하다. 그러나 예를 들어 'sunya'라고 하는 단어는 '공'(空; emptiness)이라는 단어로 대단히 부적절하게 차용된 용어라고 할 수 있다. 이 단어로 말미암아 '공'에 대한 책과 논문들로 자그마한 도서관이 하나 생길 정도가 되었다. 심지어 거기에는 그것을 세분화시켜 심리학과 기독교 신학에까지 확대를 시킨 것도 있다. 쿤달리니 요가는 우리에게 '챠크라'(chakra)라는 용어를 소개했는데 이 용어는 분명 번역이 불가능한 단어이지만 신참 요가 수행자들 사이에서는 이미 널리 사용되어 왔다. 사실 우리도 理氣와 관련해서는 충분히 적절한 단어를 사용하고 있는 경우가 있다. 오늘날 동아시아의 격투기 수행자들은 氣라고 하는 단어를 자연스럽게 사용하고 있다. 물론 그에 반해서 理는 그다지 많이 사용되지 않지만 그 대신 친족어라고 할만한 道라는 단어가 일상적으로 사용되고 있다. 그러나 理와 氣의 만남으로 이루어진 이 기막힌 성리학적 이원론은 이 흥미로운 개념들을 번역이 불가능할 뿐만 아니라 불가해한 것으로 규정짓고 만다. 홀로 사용되면 시간이나 문화의 장벽을 뛰어넘는 것처럼 보이지만 이 두 개념이 합해지면 그것은 금방 현대적 담론과 전혀 상관없이 되어버리는 이유가 무엇일까?

이런 상황을 해결할 수 있는 한 가지 방식은 理와 氣를 단순히 관례적으로 '원리'(principle)와 '물질적 힘'(material force)으로 번역하던 것을 반성해 보는 일이다. 영어로 'principle'이라고 하는 것은 오로지 도덕적 담론 속에 모셔져 있는 단어이다. 그걸 좀 더 확대하면 '전기기술의 원리 이해'(understanding the principles of electrical engineering)같은 말도 가능하다. '원리'라는 단어가 성리학의 도덕 담론에서 理의 넓은 뜻으로 사용된다면 그것은 충분히 적절하다고 생각된다. 그러나 우주론적 담론에서 그 단어를 똑같이 광범하게 사용하는 것은 불가능하다. 이 단어의 우주론적 사용이 성리학의 인식론, 심리학, 그리고 도덕적 자기 개발에 적용되는 것을 마땅치 않게 생각한다면 사람들은 도덕적 담론의 맥락 속에서 '원리'(principle)가 겉으로 보기에 적절하다고 하는 것은 완전히 잘못된 일이라고 주장할 것이다. 사실, '원리'에 대한 우주론적 차원이 없다면 독자들로서는 '원리가 생기면 물질적 힘이 그것을 따른다'는 진술을 완전히 이해할 수가 없는 것이다. 성리학자들에게는 이 진술이 논쟁거리다. 왜냐하면 우주론적 구성요소로서의 理라고 하는 것은 어느 정도 형태적이고 구성적이긴 하지만 비활동적이다. 영어 번역의 독자들에게는 문제가 오히려 다른데 있다. '원리'라는 단어가 어떻게 우주론 속에서 어떤 역할을 할 수 있는지, 혹은 다른 차원에서, 우주론이 어떻게 우리의 감정과 연계될 수 있는지를 상상하는 일이다.

이원론의 다른 측면에서, '물질적 힘'(material force)이라고 하는 이 요상한 두 단어의 복합체가 갖는 개별적 의미는 우리가 이해를 한다고 생각한다. 그런데 그것이 워낙 강력한 우주론적 용어이기 때문에 우리가 그것을 도덕적 범주에 적용시키는 일이 쉽지 않은 것이다. 도덕적 교화는 어떤 사람의 물질적 힘의 '혼란스러움'을 정화시켜주는 것이라고 하는 생각이 있는데 그것은 행위를 생화학적으로 기질(氣質)화시키는 서구의 환원법과 유사하다. 이는 '원리'가 보다 더 혼돈스럽게 되고 마는 물질적 비젼을 제시하기도 한다.

이것을 물질적으로 환원시켜버리는 문제의 한 부분은 '물질적 힘'이 氣가 가진 마음의 측면을 제거해버린다는 것이다. 이 氣야말로 심리적-물리적 힘인데 말이다. 심리적-물리적 범주에서 氣라고 하는 용어는 특별히 번역하지 않아도 되는 용어다. 비록 서구적 개념에는 잘 들어맞지 않지만 이 단어는 우리의 감정과 동인을 향해 어떤 범주를 암시한다. 그 범주 속에서 우리는 실제 '힘'의 연계를 경험하게 되는데 그것은 이미 에너지나 힘의 관념과 상통하는 것이다. 그러나 '심리적'이라는 접두사가 붙은 이 포괄성은 우주론적 맥락에서 氣가 가진 복잡성을 약화시켜주고 있다.

서구의 학자들은 성리학 사상이 '인간중심 우주론적'(anthropocosmic) 혹은 '유기체적'(orgnismic)인데 뿌리를 내리고 있다고 파악했다. '유기체적'이라고 하는 관념은 이 세계관이 총체적이고 자연적인 성격을 지향하고 있음을 말한다. 거기에 비해서 '인간중심 우주론적'이라는 말은 인간은 우주의 다른 모든 것들이 연속적으로 서로 연관된 것으로 이해되어야 한다는 맥락에서 이해되어야한다는 말이다. 이런 것들은 세계관의 색다른 이해를 묘사해내려고 하는 국외자들의 신조어라고 할 수 있다. 이런 방식으로 세계를 이해하는 사람들에게는 구태여 그런 용어가 필요한 것도 아니다. 그냥 세계를 보기만 하면 된다. 이런 용어는 영어로는 대단히 어렵다. 그러나 극동 국가들의 모국어로는 번역해 볼 만할 것이다.

바로 여기서 우리는 理와 氣를 번역하는데 있어서 난관의 원인이 무엇인지 직면하게 된다. 무의식적으로 '인간중심 우주론적'인 입장에 있는 성리학자들이 '유기체적'으로 인간 조건을 개념화하게 되는데, 이 때 그들의 입장은 기꺼이 우주의 근본으로 되돌아가려고 한다는 뜻에서이다. 이 우주는 「태극도」(太極圖, Diagram of the Supreme Ultimate)나 「서명」(西銘, Westem Inscription)같은 글에서처럼 구체화된 것이고 『대학』(大學, Great Leaming)이나 『중용』(中庸, The Doctrine of the Mean)과 같은 자기 계발에 관한 주해에서도 예증된 것이다. 동아시아에서는 인간과 우주 사이의 지속성이 오랜 전통이라고 생각하는 한 이들은 무의식적으로 인간중심 우주론적일 수밖에 없다. 그리고 이 문제가 서양에서는 과거에도 그랬지만 지금도 여전히 신랄한 논쟁거리로 남아있다. 그러나 성리학자들은 인간 심성(心性, mind-and-heart)의 내적 작용과 구성에 대한 서술을 하고 거기에 필요한 우주적인 기초를 만들어 낼 수 있는 개념의 틀을 다듬고 있다. 그 행위는 자의식적인 동시에 계획적이어서 지금까지 그런 주제들을 거의 문제 삼지 않았던 전통에서는 대단한 발전을 모색하게 된다. 理와 氣의 이원론은 지속적인 유기체적 인간중심 우주론적 세계관에 대해 새로운 명료성을 보여주고 있다. 그것을 보여주기 위해 성인(聖人)의 완전성과 그 경지에 도달하기 위해 어떻게 수신(修身)의 실천을 할 수 있을지에 대한 분명한 기술(記述)을 소개한 것이다.

이런 성취를 이뤄내는 데 걸림돌이 되고 있는 번역의 장애는 엄청나다. 그것은 서구의 독자들에게만 그런 것이 아니라 한국(그리고 중국)의 독자에게도 마찬가지다. 앞에서 언급한 바와 마찬가지로, 정신물리학적 氣라고 하는 것은 기공(氣功)처럼 수신(修身)기술의 대중성에 의해 증명된 바와 같이 의미가 명료한 것처럼 보인다. 그러나 성리학자들은 사람의 氣를 억제시키고 명백히 하는 것이 구체적으로 무엇인지에 대해 의문을 갖는다. 그들은 理가 모든 상황에 대해 반응하기 마련인 사람 감정의 자연발생적인 완전함 속에서 빛을 발하거나 절로 드러난다고 생각하지 않기 때문이다. 그리고 그것은 理의 우주적 정신적 초월이며 전통적 수신에 근거한 마음의 드러남이라고 할 수 있다. 그런 마음은 어떤 상황이나 사물에서도 같은 형태로 전달되는 것이다.

정신물리학적 氣는 서구인들에게는 매력적일 수도 있다. 왜냐하면 그것은 마음이라고 하는 형상화된 개념과 얽혀 아주 간단히 추상화시킨 개념이기에 서구인들은 이해할 수가 없었기 때문이다. 더 나아가서 서구인들은 자신들이 가졌던 정신과 물질의 이원론적 전통에서조차 그것을 제거시키는 데 거의 관심이 없었다. 그러나 '정신물리학적 理'라고 하는 것은 존재하지 않는다. 그리고 우리의 정신적 반응의 우주적 기반으로서의 '원리'라고 하는 것도 마치 우주가 도덕의 기반이라는 주장만큼이나 허황되게 들린다. 사실 인간중심 우주론적 입장은 우주의 편재성과 지속적인 도덕적 모범을 주장하기 때문에 오늘날 현대 과학의 몰가치적 물리-화학적 환원주의와 크게 대비된다. 현대 세계는 인간중심 우주론적 理氣 이원론과 어쩌면 연관이 되어있지 않을지도 모른다. 왜냐하면 그것은 정신과 물질로 나눠진 범주와의 균형이 맞지 않기 때문만이 아니라 그런 범주를 가볍게 여긴 사람들 때문이기도 하다. 왜냐하면 이들은 인간 중심(예를 들면 도덕과 같은)의 차원이라고 하는 것이 우주 질서 속에서 나중에 우연히 발생하게 되었을 뿐이라고 생각해서 설득력을 잃었기 때문이다.

이러한 반성을 바탕으로 나는 1990년대에 이르러 성리학적 전승의 어떠한 현대적 생성도 理氣의 개념을 떨쳐버리게 될 것이라고 주장을 하게 되었다. 번역의 문제로 다시 돌아오면 이러한 관점이 함축하는 바는 다음과 같다. 즉 성리학 사상의 어떤 번역의 주된 독자라 할지라도 내 전공 영역의 동료들이 된다는 사실이다. 어떻게 理는 번역이 되고 氣는 그저 일상의 통념적인 것으로 취급되고 말 수가 있다는 말인가? 理와 氣를 단순히 '원리'와 '물질적 힘'으로 이해하는 독자들은 그것을 역사적 맥락 속에서 최대한 확장된 것으로서 그 의미를 파악한다. 그러나 다른 사람들, 즉 동아시아의 역사를 연구하는 사람이나 문학을 가르치는 사람들에게 그런 식의 번역은 별 의미가 없다. 그래서 아마도 한 때 그렇게 생각했을지도 모를 전근대인의 행적이 담긴 박물관 답사 길에 적절히 넘겨버리고 말 것이다. 사람들은 언제나 명쾌한 번역을 찾아내려고 애를 쓴다. 그러나 그 번역이 가끔은 그 본래의 의미를 전혀 전달하지 못할 경우가 있다.

실제로 이런 경우가 적지 않다. 예를 들어 '원리'와 '물질적 힘'이라는 이원론으로서 理氣의 번역이 사상사의 박물관에 들어있는 장자(莊子)의 사상마저 의미한다고 할 수는 없다. 그러나 만약에 실제로 그런 개념들이 확보될 수 있는 타당성의 구석이 남아있다면, 그 번역은 아마도 미래에 의미가 있게 될 지적 전통을 말살해버리고 말 것이다. 그래서 나는 사실 아직도 어떤 번역이 그 의미를 제대로 살려낼 수 있는 것인지 잘 모르겠다. 그래서 지난 몇 년 동안 나는 우리가 너무나 쉽게 반성과 연구의 아직 생생한 잠재적 전통을 박물관의 전시실에 밀어 넣고 말았다는 느낌을 갖는다. 때로는 우리가 번역의 습관 때문에 숨어있는 의미 파악을 하지 못한 채 그 연관관계마저 파악하지 못한 채 말이다.

서구의 성서 해석은 완전히 다른 방향으로부터의 연구방식을 제안하기도 한다. 학자들은 성서의 텍스트가 공동체적인 삶에서 여러 가지 역할을 했을 것이라고 짐작을 한다. 그래서 그 텍스트의 기능이 그 의미를 전달하게 되는 것이다. 텍스트 분석의 중요한 단계는 그 삶의 자리(Sitz im Leben), 다시 말해 삶의 맥락을 제대로 파악하는 것이라고 할 수 있다. 성리학의 논거의 범주는 우주에서부터 마음의 내적 구조, 그리고 가족과 공동체의 생활에 이르기까지 포괄적으로 아우른다. 그러나 이들 논거들의 실마리는 언제나 자기수신의 본질적인 문제로 되돌아오고야 만다. 자기수신은 '삶의 자리'(Sitz im Leben)의 본질을 이룬다. 그것은 다시 말해 理와 氣라는 의미로 지적-영적 세계를 재형성하는데 있어서 가치와 의미를 부여하는 생생한 관심과 실제인 것이다. 우리는 보통 이런 개념들을 그 우주적 틀을 설명하는 데 사용한다. 그리고 거기에 따라서 심학의 구조를 통해 자기수신에 있어서 그것을 어떻게 적용하는지를 논한다. 그렇게 함으로써 우리는 어떻게 '원리가 갖는 고유의 완전함이 물질적 힘이 갖는 혼란함으로 말미암아 방해받는 지'를 어설프게 그려낼 필요가 없게 되는 것이다. 그러나 이러한 개념들의 틀에 생기를 불어넣은 그 관심에 집중을 하게 됨으로써 우리는 이 과정을 뒤집어 볼 수 있는 계기로 삼을 수가 있다. 즉 우리가 수신의 행위에서만 의미를 찾으려는 표현을 이제는 우주적 구조를 설명하는 것으로 확대할 수가 있는 것이다.

영적 수양의 전통을 의미 있게 만드는 가장 중요한 부분은 그것이 근본적인 문제로 이해될 때이다. 성리학자들은 이를 위해 새로운 개념의 도구를 소개한다. 그러나 그 도구들은 유교의 전통 속에서 면면히 흘러오던 가설과 더불어 본질적인 연속성의 바탕 위에서 제기된다. 양혜왕(梁惠王)의 사사로운 이익을 비난하는 맹자의 가르침으로부터 주자가 中庸의 서문에서 밝힌 인간조건에 대한 해석에 이르기까지, 유학자들은 개인적이고 자기중심적인 역학이란 뜻의 私라고 하는 것이 근본적으로 왜곡된 긴장을 일으킨다는 사실에 대해 동의하고 있다. 그 왜곡된 긴장이 우리가 서로 연계를 이루고 흐름을 이어가는 관계의 망을 혼란스럽게 하는 것이다. 이런 방식으로 확인된 문제의 결과는 억측을 가져오게 된다. 즉 '선한' 목적으로 도모되는 일은 관계 속에서의 전체를 통해 생명의 포괄적 흐름을 확보하기 위해 자기 자신을 적절히 다스리는 일이라는 것이다. 따라서 인간성이 원래 선하다는 맹자의 증거는 고유의 양생(養生, life-giving)의 사회적 긴장, 즉 그 유명한 사단(四端)에 해당하는 것으로 남을 불쌍하게 여기는 측은지심(惻隱之心), 자기의 옳지 못함을 부끄러워하고 남의 옳지 못함을 미워하는 수오지심(羞惡之心), 겸손하여 남에게 사양할 줄 아는 사양지심(辭讓之心), 옳음과 그름을 가릴 줄 아는 시비지심(是非之心)이 인간에게 있다는 것이다. 정호(程顥, Cheng Hao)는 전체 우주는 하나의 몸과 같으므로 인(仁, humanity)이 결핍되면 마치 마비증세가 일어나는 것처럼 생명을 주는 연결 고리가 끊어지는 것과 마찬가지라고 했지만 주자(朱子, Zhu Xi)는 이를 혈관 순환이 막히는 것과 마찬가지라고 했다.

양극론적 개념체계는 이러한 인간 조건의 중요성에서 이해된 기본적인 긴장과 또 그것이 어떻게 잘못 진행되는지가 합해져서 생겨난다. 도심(道心, dao mind)과 인심(人心, human mind), 사단(四端, Four Beginnings)과 칠정(七情, Seven Feelings), 극기복례(克己復禮, overcoming oneself and returning to propriety) 같은 것들은 본성(Original Nature)과 기질(Psychophysical Nature), 원리와 물질적 힘, 명쾌함과 희미함, 흐름과 막힘 등과 같은 표현으로 보완이 되고 확장되었다. 이러한 표현들은 원래가 삶을 지지하고 또한 그것을 가치있고 아름답게 해주는 차원에서 사회적/관계적/공유적으로 이해되어진 조건들의 다양한 창문일 뿐이다. 그러면서도 보다 물리적인 차원에서는 어쩔 수 없이 여전히 개별적인 것들이다. 그렇다고 해서 후자를 악이라고 할 수는 없지만 마음의 역동성을 위해서는 어느 정도까지 제한된 함정이 되기도 한다. 그 마음은 그들이 완전한 사회적 실제와 더불어 충분히 조화를 이루어갈 때만이 삶의 역동성에 참여를 하게 된다. 주자는 그것을 이렇게 설명한다.

> 마음의 허령지각(虛靈知覺)은 하나뿐이다. 하지만, 인심과 도심에 다른 점이 있다는 것은 마음이라고 하는 것이 때로는 형기(形氣)의 사사로움[私]에서 나오기도 하고, 때로는 성명(性命)의 올바름[正]에서 생겨나기도 하기 때문이다. 그것은 다만 지각함이 같지 않아 인심을 위태해서 불안한 것으로 파악하고, 도심은 미묘해서 보기가 어렵다. 그러나 사람이면 누구나 형기를 가지고 있기 때문에, 아무리 성인군자라 해도 인심이 없을 수 없고, 아무리 어리석은 사람이라도 도심이 없을 수 없는 것이다. 이와 같이 인심 도심이 한 마음 속에 섞여 있음에도 그것을 잘 다스리지 못하면, 위태로운 인심은 더욱 위태로워지고 미묘한 도심은 더욱 미묘해져서 천리(天理)의 공(公)이 마침내 인욕(人欲)의 사(私)를 이길 수 없을 것이다.(주자의 「중용장구서문」 중에서)

이 문장에서 중요한 구절은 '천리(天理)의 공(公)'이라고 할 수 있을 것이다. 理를 天理라고 표현하며 그 규범적 기능이 '공평하다'는 것은 무엇을 뜻하는가? 번역이라고 하는 것은 교묘하기도 하고 때로는 엉뚱한 결과를 가져오기도 한다. 公의 번역을 '공평성'으로 표현하는 것이 정당한 것은 그것이 私라는 말과 맞물려 잘못된 '편파성'의 상대적 개념으로 쓰일 경우에 한해서이다. 오늘날의 독자들은 그 뜻을 당장 '공정함'(fair), '정의로움'(just), 그리고 '동등함'(equal)의 개념과 연계시켜 이해를 한다. 다시 말해 우리의 민주적 사회체계와 쉽게 연결될 수 있는 '원칙적'인 것이 되고, 바로 理의 도덕적 측면과 관련이 된다. 그러나 전통적인 원리 중심의 유교도들은, 여전히 계급적이고 남성 중심적 사회 형태에 얽매여 현대적 의미의 공정함과 (특히) 동등함의 의미를 왜곡시키고 있다.

아마도 '편파'(partial) 혹은 '공정'(impartial)이라는 단어의 어원을 따져보면 보다 더 효과적인 해석학적 접근이 가능하다. 즉 완전함의 온전함

(integrity)이 부분의 분리적 이탈로 변질하게 되면 생겨나는 것이 왜곡이라는 것이다. 예를 들어, 주자(朱子)는 처자식에 대한 사사로움(私, privating)을 위험한 일이라고 경고한 바 있다. 즉 부모에 대한 효와 손 위 형제에 대한 복종은 가족의 본질적이고 구조적인 온전함을 이루는 것인데, 그에 앞서 자신들의 이익을 먼저 챙기려고 하는 경우이다. 사회적 총체라고 하는 것은, 그것이 사회건 가족이건 왕국이건, 복합적인 구조를 이루고 있다. 따라서 그 다스림에 대한 본질적인 유교적 질문은 그것이 적절한가 아닌가 혹은 어울리는가 어울리지 않는가 하는 것이다. 따라서 인간 행위의 지침이 되는 天理의 公(impartiality)은 어떤 특정한 도덕적 원리를 가리키는 것이 아니라 理의 존재론적 총체를 가리키는 것이다. 성리학에서 지속적으로 반복하듯이, '理란 하나이지만 그 드러남은 다양하다.' 理가 단일한 것이라고 하는 사실은 복합적 전체의 모든 다양한 부분들이 서로 연계하며 하나의 전체로서의 생명을 이루고 있다는 것이고, 그것이 곧 모든 피조물의 '性'이기도 하다는 사실을 말해준다.

따라서, 수신(修身, self-cultivation)이라고 하는 맥락에서 보자면, 도심(道心, tao-mind)과 인심(人心, human-mind)은 존재의 공동체적이고 사회적 측면과 개별성 사이의 긴장을 드러내 보이는데, 그 긴장은 물리적인 분리이긴 하지만 그렇다고 해서 그것이 사회적 분리는 아니다. 理는 적절한 관계를 말해주기 때문에 규범적으로 명쾌하다. 그런 뜻에서, 우리는 무엇의 '성'(性) 혹은 '이'(理)라고 하는 것은 진짜로 관계적이고, 그 주변의 다른 모든 것들과 적절한 관계를 형성하도록 하는 지침이 되기도 한다. 따라서, 위 문장에서 보듯이, 道心이라고 하는 것은 성명(性命)의 올바름[正]에서 생겨나는 것이다. 그와 반대로 인심은 형기(形氣)의 사사로움[私]에서 나오는 것이다.

그것은 너무나 쉽게 사회의 관계성의 온전함을 왜곡시키기 때문에 거기서 '위험한' 인심(人心)이 생겨나는 법이다. 그런데 우리는 말(馬)이나 개(犬)의 '性' 같은 것마저도 理가 부차적인 맥락 속에서 받아들이기 때문에 性의 진짜 중요한 관계성을 놓칠 때가 있다. 그렇게 되면 우리가 사용하는 種의 관념이 뒤섞이는 결과를 가져오게 된다. 그러나 관계성은 수신(修身)과 관련한 보다 일반적이고 중요한 담론의 맥락 가운데서 드러나게 된다.

한국의 사단칠정 논쟁은 우주론, 마음의 구조, 수신의 문제 등을 하나로 묶어 담론을 형성하고 있다. 여러 가지 감정의 근원을 살피는 데 있어서 理와 氣의 역할이 무엇인가 하는 데 집중하고, 예컨대 理가 수동적으로 움직이는 것인지, 아니면 능동적으로 행동하는 것인지에 대한 개념 문제를 따지고 있으면, 修身에 관한 것은 거의 숙고할 겨를이 없는 것이다. 사실 이런 문제가 왜 순수한 성찰의 문제보다 더 심각하게 다뤄져야 하는지에 대한 논쟁 때문에 우리는 더 곤혹스럽게 되고 말았다. 그러나 道心과 人心, 本性과 氣質에 대한 각각의 관념을 자세히 살펴보면, 사단칠정 논쟁은 기본적으로 성리학의 수신 담론에 뿌리를 두고 있음을 알 수 있다. 우리가 앞에서 살핀 바와 같이, 氣는 물리적으로 분리된 개체의 나눔과 더불어 기본적으로 방향감각을 상실할 염려를 가지고 있음에 비해, 理는 통합적인 사회적 관계를 대표한다. 이러한 배경을 무시하고 우리가 어떻게 四端의 경우 '리가 발하면 기가 이를 따른다'고 하고, 七情의 경우 '기가 발하면 이가 기를 탄다'고 한 퇴계의 깨달음을 제대로 번역할 수 있을 것인가?

맹자는 사단을 설명하는 데 있어서 우리 인간이 다른 사람과의 관계를 적절히 맺기 위해 갖추게 되는 것은 '선함'이라고 주장했다. 비록 그런 정(情)이라고 하는 것들이 주제에 어긋난 것 같지만, 모든 논쟁자들은 기본적으로 맹자의 의도를 받아들이고 있다. 칠정은 사사로움과 연계가 되어있기 때문에 그것이 또한 인성에 대한 적절한 수용이기도 하다는 사실에 대해 좀 더 토론을 전개할 필요가 생긴 것이다. 욕망, 미움, 사랑, 두려움, 슬픔, 분노, 그리고 기쁨(칠정)들은 분명히 다른 사람들과의 관계 속에서 적절한 반응의 형식으로 생겨난다. 그러나 동시에 그 감정들 속에는 아주 개인적인 구성요소들이 곁들여있어 생을 부여하는 사회적 지침의 역할이 덜 이루어지도록 만들기도 한다. 전체적으로 볼 것 같으면, 유교적 시각은 인간의 감정 구성이 유전적으로 관계적 공동체에 활력을 불어넣어주는 데 감정이 입적으로 참여하려는 경향이 있음을 안다. 그리고 동시에 우리 자신을 보살피고 만족함과 웰빙을 추구하려는 경향도 가지고 있음을 안다. 가끔은 이들이 같은 뜻일 때도 있다. 그러나 여러 상황들이 개인과 우리의 심적 층위의 사회적 차원 사이에서 긴장을 야기시키기도 한다.

우주적(혹은 생태론적) 차원에서 보자면, 만물은 서로가 연계적으로 구성되어 있고, 서로가 조화를 이루고 있다: '리는 하나이나 갖가지 만물에 모두 들어있다.'(理一而分主殊) 동시에 이 구조는 오로지 물리적 존재, 즉 공유되기는 하지만 개별화된 실재 속에서만 실제적이고 구체적으로 나타난다. 다시 말하면, 리는 기와 구별이 되지 않는 것이다. 이런 두 개의 다른 존재양식이 어떻게 우리 마음의 역동성 속에서 드러나게 되는가? 전자는 '정'을 통칭하여 말할 수 있게 하는 부분이고, 후자는 정이 갖는 다른 층위를 말하게 해준다. 그러나 이런 추상적인 분석을 넘어, 이런 존재의 양식들이 다양한 감정들이 각기 조직적이거나 공동체적인 상황 속에 처해 있거나, 혹은 개별적으로 실현되었다고 할 때, 과연 그것인 우리 마음의 심층에로 몰입되는 방식과 관계가 있는가?

이런 질문에 대한 퇴계의 반응은 적극적이다. 그는 사단이라고 하는 우리 감정의 한 측면을 원래부터 생명에 활력을 제공하는 방식으로 반응하는 것이라고 확인을 했다. '리가 발하면 기가 따른다.' 이런 관점에서 우리 인간이 다른 사람과 관계를 만들고 조화를 이루어가는 움직임 속에서 드러나고 또한 우리의 물리적 실체가 지지를 하며 역동성과 함께 움직여 가는 한 다른 사람에 대한 우리의 연계는 생생한 실재이다. 그 역동성은 세계와의 상호관계(리) 속에서 정보가 형성되고 또한 거기에 뿌리를 내리고 있는 것이다.

동시에 거기에는 우리의 개별 존재에 보다 깊이 뿌리박고 있는 다른 감정들도 있다. 욕망, 분노, 기쁨 등은 우리의 존재가 건강하도록 해주는 아주 중요한 것들이다. 그래서 공자는 이런 것들을 우리 자신에게서는 물론이고 다른 사람에게서도 마찬가지로 충분히 공감하고 이해해야 한다고 강조를 했다. 우리의 분리된 물리적 존재는 언제나 다른 사람들과 그물처럼 연계가 되어 있다. 그래서 우리 자신을 보호하려는 충동은 헤어나올 수 없는 친화성으로 얽혀있지만 그리 믿을만하다거나 길잡이가 될 정도는 아니라는 사실이 퇴계가 믿은 바 사단의 경우이다. 그렇다면 '리가 발하면 기가 따른다' 그리고 '기가 발하면 이가 탄다'를 달리 번역할 수 있는 여지가 있는가? 내가 위의 문장에서 제시했듯이 원문과 맥락 속에서 너무나 잘 정제된 표현이 있어 차라리 포장을 뜯지 않으면 오히려 그 뜻이 명료해지는 경우가 있다. 그러나 어떤 형태로든 번역을 하게 되면 그것은 유용한 방향으로 말문을 틀 수는 있을 것이다. 용어를 번역하지 않은 채로 남겨두면 최소한 잘못된 방향으로 안내하는 일은 없을 테지만, 그러나 어떤 방향도 제시하지 못한다는 사실을 감수해야 한다. '원리'와 '물질적 힘'은 적어도 우리가 정신적, 도덕적, 그리고 우주론적 사실과 더불어 어떤 형태로든 씨름을 벌이고 있다는 사실을 말해준다. 그러나 수양과 관련해서는 어떤 암시도 찾을 수가 없다.

다른 철학적 경구와 마찬가지로 이런 문장들의 기능은 긴 논쟁에 대한 간결한 결론을 제공해주는 기능이 있는가 하면 동시에 새로운 논쟁이 전개될 수 있도록 불을 지피는 역할도 한다. 그래서 내 제안은 어떤 번역이라 할지라도 성리학의 리기론에 깊이 각인되어 있는 사회적으로 생명을 부여하는 긴장과 개별적이면서도 혼란스런 긴장의 대비점을 지적할 필요가 있다. 논쟁의 시발점은 여기서 비롯된다. '사단의 경우, 그것은 우리의 고유한 친화성에서 비롯되어 다른 사람들과 조화를 이루고, 우리 개별 인간들은 거기에 종속된다. 칠정의 경우, 그것은 우리 자신으로부터 비롯되어 우리 자신을 향하는 것이지만 우리의 친화성은 그들의 사회적 적합성을 보장하는 것이다.' 여기서 제기된 문제는 좀 귀찮기도 하지만, 문제가 좀 더 명확해지는 부분도 있다. 그러나 적어도 이러한 언급은 오늘날에 조차도 칠정의 형태는 어떠하며, 어디에서 비롯되었는지에 대한 흥미로운 논쟁에 불을 당겨주기에 충분할 것이다. 또한 이런 표현이야 말로 퇴계가 고봉과의 오랜 논쟁 속에서 얻은 결과에 대해 보다 긍정적으로 이해하게 끔 해준다.

이러한 맥락중심의 해석학적 번역은 그것이 과연 다른 맥락에서도 그대로 지속적으로 적용될 것이냐가 문제가 된다. 번역에 있어서 지나치게 맥락 위주의 융통성을 발휘하게 되면 그것은 그 때 사용된 같은 단어의 철학적 의미를 가려버리기 쉽다. 理와 氣의 부분적인 진수는 우주론, 심리학, 그리고 영적 개발의 통찰력있는 통로를 가능케 해주는 방법이다. 사회적-

개별적 긴장을 단어로 표현하는 일이 理氣 우주론과 심리학적 이론을 다루는 데 무슨 도움이 될 수 있을까?

나는 최근에 이것을 넓은 맥락에서 생각한 적이 없다. 그래서 단순히 조심스런 낙관론을 표현할 수 있을 뿐이다. '理는 하나이지만 여럿으로 나타난다' 는 표현은 성리학에 있어서 아마도 가장 근본적인 존재론적/우주론적 명제라고 할 수 있을 것이다. '사회적이라고 하는 것은 포괄적인 현상인데, 단지 다양한 역할로 드러날 뿐인지' 아니면, 좀 덜 인간중심적이긴 해도 '체계적 조직 그 자체도 포괄적이기 때문에 다양한 관계 속에서 드러난다' 고 해도 좋을 문제인지 모르겠다. '비속함 대 청결함, 혹은 혼돈 대 질서' 의 정도는 지식과 도덕적 태도의 다른 수준뿐만 아니라 종(種)의 차이에 따라서도 어느 정도 영향을 미친다. 그런데 우리가 여기서 할 수 있는 일은 무엇인가? 우리는 아마도 밀도(密度)의 이미지를 가지고 이 문제를 생각해 볼 수 있다. 한쪽 끝은 자기 완성적인 질(質)이고, 또 다른 한쪽 끝은 관계적 상호관통의 형태로 상상해 볼 수 있을 것이다. 가장 본질적 물질성은 마음과 의식의 내용이라고 할 수 있는데, 그것은 모든 것과 통하고 있다. 그러나 그 보다 더 밀도가 높은 물질이 있다면 그것은 오히려 관계성을 제한하게 된다. 종(種)들은 사실 물리적인 구성이 어떠한지를 말해주는 관계성의 형태와 정도에 따라 묘사될 수 있다. 그에 반해, 유교에서 말하는 인간이란 얼마나 정교한 질(마음)을 가졌고 또한 관계성의 정도가 얼마나 큰지가 가장 중요한 척도가 된다. 고양이를 예로 들자면, 물리적으로는 인간보다 더 밀도가 높고 관계적 수축성도 강한 존재이다. 그렇지만 인간은 자신의 심성을 자기 완성적인 밀도 속으로 밀어 넣을 수가 있다. 인간은 자신의 자신의 물리적 개체성, 즉 자신의 관계적 삶의 범위와 역동성을 끼워 맞출 수 있기 때문이다.

지금까지 위에서 살핀 바와 같이, 理와 氣에 대응하는 가장 적절한 단어를 하나로 찾아낼 수는 없을 것이다. 그러나 그것의 범주를 축소시켜 부분적으로 사용할 수는 있을 것이다. 예를 들어 氣에 대한 다양한 질적 특징이나 理에 대한 체계, 조직, 사회성의 특성과 관련된 용어가 그런 경우이다. 적어도 그렇게 하면, 번역에 대한 이런 접근이 텍스트에 생명을 불어넣어주고, 중요한 의미를 확인시켜 줄 것이고, 나아가서는 비슷한 번역으로 말미암아 가려져서 제대로 문제를 파악하지 못했던 것들을 이슈화해 줄 것이다.

어떤 사람들은 말하기를 해석이 필요한 경우에는 그것을 주석을 달거나 아니면 아예 연구 논문에서 다루는 게 최상의 방법이라고 한다. 그러나 내 생각엔 그런 방법으로는 번역의 역동성이나 타당성을 제대로 전달할 수 없다고 본다. 만약에 번역된 텍스트가 독자들에게 '말 걸기'를 할 수 없다면, 그것은 독자가 잘못 되었거나 아니면 텍스트가 단순히 박물관에 처박혀 있어야 할 한낱 쪽지에 지나지 않는 것이다. 그것도 아니라면 번역이 제대로 되지 못했다고 할 수 있다. 그런 뜻에서 나는 내가 행한 번역이 바로 이 세 번째 '제대로 되지 못한' 경우 해당한다고 하고 싶다.

고대 불교와 씨름을 하다가 현대 담론에 있어서 새로운 방법론을 개발한 사람이 있는 것과 마찬가지로, 성리학의 리기이원론을 통해 조직과 관련한 개념화의 가능성을 발견해 내는 사람도 있다. 유교에서는 '자연'이라고 말해지는 자발적 조직체계 문제가 오늘날 가장 심각한 연구 대상이다. 그리고 우리는 유기체, 생태조직, 사회, 증권시장 등 뭔가 단순히 모여서 이뤄진 것들과 다른 차원의 조직에 해당하는 것들이 조직이 있음을 알고 있지만, 다만 개념화가 어려워 표현을 못할 따름이다. 새로운 개념화의 가능성을 배우기 위해 사람들은 반드시 전통적 의미의 리와 기를 통째로 받아들일 필요는 없다. 그리고 성리학이 이미 고민한 것을 살펴보고 나서 아직 검증되지 않은 많은 방법론들을 우습게 볼 필요도 없다. 그러나 만약에 우리가 번역을 통해 만들어진 기막힌 텍스트만 보고, 고전이 담고 있는 비밀스런 개념 이 외에는 살피지 않는다면 문제는 여전히 남아있을 것이다.

결론적으로 나는 이제 그 동안 예로 삼았던 성리학의 철학적 번역에의 도전이었던 사단의 문제로 되돌아 가고자 한다. 논쟁에 있어서 문자적 언어 문제는 리가 '움직일 수' 있는가 하는 것이었다. 리라는 개념을 우선으로 생각지 않는 사람들에게는 이것이 '움직임'이던 아니던 아무런 문제가 되지 않을지도 모른다. 그러나 특별히 관계적 조직, 인과율적인 힘('움직임'), 연구대상, 그리고 격렬한 논쟁점으로 번역이 된 경우에는 주목하지 않을 수 없는 현대적 문제가 되는 것이다.

퇴계는 어떻게 사회적으로 바탕을 둔 우리의 존재가 실제 감정의 근원이 될 수 있는지를 이해하려고 노력했다. 그 감정은 우리 자신이 우리의 분리된 개별성을 뛰어넘어 공동체의 운명에 감정이입을 하도록 만들어 주는 그런 감정으로서, 바로 그곳에서 우리의 존재가 비롯되며 또한 존재를 이어가게 되는 것이다. 현대사상은 생태학적 역동성의 생생한 논쟁의 문제로 이 이슈를 계승했고, 그로 말미암아 이타주의와 공생을 위한 전략을 주도하는 사람들이 등장하게 되었다.

이 문제는 오늘날 대단히 중요하다. 공동체의 문제는 단순히 유학자들이 걱정하던 그런 인간 공동체의 문제가 아니라 생명 전체의 공동체의 문제가 되었다. 우리가 이해하고자 노력했던 개별성의 문제는 더 이상 한 사람의 문제가 아니라 종의 분리에 대한 문제가 되었다. 물론 어떤 점에서는 우리

문화는 인간이 본질적으로 이기적이라는 생각에 대해 다른 생각을 갖고 있기는 하다. 인류는 다른 생명의 종과 함께 이루는 공동체와 분리되어서는 존재할 수가 없다. 그러나 이러한 사실이 우리의 가장 기본적인 동기가 되는 감정들을 인간중심적 자기관념을 뛰어 넘을 수 있게 해준다. 우리는 과연 인간이 아닌 생명체를 배려할 수 있을까? 아니면, 삶의 장에서 벌이는 세심한 이기주의가 게임을 벌이는 것으로 끝나고 말 것인가?

인간은 수신을 위한 보다 깊고 효과적인 실천을 위한 자신들의 반성을 확장시켰다. 성리학이 이론을 넘어서 놀라운 반성의 영감을 제공하는 그곳으로 우리는 지금 인간의 생명이 어떻게 하면 보다 지속적이고 보다 큰 틀 속에서 생명을 살리는 데 알맞게 될 수 있는지에 대한 물음에 직면해 있다. 생명을 지속할 수 있는 가능성이 있는지에 대해서도 의문을 갖고 있으며, 또한 수신이 왜 필요한지, 그리고 이런 물음에 대해 어떻게 대응할 수 있는지에 대한 이해조차도 없다.

나는 성리학이 무슨 특별한 해답을 가지고 있다고 주장하는 것은 아니다. 그러나 수세기에 걸친 그 논쟁에 관한 보다 적절한 번역이 우리가 오늘날 직면하고 있는 문제들, 즉 공동체 통합의 파괴나 유학자들이 고민하고 있는 영원한 숙제들에 대해 어떤 연관성이나 해결의 실마리, 그리고 개념화나 적절한 수신의 전략을 제시해 줄 수 있으리라 생각한다.

결론: 어려움

지금까지 내가 논의한 것은 철학의 번역에서 야기되는 어려움들이 무엇인지에 관해서이다. 번역자는 두 가지 언어를 다 구사할 줄 안다고 해서 단순히 언어학적인 교량 역할을 하는 것만으로 소임을 다하는 게 아니다. 소통의 문제, 다시 말하면 그 의미가 무엇인지에 대해서도 밝힐 수 있어야 한다. 한편으로는 텍스트가 담론이 일어난 원래의 사회에 속한 사람들에게 무엇을 뜻하는가를 먼저 파악할 수 있어야 한다. 그러나 그 보다 더 중요한 것은, 새로운 사회, 혹은 완전히 다른 사회로 번역이 이루어질 경우에는 그 담론이 어떤 의미가 되는지를 밝히는 일이다. 어떤 텍스트들은 번역이라고 하는 교량을 넘어간다할지라도 별로 의미가 없거나, 아니면 몇몇 전문가 그룹에게만 말을 거는 경우가 있고, 또 어떤 경우는, 보다 넓은 대상들에게 의미가 전달될 수도 있다. 어떤 부류의 전문가를 말하는가? 도대체 누구를 위해 번역을 한단 말인가? 번역가가 개인적으로 처해있는 현대 세계의 사회는 그 번역가가 번역을 통해 발견하고 확인해낼 수 있는 의미세계가 풍부하다. 여기에는 아무런 목소리도 없고, 아무런 의미 연관도 없는 번역까지도 포함이 된다. 텍스트의 실제 뜻은 다른 곳에 있는데, 우리 중에 많은 사람들이 텍스트의 문법적 의미만 번역하고 만 것이다.

내가 이 글에서 논한 理와 氣가 바로 그런 경우라고 할 수 있다. 성리학의 전문가들 가운데 몇몇은 내가 고민하고 있는 현대 조직이론과 생태론이 사단칠정론, 자기개발, 그리고 理와 氣에 대한 심오한 문제를 지나치게 현대적인 모습으로 확대 해석했다고 비판할 것이다. 퇴계와 고봉과 율곡 같은 사상가들은 꿈에도 이런 것들을 문제로 삼으려고 생각하지 않았을 것으로 믿기 때문이다. 그러나 또 다른 한편으로는 지금까지 분명치 않았던 부분들을 내가 제대로 찾아냈다고 생각하는 사람들도 있을 것이다. 그것은 지금까지 텍스트가 가진 충분한 뜻과 의미를 밝힐 수 있는 읽기 방법이 적용되지 않아 그 뜻이 오랫동안 애매한 채로 남아있었다고 믿기 때문이다. 나는 물론 후자의 입장이 옳다고 믿는다. 뿐만 아니라 나는 이런 방식으로 말미암아 내가 그동안 해석하던 방식이 완전히 달리 해석되는 데 대해서도 놀라지 않을 것이다. 예를 들면, '호락(湖洛) 논쟁'(인간의 본성이 다른 사물과 같은지 다른지에 대한 논쟁)을 재검토하여 이런 해석방식이 보다 강력한 우주론적 혹은 존재론적 콘텍스트 속에서 어떤 의미를 갖는지 살피는 일은 매우 흥미롭다.

여기서는 무엇이 '옳고' 무엇이 '그른' 방식의 접근인지 대답하는 게 쉽지 않다. 그러나 분명한 것은 번역을 통해 얻어지는 의미는 번역자가 누구며 어떤 사회에 속해있는지에 따라 크게 영향을 받게 된다는 사실이다. 그렇게 되면 인간 사고의 강력한 전통과 영성은 소리 없이 사라지게 된다는 게 문제다. 그것은 그들에게 중요한 현대적 의미가 없거나 현대 세계를 제대로 조명하지 못하기 때문이 아니라, 번역의 관례에 둘러쌓여 버리기 때문이다. 그 관례는 결국 나중에는 통합되고야 말 사회를 위해 활력과 통찰력을 연결시켜 주고 있는지도 모를 뜻을 아리송하게 만들고 마는 것이다.

텍스트란 무엇인가?: 무가에서의 권위와 신뢰성

안토네타 L. 브루노(로마대학교, 이탈리아)
번역: 김중순(계명대학교 한국문화정보학)

최근 들어 한국에서는 무가(巫歌)에 대한 책들이 많이 출판되고 있다. 종교 의례적 맥락을 이루고 있는 무가들의 모음집은 이미 서점에서도 쉽게 구할 수 있어 번역가의 입맛을 자극할 수 있지만, 실제 서양 언어로 번역된 것들은 거의 없다. 그것은 무가가 가진 가치가 적어서가 아니다. 실제로 무가는 한국문화, 민속, 문학, 종교 등에 관한 지식을 깊이 있고 풍부하게 해 주는 것이다. 그러나 분명한 사실은, 무가가 구전된 것이기 때문에 스타일이나 사용된 언어, 그리고 내용까지도 이해하기가 쉽지 않다는 사실이다. 특히 무가의 구조에서 문제가 드러나는데 플롯의 일부가 통째로 생략이 된다든지, 플롯과 관계없는 엉뚱한 맥락의 이야기가 삽입된다든지, 잘못 씌어지거나 잘못 발음된 단어들이 등장한다든지, 게다가 무당 자신의 언어습관마저도 문제가 되는 것이다. 번역가를 어렵게 만드는 또 다른 문제는, 무가 중에 겨우 몇 몇 편만 해설이 붙어 있고, 아주 극소수만이 자세한 문화적 역사적 정보를 담고 있을 뿐이라는 사실이다. 그러나 많은 단어와 문장들이 여전히 무슨 말인지 알 수 없는 단어와 문장들 투성이고, 사전에서조차 도움 받을 수 없는 것들로 가득 차 있다. 이런 여러 가지 문제로 말미암아 무가 텍스트의 의미가 무엇인지 알기란 쉽지 않다. 문장이나 스타일 외에 또 다른 어려움은 그것이 무속(샤머니즘)과 연계되어 있기 때문에, 텍스트에 내재된 의미 체계를 번역가가 반드시 고려해야 한다는 것이다. 그렇지 않고 문자적 의미 해석에만 초점을 맞추게 되면 무가의 이해가 충분할 수가 없다. 내가 문제로 삼고자 하는 것은, 무가의 경우 번역의 어려움이 한 편으로는 창작자의 정체성, 즉 누가 텍스트의 주인인가 하는 데 있다. 그런 생각의 근거는 커뮤니케이션의 구조와 비교할 수 있다. 창작자가 누구인가 하는 점이 무시된다면, 무가는 충분히 잘못 전달될 가능성을 안고 있기 때문이다.

이 글에서 내가 다루고자 하는 바는 번역되고 해석될 텍스트의 본질은 무엇이며, 그 텍스트의 창작자는 누구이며, 또한 그것을 밝히는 일이 번역에 어떤 도움을 줄 것인가 하는 것이다. 더 나아가 권위와 신뢰란 무엇인가 하는 것이다. 다시 말해 창작자의 권위와 신뢰성을 누가 결정할 것이며 그것이 창작과 번역의 어떤 문제와 연관되어 있는지를 살펴볼 필요가 있다.

나는 우선 복합적인 의미를 함축하고 있는 텍스트로서의 무가를 정의해 보고자 한다. 그런 후에 이 논문의 핵심이라고 할 수 있는 무가의 신뢰성과 권위라는 측면에서 창작의 문제를 그 다음 장에서 다루고자 한다. 첫 번째로는 텍스트를 바꾸고 만들어내기 위한 일련의 과정을, 특히 무당에 의해 판단되어 정당성이 부여되는 범주가 무엇인지를 중심으로 조사할 것이다. 두 번째로는 구술 전달의 경우에 창작자에게 주어진 '신뢰성'과 '권위'란 무엇인지를 살펴볼 텐데, 결국은 창작자가 아니라 "공동 창작자들"이라고 해야 할 것이다. 그리고 마지막으로, 무당과 학자 가운데, 물론 둘 다 충분하지는 않지만, 어떤 사람이 무가의 "모범적 번역가"가 될 수 있는지를 살피는 것으로 결론을 맺고자 한다.

1. 텍스트란 무엇인가? 무가에서의 신뢰성과 권위

무가를 제대로 번역 혹은 해석하기 위해서는 텍스트의 특성에 대한 이해가 이루어져야 한다. 그래서 나는 여기서 무가에 대한 두 가지 정의를 염두에 둔다. 넓은 의미의 무가는 굿이나 예언에 대한 구술의 모든 형태, 공수, 점 그리고 [신과의] 대화 등을 포함한다. 그러나 좁은 의미로는 굿이 진행되는 동안 무당이 부르는 노래로 한정한다. 첫 번째 정의대로 하자면, 무가는 복합적인 텍스트로 구성되어 있다. 그것은 구술극의 틀 속에서 이루어지는데, 굿의 형태에 따라 재창조되기도 하고, 모든 언행에 따라 맥락을 이루어나가기도 한다. 무당, 신, 의뢰인, 학자 등 굿의 참여자 모두가 무가의 의미를 탈 맥락화(de-contextualization) 시키기도 하고 재 맥락화(re-contextualization)[1] 시키기도 한다. 다시 말하면, 그것은 계속해서 변하는 텍

1) 텍스트가 어떤 하나의 언어 표상으로부터 다른 표상으로 바뀌어 질 때는 탈맥락화, 맥락화, 그리고 재맥락화의 과정을 통해 이루어진다. Bauman에 따르면, 텍스트는 재맥락화가 이루어지기전에 탈 집중화(혹은 탈 문맥화) 할 필요가 있다고 한다. 맥락화의 절차에서 '담화'와 '텍스트'를 구별하면서 Bauman은 맥락화를 다음과 같이 정의했다: "...제시되는 담화가 표현이 이루어지도록 하는 과정이며, 상호작용 환경에서 하나의 텍스트 단락으로 향상되도록 언어적 생성을 확장하게 하는 과정이다." 이런 관점에서 보면, 텍스트는 결국 탈 맥락화되어질 수 있는 담화적 표현이라고 할 수 있다. 맥락화는 문맥의 양상을 더 구체화할 것이며, 또한

스트이고, 그 맥락과 심도 있는 해석에 따라 언어적인 다양성을 함축하게 된다. 그래서 무가는 구술 텍스트(의례 행위)까지 포함하고 필사 텍스트에서 도출된 내용들까지 포함한 여러 자료들로 구성되어 있다. 그러나 두 번째 정의로서 좁은 의미의 무가는 무당이 굿을 진행하며 악기의 반주로 부르는 노래 그 자체이다. 이 글에서 다루는 무가는 무당의 노래를 비롯해서 공수에 이르기까지 모두 다 아우른다. 따라서 위에서 살핀 이 두 가지 정의는 번역자가 무가의 내용을 이해하는 데 있어서, 그리고 신뢰성과 권위의 의미를 이해하는 데 있어서 반드시 알아야 할 기초에 해당한다고 할 수 있다.

무가의 내용을 분석하다 보면 서로 상치되는 경우가 적지 않다. 특히 구술 무가의 경우에 여러 텍스트의 비교를 통해 플롯의 선형적 진행 가능성을 찾게 될 때 그러하다. 예를 들면, 굿과 관련해서 이야기의 논리적 흐름이 깨어지게 되면, 그 때는 공수와 중얼거림, 그리고 다른 무가의 언어적 변용을 살필 수밖에 없다. 굿의 구조를 들여다보면 상호텍스트성[2] (intertextuality)이 공수나 점과 같은 다른 언어적 다양성에서 드러나기 때문이다. 그것은 종교적 태도가 어떠하냐에 따라 영향을 주기도 하고 또 영향

그런 결과의 텍스트는 그 안에서 그것을 활용하는 역사적인 요소를 전달하게 된다. [⋯] 만약 텍스트를 일단 탈 맥락화하는 경우를 생각해 보면, 우리는 하나의 사회적 문맥에서 탈 맥락화라는 것이 또 다른 것에서 재 맥락화를 포함하는 것이라는 사실을 인식하게 된다[⋯]."(Bauman 1990:73, 80)

2) 상호텍스트성은 문학작품에서 설명될 때 하나의 작품 내에서 상호관련성을 말하기도 하고, H. F. Plett이 말한 바 "서로 다른 텍스트들 사이에서의 텍스트"를 말하기도 한다. 이들 텍스트들은 대화적인 연계를 통해 내부적으로 연결이 되어 있는데, 그 자체로서 충분하거나 "imitatio auctorum"한 것이 아니라 작가와 독자에 큰 의미를 부여하는 소통의 텍스트로서 받아들여진다. 나도 역시 무가를 분석하기 위해 Plett으로부터 상호텍스트성의 통합적(텍스트 사이의 연관)이고 실용적(발화자/청자 혹은 창작자/독자 사이의 연관)인 분석법을 차용했다.(Plett 1911:3~27)

을 받기도 한다. 그런 과정을 통해 무가가 함축적인 종교적 의미를 얻게 되고 그와 더불어 권위와 신뢰를 얻게 되는 그것이 바로 상호텍스트화인 것이다.

무가에서 상호텍스트성의 작용이 무엇인지 살피는 일은 번역가에게뿐만 아니라 다른 이유로도 아주 유용한 도구가 된다. 그것은 상호텍스트성의 그물망에 얽힌 무가의 구조를 보여주고 그것을 묶고 풀고 하는 과정에서 텍스트의 의미와 메시지가 발견되게끔 하는 작용이다. 구술 무가의 경우 주제를 자세히 살펴보면, 한편으로는 문학, 민속, 종교, 역사에서 추출된 텍스트의 조각들이 포괄적으로 얽혀 상호텍스트성의 복잡한 본질을 보여주고 있다. 이런 요소들은 플롯의 구성을 풍부하게 해주고 "우월한 문화"로 이야기 되는 것들의 권위를 높여주는 수단이 되는 것이다. 역설적이지만, 다른 한편으로는, 이 상호텍스트성이라는 것이 무가가 그 자체로서 고유한 원본임을 보장해주는 이상적인 개념을 무너뜨리기도 한다. 그래서 단어의 힘을 통해 부여된 텍스트의 권위가 손상되기도 한다. 아닌 게 아니라 구술 노래는 신봉자들이 자신들의 역사를 다시 이야기하고, 굿을 통해 그들을 즐겁게 함으로써 초월적 존재에게 빌거나, 신비적 시간을 실제시간으로 변환시키는 권위와 힘이기도 한 것이다.

텍스트간의 관련성은 어휘나 통사 같은 언어학적 관점을 통해 경험되는가 하면, 이야기의 질적 흐름 속에서 구체화 되는 주제, 스타일, 그리고 인물들을 통해서도 경험이 된다. 이런 것들이 합해져서 구비문학으로 옮겨지게 되는데 결과적으로 무당에 의해 엮어지고 봉합되고 잘려지고 꾸며지게 되는 기술과 닮은 특징을 보여준다. 따라서 상호텍스트적인 접근을 하게 되면 무가의 텍스트는 더 이상 고유한 게 아니다. 좀 더 구체적으로 말하자면 무가는 구비문학과 종교-민속의 경계선상에 놓인 구술 텍스트라고 할 수 있다.

장르들 사이에서 상호텍스트성의 한 가지 예는 제석(帝釋)이라는 신(神)의 경우이다. 이 신(神)은 굿에서 등장하고 불교 텍스트에서 등장한다. 하지만 이 신(神)은 탈-인격화와 탈-신비화의 과정을 겪으며 탈춤에서는 멍청하고 불쌍한 중으로 바뀌어 반어적으로 조롱받는 역할을 한다. 등장인물이 비록 같은 이름을 가지고 있고 역할도 거의 비슷하지만, 실제로 어떻게 달리 나타나는지를 번역가가 알고 있다면 큰 도움이 될 것이다. 번역 작품에 있어서 상호텍스트성과 관련하여 지적할 필요가 있는 것은, 그것이 각각의 텍스트가 새로운 맥락에 근거해서 어떤 새로운 메시지를 전달하는지를 보여주기 때문이다.

번역가가 갖춰야 할 첫 번째 덕목은 이야기 플롯과 더불어 무가의 일반적인 의미를 파악하는 일이다. 시작부터 번역가는 텍스트의 복잡성과 직면하게 된다. 다른 텍스트로부터 차용된 텍스트의 파편들이 혼합되고 또 때로는 아무런 논리적 근거도 없이 일부가 생략된 채로 끼워 넣어져 있기 때문이다. 무가에서 생략된 부분을 보완하고 사전에서도 찾아 볼 수 없는 단어의 의미를 명확히 하기 위해서는 상호텍스트적인 접근을 하지 않을 수 없다. 이를 통해 다른 장르의 자료를 살펴 확인할 수 있는 구체적인 예가 아래에 있다. 무가 <손님굿>3)을 살펴보자.

3) Bruno 2007a, 2007b.

〔예 1〕

1. 헌원씨는 배를 모아내어
   [...] The Yellow Emperor built the [first] boats
2. 몸을 이제불통 하실 적에
   and when he opened up the way of communicability
3. 그물 망자를 지어내어
   he created the net, the net
4. 구년치수 맑은 물에야 고기 잡기 마련하시고
   to fish in clear waters controlled for nine years.

위의 2번, 그리고 4번의 불완전 문장은 이해가 불가능하다. 그러나 비슷한 주제로 열거되는 다른 자료를 살피면 문제는 해결 된다. 이 행들은 <씻김 굿>에서 등장하는 내용과 유사하며, 판소리 사설 <심청가>의 내용과도 유사하다. 다만 <손님 굿>에서 달라진 점은 3행인데, 꾸밈 기능으로 삽입된 '그물'이라는 단어가 한 번 더 삽입되었다는 게 예외이다. 고기를 잡는 '그물'이라는 순수한 한국어와 '망'(網)이라는 한자말의 반복이다. 씻김굿에서는 오직 처음에 나오는 두 행만이 그 다음에 나오는 다른 행들과 같은 주제를 담고 있다. 비록 이러한 기능을 하는 행들이 Marshall R. Phil의 영어 번역《심청가》에서는 빠져있지만,《한국의 판소리》(정병국; 339)에서는 다섯 개의 강을 따라 여행하는 황제가 언급이 되며, 물 위에서 수송을 시작했던 사람으로 묘사가 된다. 그래서 두 번째 행의 번역이 같은 주제, 같은 주인공, 같은 기능을 말하고 있음을 확인할 수 있다. 네 번째 행에서는, 신화적 요소가 있는 중국의 역사 이야기가 차용되고 있음을 알 수 있다. "9년간 물을 다스림"이라는 구년치수는 중국 夏나라를 통치했던 유 황제로서 한국어로는 헌원씨의 행적을 가리킨다. 이는 또한 황제가 비가 오는 9년 동안 황하강에 대해 끊임없는 보수를 명령했다는 것을 말하고 있다.《한국의 판소리》에서 "하우씨 구년치수 배를 타고"라는 행이 위에서 말한 그 다음 문장으로 나오는데, 이 부분은 번역가들을 혼란스럽게 한다. 왜냐하면 주인공의 이름이 바뀌었기 때문이다. 헌원씨가 곧 하우씨의 다른 이름이라는 사실은 어느 사전에도 언급되어 있지 않다. 헌원씨가 혼동된 이름임에 틀림없다.

위에 언급이 된 몇몇의 행들을 분석해보면, 이들은 문학적 꾸밈이 있을 뿐만 아니라 "창작자의 시적 상상력이 수용자에게 해석의 창작력을 요구"(Plett: 15)하고 있음을 알 수 있다. 그 의도는 바로 창작자의 박학다식함을 미화하고, 시적 운치를 위해 중국의 명문장을 인용하되 한자말이나 한국말로 반복함으로써 권위를 높이려는 것이라고 할 수 있다. 번역가들의 입장에서는 T1과 T2까지의 텍스트를 살피면 매우 도움이 된다. 그것은 바로 핵심 텍스트이기 때문에 거기에서 인용문이 생겨나고 인용 원문도 또한 거기에 담겨있는 것이다. 이것은 번역에 여러 가지로 기여를 한다. 어떤 텍스트가 보다 권위있고 신뢰가 있는지, 어떤 것이 새로운 삽입이며, 그리고 그 텍스트의 원문은 무엇인지를 알 수가 있기 때문이다. 그렇지만, 무가 번역의 맥락에 T1과 T2의 동일성을 확인하는 일은 어렵다. 그것은 어차피 구전되어지는 것이기 때문이다. T1과 T2 사이에 삽입이 이루어질 때마다 새로운 의미가 생겨나서 전체 맥락 속에 포함되어 버린다. 위에서 언급된 예는 상호텍스트성이 생성되는 가운데 어떻게 새로운 의미가 전개되는지도 보여주고 있다.

상호텍스트 방식의 접근을 하게 되면 텍스트 내에서 애매함이나 상치되는 것들 혹은 오류마저도 드러나게 된다. 그런데, 그런 텍스트가 권위와 신뢰성을 가지게 된다면, 과연 혼합 투성이 텍스트의 창작자가 누구냐 하는 것이 무슨 의미가 있겠는가. 번역가들에게 무가에서의 이 문제는 진짜 의미를 파악해내는 데 매우 중요한 질문이다.

2. "창작자란 누구인가?" 신뢰성와 권위.

창작자가 누구인가 하는 것은 번역가에게는 매우 중요한 문제다. 사실, 무가의 번역에서 텍스트가 어떻게 상황에 따라 다른 의미로 이해될 수 있느냐 하는 것은 중요하다. 그래서 번역가가 맥락에 따라 특별한 메시지를 파악해 낼 수 있어야 한다. 그러나 그런 메카니즘을 통해 개별 창작자가 누구인지 구별해 낼 수 있다는 것은 오히려 더 중요한 일이다. 또한 그런 기여가 해석의 과정에서 반드시 필요한 것이기도 하다. 이런 메카니즘은 번역가들에게 매우 중요하다. 바로 그것을 근거로 해석과 번역이 이루어질 수 있는 논리적 기반이 만들어지기 때문이다. 텍스트가 계속해서 변화한다 할지라도, 그리고 한 사람의 무당에 의해 우연히 불려진 것이 다른 사람에게로 전승되는 보잘 것 없는 것이라 할지라도, 이 무가는 오늘날에도 신어머니에게서 신딸에게로 꾸준히 구술로 전승이 되고 있다. 다시 말해서, 창작자의 의미가 권위와 신뢰성과 관련한 것이라면, 변용의 과정, 변형이나 상호텍스트성에 대한 보다 심도 깊은 분석을 해 볼 필요가 있다. 첫째는 텍스트의 모든 본질을 이해하기 위해서 그러하고, 둘째는 특정 무가에 있어서 창작자의 목소리 혹은 신뢰할 만한 목소리가 갖는 의미의 윤곽을 이해하기 위해서도 그러하다. 셋째는 그렇게 함으로써 그것의 심오한 종교적 혹은 문학적 의미도 보다 분명하게 드러날 것이다. 심오한 뜻은 무가의 내용에 담겨있겠지만 그것이 드러나는 것은 양식이다. 구술 무가에서 내용이 무속에만 꼭 들어맞는 게 아니다. 오히려, 번역 작업에서 무가가 어떻게 무당과 일반인들에게 인식되는지를 생각해 볼 필요가 있다. 무속에 대한 지식을 전승하는 "종교적" 텍스트는 신적 세계를 표현하되, 특별히 인간사에 관한 그들의 뜻과 간섭하는 바가 무엇인지를 표현하게 된다. 무가의 내용이 그런 뜻에서 진실하다고 믿는 충성심은 학자들 사이에서도 별로 문젯거리가 아니다. 이들은 무속이야말로 문화와 문학사 간에 정보를 전달하는 중요한 요소라고 믿는 사람들이다. 무가가 특별한 의미를 가졌기 때문에 신뢰성 있고 권위가 있다는 생각이 기본적으로 깔려있다. 이런 생각이 지배적이기 때문에 번역과 해석의 과정에서 그것을 반드시 염두에 둘 필요가 있다. 그 배후에 있는 생각은 무가의 창작자들이 무당이며 동시에 초월적 실체라는 사실이다.

창작자가 누구냐 라는 것은 매우 중요하다. 왜냐하면, 그(혹은 그녀)는 무가 전승의 권위를 가졌고 또한 무가를 완성된 텍스트로 취급할 수 있는 권위를 가진 능력자이기 때문이다. 그(혹은 그녀)가 무가의 권위와 신뢰성을 가지고 있다면서 그 의미가 사람마다(무당, 신딸, 아마추어 혹은 학자) 달라지고, 종교적 언어에서 드러나는 맥락이나 다양성에 따라 바뀐다는 이유로 평가를 소홀히 해서는 안 된다. 그래서 창작자에 관해서는 좀 더 포괄적인 시각이 필요하다. 특히 공동 창작자로서의 창작자의 역할이라고 하는 것은 탈맥락화의 과정을 통해 다시 그것을 다른 맥락 속에서 재맥락화 시키는 일이다. 이 논문에서 제시된 아래의 예들은 학자건 무당이건 간에 사람에 따라 해석이 얼마나 쉽게 달라질 수 있는지를 보여주고자 하는 것이다. 다시 말하면, 해석하는 데 있어서 특정 목소리에 우선권을 제공하는 것은 거기에 가장 큰 권위를 부여한다는 말이다. 그렇게 되면 그 목소리 속에서 전승된 의미의 창작자가 누구인지를 알게 되는 것이다.

창작자가 누구냐를 밝히는 문제는 상호텍스트적 분석을 사용해서 해결되는 것이 아니다. 한 가지 방법은 텍스트를 만드는 데 함께 했던 사람들(학자, 무당, 일반인)의 범위를 확인하고, 그들 사이에 창작자로서의 권위가 얼마나 부여될 수 있는지를 구분하는 것이다. 위에서 말한 바와 같이, 누구를 창작자로 확정하느냐에 따라서 무가의 의미도 조금씩 달라진다. 다른 방법은 굿의 주인공이라 할 수 있는 무당에게서 창작자가 누구인지를 찾아내는 것이다. 이런 방법을 수용할 경우, 우리는 무당이 권위를 가졌는지, 그리고 그 무당이 권위와 신뢰성과 관련해서 자신의 이미지를 어떻게 가지고 있는지를 물어볼 수 있다. 이 질문에 답하기 위해 나는 무녀 정학봉에게서 개인 교습을 받은 내용을 제시해보고자 한다. 이 예들은 무가 텍스트를 정학봉이 어떻게 취급했는지를 보여주며, 자신이 직접 수정한 데 대한 설명을 통해 그녀 자신이 스스로를 창작자로 여기고 있음을 보여준다. 그녀는 권위있는 인물이고 무속에 대해서도 풍부한 지식을 가진 인물이었다.

〔예 2〕

"요즘 사람들은 신청이나 부정, 그리고 주당이 무엇인지나 알고 있는지 몰라", "그게 뭔지 모르지?", "신청은 우리가 북을 치면서, 우리가 굿을 행하고 있음을 장군님들께 고하는 것이야! 신의 제단에서 신청을 올려야하지 않겠어? 주당은 말이야, 그것이 들어오지 못하도록 우리가 막아야 하는 것들이야. 주당이 제일 무서운 것[귀신]들이지. 굿판이 벌어지는 동안에, 당신이 만약에 주당에게 공격당하면 영락없이 죽고 말거야!"

정학봉은 상당한 자긍심을 가지고 있고, 권위적인 이미지는 구태여 말하지 않아도 이렇게 소통을 통해 전달이 된다. 그녀는 선생으로서 많은 사람들을 가르치며 자기 자랑을 구태여 감추지 않는다. "여러분은 그게 무슨 뜻인지 모르지? 그래서 모두들 내게서 배워야 하는 거야." "모두.(웃음)" "나는 모르는 게 없어. 나는 모두 다 알지, 모두."

텍스트를 어떻게 배웠는지에 대해서도 궁금했다, 어떤 학자가 "옛날 스타일"의 완전한 버전으로 굿을 한번 해 봐 달라고 요청을 하자 그녀는 누구에게서 기술을 배웠으며, 또한 어떻게 다듬어 나갔는지에 대해서도 솔직히 대답을 했다. 또한 아주 자랑스럽게 지난 십여 년 동안 자신이 보탠 단어나 문장도 확인을 해 주었다. 예를 들면, 어떤 세미나에서 몇몇 교수들이 설명한 것을 자신의 무가에다 추가시켰다는 사실을 아무런 거리낌 없이 말하는 것이었다. 그 내용은 다음과 같다.

〔예 3〕
"허씨 성수와 백씨 성수가 내가 전해 받았던 성수이다. 허씨는 남성이다. 나는 인도의 한 여인이 왕과 결혼해서 아홉 아들을 낳았다는 것을 교수들이 모여 개최한 세미나에서 들었다. 그 어머니의 성은 허씨였고 그녀는 큰 만신이 되었다; 그 아들들로 말미암아 이 성씨는 세상에 널리 퍼졌다. 다만 허씨만이 큰 만신의 대열에 들어가게 되었는데, 그 조상이 우리가 소위 '나라 만신'(왕족 무당 혹은 오늘날 國巫)이라고 하는 왕과 결혼했기 때문이다."

교수들이 언급했다는 그 어머니 허씨는 말할 것도 없이 가야국 왕 수로의 배우자이다. 삼국유사에 따르면, 인도에서 배를 타고 와 환영받았던 사람이다. 위에 언급하였던 이런 예는 무가를 믿을만한 이야기 수준으로 바꾸어낸 가장 일반적인 방식의 하나이다. 이런 주장은 그녀가 학자들로부터 영감을 받아 수정과 보완을 한 창작자임을 말해주는 또 다른 예라고 할 수 있다. 다시 말하면 무가는 계속해서 변화하는 과정에 있기 때문에 "공동 창작자들"에 의한 결과물임을 말해준다. 그러나 오로지 무당만이 그것을 바꿀 수 있는 힘을 가졌고, 그 힘은 바로 권위와 신뢰성과 연계되어 있는 것이다.

다음의 예들도 무가에 있어서 창작자, 권위, 신뢰성이 얼마나 상호 밀접한 관계를 가졌는지를 보여주는 것들이다. 개인교습을 받는 과정에서 무녀 정학봉은 오늘날 무속이 계속해서 변화하고 있음에 대해 여러 차례 언급을 한 바 있다. 옛날에는 그것이 어떻게 달랐는지를 밝히면서도, 전통뿐만 아니라 현대에 관한 지식까지도 폭넓게 아우르고 있을 만큼 권위가 대단했다. <조상거리>에서는 어떻게 하면 모든 조상을 한꺼번에 불러 모실 수 있는지에 대해서도 주저 없이 이야기하곤 했다. 특히, 다른 무당들이 굿을 할 때 사용하는 스텝이나 특별한 장면에 대해서는 달리 그것의 옳고 그름에 대한 평가를 하기보다, 어떻게 응용할 수 있는지에 대해서도 가르쳐주어 교습의 내용은 더욱 풍부했다. 한 두 개의 예를 살펴보자.

[예 4]
"돈 벌러 가세, 방방곡곡으로"
Let's go and gather money, in every country of the world.

간단한 내용인데 굿이 진행되는 동안 무당이 부르는 노래다. 정학봉은 "문장은 요즘 이야기야. 과거에는 우리가 '돈을 벌어 모으세, 연평도 해변으로 가서' 라고 했거든. 그런데 요즘에는 꼭 거기 가야만 돈을 버는 게 아니잖아? 세상 구석구석을 다 돌아다녀야 할게 아니냐?"

[예 5]
"옛적 식으로 아니 버리고 신법을 아내고 이여"
Do not give up the tradition, do not start a new divine law.

전통이 무엇인지에 대한 무당의 설명이 <손님 무가>의 첫 부분에 두 문장으로 나온다. 이 말은 늙은 무당이 젊은 무당에게 전하는 것이다. 그 내용은 변화를 포기하고, 대신 전통을 따르라는 것이다. 이 말에 대한 젊은 무당의 대답은 "성수본은 한본이여, 제자본은 각본이다"인데, 신들은 모든 무당에게 똑같이 임하지만, 신들을 위해 행해지는 굿은 무당마다 다르다는 것이다.

여기서 알 수 있는 것은 무당은 자기만이 유일한 무가의 창작자라고 생각지 않는다는 사실이다. 무당 정학봉은 다른 무당이나 학자들의 주장을 인용하며 텍스트를 보다 더 풍부하게 만들고 있다. 이것은 가끔 인용으로 처리되기도 한다. 인용문이라고 하는 것은 무가를 권위 있는 수준으로 바꿔놓는 데 사용되는 신뢰할 만한 양태라고 할 수 있다. 그래서 인용은 발화(發話)에 힘을 부여하는 강력한 수단이 되기도 한다. 그리고 발화자에게 권위를 부여하여 연설이 권위가 있고, 박식하게 들리고 매끄럽게 되도록 한다. 더 나아가서 위에서 본 바와 마찬가지로, 무당이 자신만을 유일한 무가의 창작자로 여기지 않는다는 사실이 명백해졌다. 다른 것들의 인용을 통해 텍스트를 더 풍부하게 하기 위해 정학봉은 다른 사람들의 해석도 받아들였다. 결국, 학자나 무당에 의해 이루어진 무가의 해석이나 분석과 번역은 텍스트에 권위를 부여하고 신뢰성을 과시하기 위한 확대된 수단에 지나지 않는다. 그것을 기본 텍스트화 시키는 데 기여하는 일은 아주 드물다. 번역-해석은 소통이 되지 않는 텍스트를 변용시켜 이해가 되도록 만들고 소통이 이루어지도록 하는 것이다. 그런데, 아주 드물게는 무당조차도 한 가지 의미에만 매달려있는 경우가 있다. 이런 과정은 두 가지 방법으로 이루어진다: 하나는, 문자적 측면에 기반을 둔 피상적 번역이고, 다른 하나는 해석과 문화적 측면을 고려하는 깊이 있는 번역-해석이다. 번역가는 모든 가능한 해석의 종류들을 다 고려해야한다. 물론 변치 않는 유일한 바른 의미란 대부분이 불가능하다는 사실을 전제해야 할 것이다.

아래의 예를 보면, 무당과 학자들이 어떻게 "공동 창작자"로서의 힘을 얻게 되는지 알 수 있다. 이 문제에 대한 다른 접근들을 살펴보자. 첫 번째 예는 무녀 정학봉이 부르는 무가의 내용에서 제시된 것들이다. 이것은 내가 직접 굿 장면을 녹음한 자료들인데, 인터뷰를 통해서 얻은 것들도 포함되어 있다. 무녀 정학봉의 다른 무당들의 코멘트와 해석도 자신의 텍스트에 수렴시켰다. 두 번째 예는, 바리공주 이야기로부터 시작되는데, 주로 학자들의 해석에 기반을 두고 있다. 무녀 정학봉이 신씨를 위해 주재한 내림굿에서 채록한 장면을 살펴보자. 무당들이 신씨의 내림굿에서 재현한 것으로, <초부정 초감흥 거리> 장면이다.[4] 밑줄 친 텍스트는 이해하기 어려운 내용들이고, 부분적으로 밑줄 친 단어들은 다른 소스에서도 비슷한 내용들이 발견되는 것들이다.

4) See more Bruno 2002.

〔예 6〕

1. 돋아올르신 일만국이여
2. 저 가는 이는 화산국인데
3. 서두육성은 태백성에
   The Six Stars of the Western Dipper and the Evening Star.
4. 하늘이 알아서 일월영천
   Heaven responds [to] 영천or Sun and Moon
5. 땅이 아느니 신사발원
   What the Earth responds to is prayers and worship of the gods

1행과 2행의 "돋아올르신 일만국이여 저 가는 이는 화산국인데"는 불완전한 문장이다. 그러나 다른 출처에서 사용된 비슷한 문장과 비교를 하면 대강의 의미를 유추해낼 수 있다. 바로 김금화 무당이 쓴 책의 <일월성신맞이> 장면(김금화 1995:45)에 "해가 돋아 일만국을 비치고 달이 돋아 화산국을 비칠 제"라는 문장이 있거니와 <상산부군맞이> 장면(김금화 1995:55)에는 "돋아오는 일만국에 져가는 화산국"이라는 문장도 있다. 영천은 김금화의 책에 "하늘의 신들"(김금화 1995:102, 각주92)이라고 설명되어 있다. 그러나 같은 출처 임에도 영천이 어떤 곳에서는 "신사", 즉 굿과 동일한 뜻으로 해석되기도 한다: "신사덕 입혀 주시고, 영천덕 입혀 주시오."(김금화 1995:49)

아래의 텍스트도 여러 무당과 학자들이 달리 해석한 것인데, 해석이 얼마나 다양할 수 있는지를 생각하면 참으로 흥미롭다. 뿐만 아니라, 인용의 경우에도 제보자가 무당일 때에는 성씨만 제시를 하고 있는데 반해, 학자일 때에는 성과 이름이 모두 제시되는 것도 흥미롭다.

[예 7]
높은 문전에는 송침정성
얕은 문전에 황토배설
<u>금수나 향줄을 건너띄워</u>
밤으로는 몸정성이요
낮으로는 <u>눈정성인데</u>
At the high gate, the devotion of pine-needles,
At the low gate, the devotion of yellow earth,
<u>Pervading the sacred area with the scent of incense.</u>
At night bodily devotion,
If it is daytime, the gods are worshiped with <u>prayers and songs.</u>

무당 정무산은 여기서 사용된 <u>"금수나 향줄을 건너띄워"</u>라는 문장을 '불타는 냄새' 혹은 '불타는 냄새를 흩어 뿌리는 것'이라고 설명했다. 이 문장 앞부분에 나오는 '금수'라고 하는 단어는 신성한 지역의 주위를 둘러 쳐놓는 줄을 말한다고 하며, '금수'가 아니라 '금쭐'이어야 한다고 한다. 그러나 그 다음에 나오는 단어들을 해석해보면 이런 견해는 받아들이기 어렵다. 김금화(1995:73)는 "금수향내를 피워놓고"에서 '금수'가 금 나무에서 나오는 향기 종류의 이름이라고 했다. 정무산은 마지막 문장의 "눈정성"도 '눈' 대신에 '입'이어야 하고, 그래서 "입정성"이 되어야 한다고 했다. 또 다른 예도 있다.

[예 8]
구조상에는 제장대감
신조상에는 영실대감

For the old ancestors, Dead Taegam
For the new ancestors, Yŏngshil Taegam,

정무산에 의하면 '제장'은 죽은 자를 말한다. 문자적으로 '영실'(靈室)은 영혼의 방이고 죽은 자들을 모시는 곳이라고 한다. 그러나 김태곤은 '영실'이 '방금 죽은 이'를 가리킨다고 한다.(1972: vol. I, 85) 어쨌든 창작자가 첫 번째 문장과 대조를 이루고자 하는 의도가 있었다면 '제장'이라는 단어도 옛 조상을 가리키는 어떤 의미가 있을 것이다.

[예 9]
일월성신에 배욱선관
옥황상제들 화해를 받아
With the Gods of the Sun and the Moon, Immortal Officials, 배욱 Celestial Court Officials, and with the Yellow Emperor we conclude a pact.

정무산에 의하면 배욱선관의 '선관'이라는 말은 단군의 심부름꾼이다. 또 다른 해석은 '선관'이란 고귀한 가정에서 태어난 무당이다. '배욱'이라는 단어에서 첫 번째 '배'라는 말은 물 위의 교통수단으로서의 배라는 뜻이라고 한다. 김금화도 같은 생각인데 자신의《무가집》(김금화 1995) 서문에서 그런 설명을 하고 있다. 그러나 선관이 누구인지에 대해서는 말이 없다. 나는 '배욱'이 고급관리의 모자에 달린 보석을 가리키는 '패옥'의 잘못된 표현이라고 생각해서 여기서는 그렇게 번역을 하고자 한다.

무가에서는 특별한 언어들이 구사되기 때문에 무당이 따로 번역을 해서 설명해주지 않으면 이해하기 어렵다. 사실은 그래도 어렵기는 마찬가지지만, 그 몇 가지 예들을 보자.

[예 10] 화해를 받다

어쩌면 '동의를 얻어내다'는 뜻의 '합의받다'라는 말이 와전되어 '화해를 받다' 혹은 '하의받다'는 식으로 표현되는 것 같다. 이것은 황해도 지방 무가의 특징이기도 하다. 무당이 굿에 참여하는 신이나 조상들을 열거할 때면 언제나 일어나는 일이다. 무녀 정학봉은 굿에는 아무 귀신이나 아무 조상이나 다 참여할 수 있는 게 아니고, 초대받은 자만이 참여할 수 있음을 감안하면 이 부분은 "(굿에 참여한 귀신 혹은 조상과) 합의가 이루어졌다"로 번역되어야 한다고 했다.

[예 11]
"다 옷불림으로 받아가고 다 좌불림으로 받아갑니다."
They gratefully receive the "summoning of clothes", gratefully receive the summoning to their seat on the altar.

이는 조상에게서 공수를 받을 때 사용되는 문장들이다. '좌불림'이란 무당들이 설명하기에는 '옷불림'과 같은 것이라고 한다. 무당 정무산은 옷을 의미하는 '좌복'이라는 단어가 있다고 했다. 따라서 좌불림이라고 하는 것은 번역할 때 단순히 운율의 문제로 처리되어야 할 것이다. 그의 설명은 '좌'라고 하는 것이 굿에서는 보통(귀신을 위해 마련된 제단 위의) '자리'로 이해되는 것과는 다르다고 한다. 그리고 '불리다'와 '외기다'가 같은 말이라고 한다. '불리다'라고 하는 동사는 무당이 굿을 할 때 사용하는 말로 신참

자가 굿판에 불려 나간다는 뜻이고 다른 말로 하면 그가 무당으로 성공할 것이라는 뜻으로 불린 잔, 혹은 불린 문이라고 하듯이 크게 불려진 행운을 받게 될 것이라는 뜻이다.

또 다른 문장은 황해도 무당들이 잘 쓰는 표현인데 “안사두고 두남두다”는 말이다. “두남두다”라는 동사는 “용서하다” 혹은 “잘못을 두둔하다”라는 뜻이 있는 가하면 “남을 염려하는 마음으로 돌보다”는 뜻으로도 엄연히 사전에 나와 있는 말이다.(남영신 1999) 그러니 이 말은 무가에만 등장하는 특수한 것도 아니고 그렇다고 황해도 무가의 특징이라고 할 수도 없다. 따라서 번역은 “우리가 정성이 부족했던 것을 용서하소서!”라고 번역해야 할 것이다.

때로는 아래의 문장에서처럼 창작자의 설명이 없으면 개념 파악이 어려운 경우도 있다. 무녀 정학봉은 모든 부정한 것들의 목록을 작성하는데 각 행은 지역을 가리키는 명사로 구성되어 있고 거기에는 신의 이름이나 보통의 이름이 따른다. 그 이름은 특정한 부정을 지칭하는데 아래의 예를 보면 창작자의 설명이 없이는 도저히 이해하기가 어렵다.

〔예 12〕 “떡을 빚으니 선녀 부정: When making 떡 Fairy pujŏng”

정학봉은 이 부분을 다음과 같이 설명한다. “떡이 만들어질 때면 여인들은 선녀처럼 우아하게 머리를 묶는다. 굿이 시작되기 전에는 준비해야 될 일들이 있다. 목욕을 하고 준비하는 음식에 침이 튀지 않도록 천 조각을 입술 사이에 물기도 한다. 머리카락이 음식에 떨어지지 않도록 머리에 수건을 덮어쓰기도 하는 것을 말한다.”

〔예 13〕 "인간이 강승하고 세월이 분부하니"

이 문장은 초자연적인 귀신이 실제 상황에 대해 슬퍼한다고 믿을 때 무녀 정학봉이 반복해서 외우던 말이다. 이런 것은 본인이 설명을 하지 않으면 정확한 뜻을 이해하기가 매우 어려운 것이다. "때때로 인간이 나쁜 사람이 되는 것과 마찬가지로 시간도 그러하니 매우 복잡한 일이다." 이것을 다시 번역하면 "인간이 악하기 때문에 시간도 혼란스럽다"고 할 수 있을 것이다. 때로는 같은 질문을 여러 무당에게 제기함으로써 해답을 얻을 수도 있다.

〔예 14〕 단마루에는 으사야부정

Pujŏng of high things in the wooden floor

종점 만신에 의하면, '단마루'는 나무로 바닥을 한 대청마루를 말한다. 정학봉은 '으사'를 '높은 것에' 혹은 '높은 곳에 있는 어떤 것'이라는 의미로 해석을 한다. 시적 표현을 목적으로 새로운 단어를 만들어 내기 위해 접두어를 붙이는 것이 무가에서는 흔한 일이다. 그런데 아래의 예에서 보듯이 반드시 그렇지 않은 경우도 있다.

〔예 15〕 마전, 수전

정무산에 의하면, 마전이란 마당에 대한 높임 말이다. '전'은 '마'에 붙은 접미어이다. '수'는 단어를 보다 멋있고 "굿에 어울리게" 만들어 주는 접두어이다.

무가에도 모순이 있다. 아래의 <손님 굿>을 살펴 보자.

[예 16]
그때야 그 시절에 나섯사여래 세존님네는 불도법을 마련하시고, 미륵님은 유도법을 마련하시고
"In those days Sŏka Yŏae [Śākyamuni Tathāgata] created the Buddhist Law, and Maitreya created Confucianis."

보는 바와 같이, 위의 내용은 모순이다. 불교의 미륵이 유교와 교류한다는 것은 말이 안 되는 설정이다.

때로는 무가에서 발화자가 누구인지를 파악하는 일이 쉽지 않다. 왜냐하면 접미사 '시'의 사용에 대한 문법적 이해 때문인데 이 문제는 내가 다른 논문에서 다룬 바가 있다.[5] 아래에서 이야기 하는 것은 정학봉이 기도문을 노래하듯 읊어 낸 것들이다.

[예 17]
마흔네살 다 신의가 [가물]를 젖혀주고
인의풍파 막아주고
제물에 손재
금전에
막아를 내고
스물살에 외공자손
글자마다 문장시키기어
벼슬복록 [덕] 돈마주고

5) Bruno 2002 "내가 도와주시마"와 같은 다른 예들도 있다.

인간이 강성하고
세월은 분분하니
밤길낮길을 걸어도
별탈없이 다 도와를 주셔

"Please, take away all spiritual affliction(젖혀주고), block discord among people and block loss of property and loss of money(막아주고), make the female descendant of twenty write well, letter by letter(문장시키고), [...] and raise her to office and glory(다도와를주셔)."

이 노래를 살펴보면 발화자가 누구인지 혼란스럽다. 말투가 바뀌기 때문이다. 아마도 말을 하고 약속을 하는 사람을 신으로 생각하고 번역을 해야 할 것이다. 그러나 문장을 계속해서 읽어보면 접미사 "–고"가 사용이 되고 "주셔"라는 동사로 마무리가 이루어짐을 알 수 있다. 이때는 무당이 신에게 요청을 하는 것으로 번역할 수밖에 없다. 그러나 번역이 아닌 원문을 읽는 한국인 독자라 할지라도 이 문장에서 발화자가 바뀌었는지의 여부를 알 수 없기 때문에 그런 애매함을 피할 수가 없다. 문장의 제일 마지막 부분에 가서야 동사에 "–고"라는 접미사가 붙어있음을 알 수 있기 때문이다. 이런 애매함은 요청자와 응답자 사이의 구별을 흐리게 하기 때문에 아주 중요한 기능을 한다. 즉 청자로 하여금 기도의 내용이 충족될 것임을 알려주는 것이다.

박학다식함과 문학적 맛을 만들어내는 예들도 있다. 어떤 텍스트에서 스타일을 빌어 와 다른 곳에 적용함으로써 창작자는 새로운 맥락 속에서 꾸며지는 새로운 스타일을 창조해낼 수 있다. 그런 방법 중에 하나는 말장난이 될 것인데 보통 특정한 신의 말을 특별한 형식의 언어 양식으로 만들어

내는 방법이다. 예를 들면 정학봉의 <대감무가>에서는 시루떡의 '시'를 '때'와 같은 의미로 해석하고 있다. '시'를 대신해서 '때'를 사용함으로서 존재하지도 않는 '때루떡'이 탄생하게 되는 것이다. 이런 말장난은 <대감무가>의 특징이기도 하다.

〔예 18〕 네 이놈! 시루떡이 달렸구나 때루떡이 달렸구나.

위에서 제시된 대부분의 예들은 실제 굿이 진행되는 과정에서 정학봉과 다른 무당들이 설명한 내용을 녹음한 것들이다. 이들의 해석과 설명에는 무속과 연관되어 많은 의미들이 숨어있다. 다음에 보게 될 예들은 다른 학자들이 수집한 무가 <바리공주>, <손님무가>, <씻김굿> 등에서 내가 직접 번역한 것들이다. 그렇지만 여기서는 무당들의 설명이 별로 없다. 그래서 이런 경우에는 번역가가 해석을 위해 다른 문헌들을 살피고, 또 가능하면 학자들이 써 둔 주석들을 꼼꼼히 살펴야 한다. <바리공주>[6]의 해석에서부터 벌써 학자들의 의견은 다양하다. 그 예는 다음과 같다.

〔예 19〕
칩떠집소와 삼십삼천 나리집소와 이십팔수
팔대장군 남옹무옹 이 진이오성이다
"Looking up, Thirty three Constellations, looking down Twenty eight Constellations, Eight Great Generals, Namong and Muong take place"

---

6) 서대석의 《구비문학》을 텍스트로 삼는다.(424~471쪽). 설명은 Park Byensen, *Le récit de la "Princesse abandonée" et les médiums à travers l'histoire de Corée.*과 Michael J. Pettid, *From Abandoned Daughter to Shaman Matriarch.*을 참고했으며, 전체 번역은 Bruno, 2006.

남옹과 무옹이 무엇인지는 확실치 않다. 아끼바와 아까마츠가 공동으로 저술한 《조선무속연구》(58쪽)에서 남옹이란 남쪽의 위인이고, 무옹이란 무의 세계에서 온 위인을 말한다. 김태곤은 《한국무가집》, 1권 87쪽에서 남옹을 '나옹'의 잘못된 발음에서 온 것으로 취급했고, 나옹은 공민왕을 섬긴 스님이라고 했다. 무옹은 무학대사를 말하는 것이며, 공민왕의 제자로서 나중에 이성계(1335~1408)의 스승이라고 했다. 그러나 박변선(105쪽)은 남옹을 나무아미타불의 다른 이름인 남무옹이라고 했고, 서대석은 《구비문학》 425쪽에서 이들을 모두 신들의 이름이라고 했다.

〔예 20〕 "칠대중전마마는 내전에 환궁하시고"

And Her Majesty retires in Inner Palace,

왕비는 "일곱번째 왕비"라고 불리지만 특히 일곱 번째라고 하는 세대가 중요하다. 그러나 서대석은 《구비문학》 429쪽에서 다른 견해를 제시한다. '칠대'라고 하는 것은 오랜 세대 혹은 상서로움을 의미하는 '길대'가 와전된 것이라고 한다. 그런데 번역에서는 보통 이 부분이 생략 처리되고 있다.

〔예 21〕 "상산의 살문벗고 조비조상의 원근벗고"

they free themselves from the resentments of grandparents for unfounded accusations"

"unfounded accusation"은 "원근"의 번역이다. 이것은 Pettid[7]가 한자말 遠近으로 생각하고 "far and near"로 번역한 것과는 다른 선택이다. 한자말의 번역이 다르게 되는 경우도 라고 할 수 있다.

7) Michael J. Pettid, *From Abandoned Daughter to Shaman Matriarch*, p.257

〔예 22〕 "산칠청 육의약방 대령하고"

Doctors and assistants in the pharmacy and in the Delivery Room are waiting for the order."

육의라는 단어도 여러 가지로 해석이 된다. 박변선은 이것을 조선시대의 시장이었던 육의전(six big markets)의 약자로 보았고 서대석은 그것을 "여섯 의사와 조무수들"이라고 해석을 했다.8)

때로는 어떤 단어의 정확한 뜻을 안다는 게 매우 힘든 일이다. 아래의 예는 <씻김굿>의 첫 번째 행에서 나오는 것인데 우주와 하늘의 모습을 열거하고 있다.

〔예 23〕 허궁천, 비비천

삼화와 도리천

'삼화'는 좀 애매하다. 김태곤의 《한국무가집》(2권, 101쪽)에 "삼마"라는 말이 나오는데 흐트러짐이 없는 정신의 상태를 가리킨다. 서대석의 <안성무가> 33편에 '삼한'이라는 단어가 나오고 같은 쪽에서 송기철 무당은 이것을 '삼현'으로 해석을 하고 있다. 즉 대승불교에서 해탈의 경지에 이른 사람을 가리키는 말이다.

무가는 듣기에도 좋고 부르기에도 좋다. 다시 말하면 무가에는 꾸밈이 많고 시적 표현이 풍부하다. 번역자는 그래서 원래의 뜻을 잘 찾아내어 목표언어로 변환을 시켜야 하는데 매우 어려운 문제이긴 하지만 그렇다고 해서 시적 표현의 향기를 잃어서는 안 된다. <손님무가>에서 그런 예를 찾아

8) Park Byensen, *Le récit de la "Princesse abandonée" et les médiums à travers l'histoire de Corée*, 112,n.114, Sŏ Taesŏk, Kubi munhak, 434,n.169.

보자.

〔예 24〕 나물 채소를 돌러 볼짝시면
올라가면 올고사리고
내려오면 늦고사리
If you turn to the vegetable side dishes
you see higher up ferns [to eat] first
and lower down ferns [to eat] later.

이것은 말장난의 한 예라고 할 수 있는데 리듬을 맞출 뿐만 아니라 단어에도 더 많은 뜻을 추가한다. "올라가면 올 고사리고 내려오면 늦 고사리"라는 문장은 '고사리'라는 단어 앞에 올라간다는 뜻의 '올' 을 붙여 high라고 하였고 '늦'을 붙여 늦어진다는 뜻의 late라 하였다. 비록 리듬을 위해 접두사를 붙이기는 했지만 그것은 올라가다 혹은 내리다는 의미도 동시에 추가되었다고 할 수 있다. 이것은 때에 따라 채소의 다른 부분을 먹게 되는 것을 통해 시간을 구분하고 있어서 의미론적으로 가치가 있다. 왜냐하면 채소의 윗부분은 좀 더 부드러워 미리 먹게 되고 아랫부분은 질겨서 나중에 먹게 되기 때문이다.

〔예 25〕 아가리 크다 통대구며 소문에야 대문에야
울고간다우래기며 꽁지 넓다 널광어며
"big dried cods' heads with gaping mouths, polyps large and small, mud eels cry as they swim, the flat fish tails are broad,"

여기서는 말장난이 이중으로 이루어지고 있다. "울고간다 우래기"라고 함으로써 소리뿐만 아니라 의미로서도 그런 효과를 거두고 있다. "널광어며"라고 하는 것은 '널'과 '광'을 동시에 포함하고 있는데 사실은 이 둘이 모두 넓다 혹은 크다는 의미를 가진 한글과 한자말의 중복일 뿐이다. '어며'가 여기에 보태져 납작한 물고기 종류 전체를 다 가리킨다. "통대구"라는 말도 크다는 의미의 '통'과 커다란 입이라는 의미의 한자말인 '대구'가 합해져서 이루어진 단어인데 역시 같은 단어의 반복 효과를 얻고 있는 것이다. 말장난은 불완전하게 들리기는 하지만 크고 작은 물고기의 입을 지칭한다.

공수가 신의 생각을 알 수 있는 유일하고 진실된 표현이라는 게 일반적인 개념이다. 그런데 이와 반대로 아래의 예에서 볼 수 있는 상호텍스트성은 공수가 무당이 사용하는 특수한 언어의 일부임을 확인할 수 있다. 이것은 임시 창작자 역할을 하는 무당에 의해 배열이 이루어질 수도 있고 내림굿을 받게 되는 다른 선무당에게 사용되기도 한다.

[예 26] "하늘을 말아 대평주 땅을 말아 세주름 잡고"
You roll up heaven, securing peace, you roll up the earth, securing everything with an iron grip."(이것은 내가 참석한 바 있는 내림굿에서 무당 정학봉이 한 말이다.)

여기에는 신참 무당이 일단 내림굿을 받게 되면 이제 모든 능력을 가지게 될 것이라는 생각이 전제되어 있다. 이 말에는 미래를 볼 수 있는 신의 능력이 담겨있어 다른 무당들도 사용을 한다.(김금화 1995:191)

몇 가지 고려할 사항들:

이 논문에서 분석된 모든 시각을 모으면 무가는 겉으로 드러나는 것보다 훨씬 더 심오한 의미를 담고 있다는 결론에 이르게 된다. 무가의 번역은 겨우 첫 번째 매듭을 푸는 일이라고 할 수 있다. 참여자들은 무가의 잠재적 공동 창작자이고 의미는 텍스트 사이에 흐르고 있다. 그 최종본에 해당하는 무가는 창조적 과정을 거친 결과물이다.

나는 또한 새로운 텍스트에 대한 해석과 창조의 각 단계에서 어떻게 하면 새로운 의미에 추가되는 힘이 권위를 갖게 되는지를 부각시키려 노력해 왔다. 이것은 무가가 어떤 방식의 해석에든 무조건 열려있다는 말이 아니다. 오히려 무가의 텍스트는 그 문체와 내용으로 말미암아 이해하는 데 장애가 된다. 그래서 무당(무속인)이거나 학자이거나 그 누구라 할지라도 그런 뜻에서 파수꾼이거나 혹은 최후의 권위 있는 목소리(대변자)가 될 수는 없다. 해석을 하는 데 있어서 하나의 목소리에만 우선권을 주게 되면 종종 경직된 경계선 안에 묶일 위험이 있다.

나는 결론적으로 어떤 사람이 과연 "모범적인 번역가"인지를 묻고자 한다. 잠재적 소양을 가진 번역가는 오직 전문가들에게서 찾아야 한다. 무속에 관한 문헌 자료나 구술 자료, 문학양식, 한자 등에 대해 충분한 지식을 가져야 하고, 무당이 굿을 할 때 사용하는 특수한 언어에도 익숙한 사람이어야 한다. 잠재적 번역가가 되기 위해 필요한 이런 조건들은 더 까다로워질 수 있다. 무가의 연구가 공수나 점과 같은 굿에서 사용되는 종교적 언어의 다른 언어적 다양성을 필요로 할 경우이다. 이들은 무가의 의미에 더 큰 의의를 부여하게 된다. 그렇게 되면 번역가는 언어적 역동성을 잘 이해하는 사람이어야 한다. 언어적 역동성이라 함은 굿에서 사용되는 말이 무엇을 말하고 있고, 누가 말한 것이며, 어떻게 그 말이 탈맥락화, 맥락화, 그리고 재맥락화의 과정을 거쳐 다른 이야기 속에 담길 수 있는지 그 심층적이고 진정한 의미를 파악할 수 있는 사회언어학 같은 것을 말한다.

그러나 번역가의 "이상적 모델"에 대해 좁은 의미의 정의를 내리게 되면 해석과 번역의 과정에서 오히려 비효과적이 될 수 있다. 번역가는 여러 가지 해석 가운데 하나를 택하는 게 효과적이다. 그것은 보통 자신의 지식 배경에 연계되고 텍스트가 어떠해야 하는지에 대한 개념을 반영하기 때문이다. 한 예로서 소위 "모범적 번역가"가 되기 위해 위에서 말한 "조건"을 갖춘 학자에 관해 이야기를 나누어보자. 이런 사람은 무가에서 말해지는 바가 진실인지 가짜인지, 누가 무당인지에만 관심을 가진 "이상적인" 모델의 틀 속에 갇히게 된다. 그래서 자기의 판단에 따라 해석을 선택하게 되어, 결국은 텍스트의 문자적 중요성을 넘어서 존재하는 심층적 의미를 무시하는 결과를 가져오게 된다.

또 다른 이상적인 번역가/해석가는 무당 자신이다. 그는 스스로 나레이터이기도 하고 동시에 무가의 공동창작자이다. 신과 조상의 메시지를 일반인들을 위해 번역하고 해석해 주는 사람을 무당이라고 하는 것이지, 무가의 뜻을 다른 외국어로 번역하는 사람이 아닌 것은 자명하다. 다시 말하면 무당은 의뢰인들을 위해 굿의 언어를 평상 언어로 번역하고 해석해 주는 사람이다. 다시 말하면 학자로서의 번역가와는 달리 무당은 철저히 의뢰자의 입장에 초점을 맞추고 있어서 그들의 반응이 어떠한지에 대해 크게 관심을 기울여야 한다. 그렇게 함으로써 무당은 텍스트로부터 의미를 도출해 내고 다시 그 의미를 무가나 공수나 점의 기본 텍스트의 바탕에서 저장하거나 각 상황에[9] 맞게끔 전략적으로 조정하기도 한다. 이것이 바로 무당과 의뢰자가 상호교감을 통해 "공동창작자"가 되는 과정이다. 간단히 말하면 무가나 다른 종류의 종교적 언어라고 하는 것은 다양한 목소리와 다양한 의미를 가지고 있다는 뜻이다. 그러나 외국어로 번역하는데 문제가 있는 무당이 이상적인 번역가 혹은 해석가임을 강변하는 것은 아니다.

우리는 무가를 논할 때 그 무가의 '창작자' 이름을 알 수 없다. 아마도 어떤 사람이 이 노래를 처음으로 불렀을 것이고 텍스트로 정착시켰을 것이다. 그러나 텍스트의 진정한 의미가 무엇인지 알기 위해 번역을 할 때는 창작자가 누구인지 확인하는 일이 매우 중요하다.

권위가 묻어있는 메카니즘을 분석하게 되면 어떻게 창작자 혹은 공창작자들이 무가의 권위를 확보할 수 있었는지를 알 수 있는 하나의 양식이 된다. 상호텍스트적인 접근을 소개하고 여러 예를 들어 보았듯이 텍스트의 권위와 신뢰성이 해석과 번역에 의해 어떻게 표현되고 평가되는지를 알 수 있다. 그리고 무당의 종교적 입장과 학자의 스타일이나 문학적 입장에 따라 무엇이 달라지는지도 염두에 둬야 한다. 무가의 번역은 이런 모든 것들을 바탕으로 해서 이루어져야 할 것이다.

9) 이 논문에서 활용된 많은 이론들은 내가 쓴 여러 논문의 내용을 발전시킨 것이다. 비슷한 주제로 쓴 논문도 있고 *The Gate of Words. Language in the Rituals of Korean Shaman*이라는 단행본도 있다.

참고문헌

Akamatsu, Chijō e Akiba, Takashi. 1937~1938. *Chōsen fuzoku no kenkyū,* 2 voll., Ōsaka yagō shoten, Keijō.

Bauman, Richard. 1986. *Story, Performance, and Event. Contextual Studies of Oral Narrative.* Cambridge: Cambridge University Press.

Bauman, Richard. and Charles L. Briggs. 1990. "Poetics and Performance as Critical Perspectives on Language and Social Life." *Annual Review of Anthropology* 19:59~88.

Bruno, Antonetta L. 2002. *The Gate of Words. Language in the Rituals of Korean Shamans*, CNWS Press of the Research School for Asian, African and. Amerindian Studies: Leiden University.

Bruno, Antonetta L. and Walraven Boudewijn C.A, eds. 2006. *Canti sciamanici coreani.* Collana Classici delle religioni. Torino: Utet.

Bruno, Antonetta L. 2007. "Sending away the Smallpox Gods." In Buswell Jr. ed.

Bruno, Antonetta L. 2007. "A Shamanistic Ritual for Sending On the Dead." In Buswell Jr. ed. 2007, pp. 325~352.

Buswell Jr., Robert E. ed. 2007. *Religions of Korea in Practice.* Princeton: Princeton University Press.

Eco, Umberto. 1995. I limiti dell'interpretazione. Milano: Bompiani.

Gennette, Gérard. 1997. Palinsesti. *La letteratura al secondo grado.* Torino: Einaudi.

Hemadi, Paul. 1972. *Beyond Genre: New Directions in Literary Classification.* Ithaca: Comell University Press.

Kuipers, Joel C. 1990. *Power in Performance. The Creation of Textual Authority in Weyewa Ritual Speech.* Pennsylvania: University of

Pennsylvania Press.

Kungnip munhwajae yŏn'guso. 1996. *Hwanghae-do P'yŏngsan sonorŭm kut.* Seoul: Kungnip munhwajae yŏn'guso.

Lindstrom, Lamont. 1992. "Context Contests: Debatable Truth Statements on Tanna(Vanuatu)." In Duranti and Goodwin eds. 1992, pp. 101~124.

Linell, Per. 1998. Approaching Dialogue: *Talk, Interaction and Contexts in Dialogical Perspectives.* Amsterdam: John Benjamins.

Marshall R., Phil. 1994. *The Korean Singer of Tales.* Cambridge: Harvard-Yenching Institute.

McCann, David R. 2003. "Between Literary and Folk: The Art of Twelve Gasa Songs." In *Korean Literature: Its Classical Heritage and Modern Breakthroughs.* ed. Korean National Commission for UNESCO.

Park, Byen-sen, 1973. Le roécit de la "*Princesse abandonnée*" *et les médiums à travers l'histoire* de Corée. Seoul: Yonsei University Museum.

Pettid, Michael J. 1999. *From Abandoned Daughter to Shaman Matriarch: An Analysis of the Pari Kongju, a Korean Shamanistic Song,* PhD dissertation, Honolulu: University of Hawaii.

Plett, Heinrich E. ed. 1991. "Intertextuality." In Plett 1991, pp.3~27.

Ricoeur, Paul. 1977a. *Interpretation Theory: Discourse and the Surplus of Meaning.* Fort Worth: Texas Christian University Press.

1977b. *The Rule of Metaphor: Multidisciplinary Studies in the Creation of Meaning.* Toronto: University of Toronto Press.

Schechner, Richard. 1981. "Performers and Spectators Transported and Transformed", *American Ethnologist* 12/4:707~724.

Walraven, Boudewijn C.A. 1994. *Songs of the Shaman: the Ritual Chants of the Korean mudang*. London and New York: Kegan Paul International.

김헌선. 1995a.《한국고전문학전집 18: 일반무가》. 서울: 고려대학교민족문화연구소

김금화. 1995.《김금화 무가집》. 서울: 문음사 도서출판.

김병국. 1982. <구비서사시로서 본 판소리 사설의 구성방식>《한국학보》8, 2:120-149

김태곤. 1992.《한국무가집》4권. 서울: 집문당

김영일. 1996. 한국무속신화의 서사 모형론. 서울: 세종출판사

남영신.《국어사전》, 서울: 성안당, 1999.

박경신. 1993. 동해안 별신굿 무가. 5권. 국학자료원.

1999. 한국의 별신굿 무가 5. 국학자료원

서대석, 박경신. 1990.《안성 무가》. 서울: 집문당.

서대석. 1997.《구비문학》. 서울: 해남

서대석, 최정여. 1974.《동해안 무가》. 서울: 형설출판사(240~406)

양종승 편. 1999a.《한국의 무속: 서울-황해도편》. 서울: 국립민속박물관

양종승. 1999b. <한국무신의 체제와 체계>. 학술회의 논문집. 서울대학교 비교문화연구소. 1999년 3월 27일.

이능화. 1927. <조선무속고><<계명>> 19:1~85. 1976. 이재곤 역. 서울: 백록출판사

장지영 편. 1964.《홍길동전, 심청전》서울: 정음사

정충권. 2001.《판소리 사설의 연원과 변모》서울: 도서출판 다운샘.

정병욱. 1981.《한국의 판소리》서울: 집문당.

한국구비문학 대계. 1980. 서울: 한국정신문화연구원. 성남.

한국민속대전. 1991. 2권. 서울: 민족문화사.

홍태한. 2000.《서사무가 당금애기 연구》. 서울: 민속

4부

한국 문학 자료 번역

조선시대 고전 문학을 번역하고서

-『계축일기』, 『인현왕후전』, 『한중록』 그리고 『어우야담』-

우메야마 히데유키(모모야마가쿠인대학교, 일본)

이번에 여기 계명대학교에서 개최되는 국제 심포지움에서 발표할 수 있는 기회를 부여해 주셔서 정말 감사 드립니다. 저는 일본의 고궁으로 유명한 교토의 동북쪽에 있는 히에잔이라는 산기슭 부근에 살고 있습니다. 히에잔은 일본의 불교중심지의 산입니다만, 그 히에잔 산기슭에 위치해 있는 저의 집 부근에는 赤山禅院이라는 결코 불교라 할 수 없는 옛 동북아시아의 샤머니즘 분위기가 물씬 풍기는 종교의 성지가 있습니다. 지금도 좋지 않은 일이나 병, 근심걱정으로 찾아 오는 사람들로 무척 붐비는 곳입니다만, 거기에는 그럴만한 이유가 있습니다. 히에잔 고승인 엔닌이라는 승려가 중국에 유학을 했을 당시, 당나라로 이주해서 살고 있던 신라인들에게 많은 도움을 받았으므로 그는 일본으로 귀국한 후에 그때 도움을 준 신라인들이 모시고 있던 신을 모시는 사당을 만들었다는 것입니다. 저는 그곳을 일과처럼 산책을 하고 있는데, 그 인연으로 이번에 옛 신라였던 이곳에서 이러한 발표를 할수 있게 되었으리라고 여겨집니다.

지금까지는 저는 한국관련 서적을 2권 정도 번역해서 출판을 하였습니다. 그래서 이 심포지움에 초대되었습니다만, 원래는 일본문학전공자입니다. 특히 『古事記』 또는 『源氏物語』라는 고전문학을 전문으로 연구하고 있고 대학에서는 일본문학 또는 일본문화에 대해서 가르치고 있습니다. 이제 벌써 27년 전이나 오래 된 일입니다만, 처음으로 한국을 방문한 후, 왠지 그 문화에 대해서 깊은 관심과 흥미를 느껴 한국어 공부를 시작했습니다. 그 때 저를 개인적으로 지도해 주신 분이 지금 익산에 있는 원광대학교 미술분야 교수로서 고대와 중세회화 복제묘사에서 제 일인자로 손꼽히는 김범주씨였는데, 그는 저의 전공분야가 헤이안시대의 궁중문학이라는 점을 이미 알고 있었기 때문에 한국어 문법서를 그냥 쭉 한 번 읽은 후에 그대로 『인현왕후전』을 같이 읽게 되었습니다. 지금 생각하면 정말 무모한 짓이었다고 여겨집니다만, 김범주씨는 일본뿐만 아니라 한국에도 여성의 손으로 쓰여진 우수한 궁중문학작품이 있다는 것을 저에게 가르쳐 주고 싶었을 것입니다. 저는 김범주씨가 한국으로 귀국한 후, 혼자서 『계축일기』, 그리고 『한중록』순으로 읽기 시작했습니다. 근대 소설 한 편 읽지 않은 저였습니다. 그렇기 때문에 저의 한국문학에 대한 지식은 정말 한 쪽으로 치우친 지식에 불과합니다. 그러나 그러한 지식이라도 자유롭게 발언할수 있는 점이 우수한 문학의 텍스트가 아닐까 사려됩니다.

한국과 일본사이는 「일이대수」의 위치해 있어, 유구한 태고라고 말해도 좋을 만큼 옛날부터 문화적으로, 게다가 정치적으로 뗄래야 뗄 수없는 관계를 지속해 오고 있습니다. 다만, 근세 초창기 토요토미 히데요시의 조선반도 침략과 근대에 와서의 또 한 번의 침략이라는 불행한 역사가 있는데,

그것은 일본이 가해자이면서 일방적인 일본의 과오입니다만, 현재에 이르기까지 이 불행한 역사는 응어리로 남아 양국의 발목을 잡은 채로 상호 문화 이해는 아직도 빈약한 상태입니다. 특히 일본은 한국으로부터의 풍부한 문화 전수에 대해서 무치라는 점은 정말 안타까운 일입니다만, 이 점은 반드시 인정해야 한다고 생각됩니다. 물론, 고대에는 일본과 고구려, 백제, 신라와의 관계는 무시할 수 없으며, 특히 불상 · 사원관련의 연구에 있어 한반도로부터의 영향은 무시할 수 없기 때문에 고대사의 연구에서는 한국 관련 부분들의 연구가 활발하게 이루어지고 있습니다. 그리고 고려와 조선 도자기의 아름다움과 신비함은 압도적이기 때문에 그 연구 또한 많이 이루어지고 있는 실정입니다. 여담입니다만, 일본의 국보 중에 広隆寺와 中宮寺라는 사찰에 있는 미륵보살상 또는 여의륜관음상등이 있습니다. 이것들은 한반도에서 만들어진 것이 틀림없습니다. 또, 井戸茶碗이라는 차기(茶器) 등은 한국 서민들이 일상생활에서 쓰던 차기가 일본 국보가 된 것입니다. 4월에 여기 계명대학교 고서 콜렉션을 보여 주셨을 때 발견한 한 권의 책이 있는데, 그 책 종이가 일제이기 때문에 한국 국보로는 지정되지 않는다는 말을 들었습니다. 이러한 부분에서는 한국과 일본에 있어서 조금 다른 것 같은 생각이 듭니다만, 한국회화사의 서적을 봤을 때, 그 서적 첫머리에 호류지의 벽화가 소개되어 있어 골몰한 적이 있습니다. 고대에 관해서는 꼭 「국경」을 강조할 필요성은 없지 않을까 하고 말입니다.

그러나 한국 고전 문학에 대해서라면, 일본인이 가지고 있는 지식은 너무나도 빈약하기 그지없습니다. 일본에서는 세계 각국의 문학 작품이 번역되고 있습니다. 세계 문학 작품을 공부하고 싶으면 먼저 일본어 공부를 하는 것이 좋다라고 농담을 할 정도로 반드시 유명한 작가들의 작품뿐만 아니라 그외 작품들도 벅역되어 출판되는 경우가 있기 때문입니다. 그럼에도 불구하고 앞서 언급하였습니다만, 역사적인 경위가 있어서 이웃나라 한국의 작품은 턱없이 적은 실정입니다. 단시형의 문학작품이라면 일본에는 和歌와 俳句라는 것이 있습니다만, 그 짧은 시 속에 우주가 있고 세계에서 유례를 찾아 볼 수없는 것이라고 하는 데 일본사람들은 이웃나라 한국에도 시조가 있다는 것을 거의 모릅니다. 지식인이라고 말해도 좋을 사람들조차 모릅니다. 일본의 지식인이라도 한국 고전문학 작품으로 읽고 알고 있는 것은 유일하게 『춘향전』 정도가 아닐까 생각합니다. 실제로 그 정도밖에 일본에서 번역된 것이 없기 때문에 어쩔 수 없습니다. 『춘향전』은 분명히 한국인의 국민성을 이해하는 데 딱 안성맞춤이며 그 이상 좋은 것은 없을 것입니다. 민중 속에서 태어난 문학작품으로서 『춘향전』은 분명히 우수하지만, 그러나 그것이 한국 문학을 대표하는 것은 아닐 것입니다.

민중 속에서 만들어진 판소리와는 대조적인 문학이 조선왕조에도 있었습니다. 궁녀들이 쓴 궁중실록소설입니다.

중국이라는 정치적으로도, 문화적으로도 거대하고도 압도적인 국가가 인접해 있고, 일본이나 조선이나 그 영향을 받는 입장입니다만, 그 중국문화의 하나인 한자를 기록수단으로서 일본이나 한국, 베트남에서도 사용합니다. 그러나 자기 나랏말로 쓰기 위해서는 고유문자를 쓸 필요가 있습니다. 중국어와 일본어, 한국어 그리고 베트남어하고는 신택스도 다르고, 한자로는 충분하게 자민족 문화를 자유자재로 표현하기가 턱없이 부족합니다. 그리하여 자국만의 고유문자가 창출되는 것인데, 베트남어는 우선 제외해 두고 일본에서는 카타카나와 히라가나가 만들어집니다. 그것은「남성중심 문자」로 정착되어 있는 한자에 비해, 「여성중심 문자」로 사용되었습니다. 공식석상에서는 남자들이 한자를 사용한 반면, 여자들이 사적인 편지를 교환할 경우나 물론 남자가 여자에게 러브레터를 보낼 때에도 「여성중심 문자」가 사용되었습니다. 그 속에서 헤이안시대가 되면, 여류작가들의 우수한 문학작품이 탄생하는 것입니다. 픽션 세계에서는 紫式部가『源氏物語』를 쓰고, 清少納言이 『枕草子』를 쓰고, 그리고 赤染衛門이 역사서인 『栄華物語』를 쓰게 됩니다. 게다가 和泉式部, 伊勢, 道綱의 모친, 그 외에도 우수한 여류작가들이 많이 있습니다. 일본은 그 점을 자랑스럽게 여기면서 한국에도 일본과 같은 우수한 여류문학작가들을 배출한 시대가 있는지조차 모릅니다. 한국에서 조선시대의 여류시인하면 제일 먼저 떠올리는 사람은 황진이일 것입니다만, 여기에서는 잠깐 두기로 하고 조선왕조의 궁중문학에 초점을 맞추도록 하겠습니다.

조선왕조가 건국되고, 과거에서는 중국 한시문의 소양을 겨루는 시험을 보기 때문에 당연히 남자들은 그 부분을 최대한으로 노력해야 합니다. 한글은 역시 「여성중심 문학」으로서의 성격을 지니고, 여성들의 방인 안방을 왕래하는 글로서의 성향이 짙었으리라고 여겨집니다만, 그 속에서 매우 훌륭한 문학작품이 탄생됩니다. 그 대표작이 『계축일기』이며, 『인현왕후전』이며, 『한중록』이리라 생각됩니다. 한국인 여러분에게는 더 이상 말할 필요도 없겠지만, 조선왕조는 피비린내가 나는 골육상쟁의 정치싸움이 반복됩니다. 전반에는 훈구파와 사림파와의 대립에 의한 「사화」가 있었으며, 후반기로 접어들면 서인, 동인, 북인, 대북, 소북 등등의 「당쟁」이 반복됩니다. 그것은 남자들의 세계에서만 일어나는 일은 아닙니다. 후궁 역시 마찬가지 입니다. 그녀들은 남자들의 정쟁에 휩싸이기보다 후궁이라는 입장이 다음 왕을 이을 왕세손을 탄생시키는 장소이기 때문에 오히려 그녀들이야

말로 정쟁의 중심이라고 말을 해도 과언이 아닙니다. 그 속에서 사건의 이추를 기록해 갑니다. 생생한 사건기록입니다만, 거기에는 우리들을 감동시키는 점 또한 있는데, 그 이유는 도대체 무엇일까요? 일본의 고전문학은 연애를 주제로 합니다. 연애는 엄밀히 말하면, 중세유럽, 특히 프로방스(Provence)에 한해 탄생된 전매특허제품(monopoly)일지도 모르겠습니다만, 일본 헤이안조의 소설은 남녀간의 연애가 주제로 되어 각 장면의 형세를 그리고 있습니다. 그런데 조선왕조의 실록소설은 연애부분이 전혀 없습니다. 물론 왕후가 국왕에게 절대적인 정절이라는 점이 사랑의 한 형태라고 한다면 그 역시 그렇다고 말 할 수 있습니다. 그러나 유럽 쪽의 연애는 남편이 있는 아녀자와의 연애를 베이스로 하고 있기 때문에 기본적으로는 부도덕하다고 할 수 있습니다. 그리고 일본 헤이안시대의 소설 역시 부도덕합니다. 게다가 애처로운 미의식 역시 굉장히 깊이가 있어 선명하고 강렬한 것은, 앞서 말한 임모럴적인 연애에서야 말로 존재한다는 경향이 강합니다. 일본에서는 유교도덕이 철저하게 정착하지 않았기 때문에 모럴감이 느슨한지도 모르겠습니다만, 『겐지이야기』의 주인공은 의붓 어머니, 즉 부친의 새부인과의 연애가 풍부한 표현력으로 쓰여져 있어 높게 평가 받고 있습니다.

『계축일기』는 광해군에 의한 「폐모살제(廢母殺弟)」사건을 광해군과는 대립되는 입장에서 자식을 살해당하고, 십수년 동안 유폐된 인목대비를 시중들던 시녀가 기록한 것입니다. 정쟁의 섬뜩함, 일패도지(재기 불가능할 정도의 완패) 속에서 겪은 「고초」를 면면하게 기록해 갑니다. 유폐된 곳에서 느끼는 고통스런 마음은 다음과 같은 표현을 창출해 냅니다.

1.

대추나무가 있으니 전부터 있던 것이로대, 벌레집이 되어 옛부터 먹지 못하더니, 폐문중(閉門中)에 햇실과 없으니 대비전께서 부원군(府院君)을 위하여 제사를 지내시더니 무오년(戊午年： 光海君10年)부터 이 나무가 성하여 열매가 큰 밤만하게 열리대, 맛조차 비상하게 좋아 여늬 대추와 다르고 한 섬 가량이나 열었더라.

꿈에 이르기를,

「부러 맛좋고 성하게 열리게 한 것이니 나인들이 도적질하여 먹으면 다시 안 열리리라」하니, 사람이 지키었더라.

복숭아나무도 저절로 길 가에 자라나서 열매가 열리니 마치 천도(天桃)와 같고 맛이 비상(非常)하더니 꿈에 이르기를,

「보통 복숭아나무는 세 해를 채워야 열리는데 이 나무는 두 해만에 열매 열게 하였으니 잡사람이 먹으면 열지 아니하고 즉시 죽게 하리라」하더라.

『교주 계축일기』 149~150頁.

저는 이 문장을 읽고 처음에는 무슨 의미인지 몰랐습니다. 계속 반복해서 읽은 후에야 뜻을 강조하기 위한 반어라는 것을 알았습니다. 기아의 극한 상황을 반어적인 표현으로 나타낸 것이었습니다. 가혹한 정치속에서 분열한 자기자신이 반어적으로 웃음 속에서 고통을 해소하려 합니다. 굉장히 한국적인 아이러니컬한 표현이 표출된 것입니다. 「한」의 세계는 일종의 헤겔의 로맨틱 아이러니한 세계에도 있는 것 같습니다. 그리고 재미있는 것은「인조반정」으로 인해 유폐로부터 해방됩니다. 그후, 즐거운 모습들이 아주 많이 상세하게 기록되어도 좋을 텐데, 『계축일기』에서는 단지 한 줄,

2.
계해년 삼월 십삼일 삼경(三更)에 문을 여니라.
오래 잠가 두었으나 궁중에 선 기특(奇特)하고 거룩한 상서(詳瑞)의 일 많았으니 늙은 나인들은 축수(祝壽)하고 젊은 것들은 더욱 두려워하여 지향(志向)을 못하더니 이렇듯 만고성사(萬古盛事)있더라.
『교주 계축일기』 155頁.

라고 쓰여 있을 뿐입니다. 해피엔드입니다만, 즐거운 모습을 기록하는 그 자체에는 별다른 흥미를 나타내지 않습니다. 유럽이나 일본의 소설이라면, 그 후의 행복한 생활을 매우 자세하게 기록하였을 것입니다.

『한중록』은 두말할 나위 없이 사도세자의 빈이었던 경혜궁 홍씨가, 남편이 그 부왕인 영조에게 살해당한 옛일을 회상하면서 기록한 것입니다. 영조는 그 시호대로 영매(英邁)한 국왕이었을 것입니다. 그러나 영민하고 비범했던 만큼 그 아들의 인생은 고통스웠습니다. 부친인 국왕을 따라잡고 뛰어넘으려고 했지만 할 수없었습니다. 부친의 요구 또한 과대했고, 그 요구에 보답하려고 그만 무리를 하게 되었습니다. 그것은 곧 실패로 이어지고 그럴 때마다 부친에게 질책받게 됩니다. 이런 반복으로 사도세자와 부왕인 영조와의 사이는 점점 소원해져 갑니다. 그것을 부인 경혜궁 홍씨는 냉정한 문학자로서 객관적으로 지켜봅니다. 아버지와 아들 관계는 현대사회에서도 발생하기 쉬운 문제인데 그것을 공부하지도 않은 근대적인 심리학으로 정확히 분석해 갑니다.

3.
그 유월부터 홧증이 더 하셔서 사람 죽이기를 시작하시니, 그때 당번내관

(當番內官)김환채라는 것을 먼저 죽여서 그 머리를 들고 들어 오셔서 나인들에게 보이시니, 내가 그때 사람의 머리 벤 것을 처음 보았는데, 그 흉하고 놀랍기 이를 것이 어이 있으리요. 사람을 죽이고야 마음이 조금 풀리시는지, 그때 나인 여럿이 상하니, 그 갑갑하기 측량없어 마지못하여 선희궁께,

『병환이 점점 더하여 이러하시니 어찌할꼬?』하고 여쭈니, 놀라서 음식을 끊고 자리에 누워서 근심하니, 그 말씀을 알은 체 하시자 하니,

『누가 이 말을 한고.』 하고 찾아 내시면 날 보실 인사가 없으시니, 내 몸에 급화가 이를 듯하기에 선희궁께 울며,

『하도 아타까우니, 아는 일을 안 아뢰지 못하여 여쭈었더니 저러하시니 어찌 하오리까.』 하여 겨우 진정하였으니, 그때 점점 이렇다 할 바 없이 애쓰던 말을 어찌 다 형상하며, 그저 죽어 모르고 싶더라.

『한중록』 60頁.

또는 다음과 같은 증상도 기록하고 있습니다.

4.

이때 의대병(衣帶病)이 극심하시니, 그 무슨 일인고. 의대병환(사도세자가 옷을 입지 못하던 怪病)의 말씀이야 더욱 형편없고 이상한 괴질이시니, 대저 옷을 한 가지 입으려 하시면, 열 벌이나 이삼십 벌이나 하여 놓으면, 귀신인지 무엇인지 위하여 놓고, 혹 불사르기도 하고, 한 벌을 순하게 갈아입으시면 천만 다행이요, 시중 드는 이가 조금만 잘못하면 옷을 입지 못하여 당신이 애쓰시고, 사람이 다 상하니 이 아니 망극한 병이냐. 어떤 때는 하도 많이 하니, 무명인들 동궁세간에 무엇이 많으리요. 미처 짓도 못하고, 옷감도 얻지 못하면 사람 죽기가 순식간의 일이니, 아무쪼록 옷을 해 대려도 마음이 쓰이는지라, 부친이 이 말을 들으시고 근심하는 탄식이 무

궁하시고, 내가 애쓰는 일과 사람 일을 민망히 여기시고 그 옷을 이어 주시더라. 그 병환이 육칠년에 걸쳐서 극히 성한 때도 있고, 좀 진정한 때도 있더라. 그 옷을 입지 못하여 애를 쓰시다가 어찌하여 조금 증세가 나아서 천행으로 한 벌 입으시면, 당신도 다행 다행한 것같이 여기고 더럽도록 입으셨으니 그 무슨 병이런고. 천백가지 병중 옷 입기 어려운 병은 자고로 없는 병인데, 어찌 지존(至尊)하신 동궁이 이런 병을 들으셨는지 하늘을 불러 알길이 없더라.

『한중록』 60頁.

이는 현대 한국에도 존재한다고 들었습니다만, 일본에서도 사회문제가 된 자폐 증세의 일종입니다. 입고 갈 옷을 좀처럼 결정하지 못하는 것은 사회속에서 자기자신이 어떻게 행동해야 좋을지 모르는 것이겠지요. 당사자의 부친은 훌륭한 왕으로서 존재감이 있고, 왕이라는 옷을 몸에 딱 맞게 입고 있는데, 본인은 어떻게 하면 좋은지 모르는 것입니다. 그렇기 때문에 다른 옷으로 몇 번이나 갈아 입어도 좀처럼 외출 할 수 없었을 것입니다. 결국 외출불가능한 증상은 자기 자신을 가두는 자폐증상인 듯합니다만, 입을 옷이 한 번 결정되면 그 옷이 너덜너덜해질 때까지 입는 것입니다. 지금도 그런 청년들은 입을 옷을 좀처럼 결정하지 못해서 결국에는 파자마 또는 츄리닝 차림으로 편의점(컨비니언스 스토어)에 가게 됩니다. 또, 다음과 같은 내용도 있습니다.

5.

소세를 일찍하시는 일이 없고, 매양 글 읽을 시간이 되어서야 보채듯이 하시므로 문안 갈 때면 나는 일찍 세수하고 무거운 머리와 옷을 입고 가려고 하나, 동궁이 앞서지 않고는 빈궁이 감히 못가는 법이라, 초조히 기다릴 적에 아이 마음에 왜 세수가 저리 더디신고 하고 심중에 이상히 여기고 병환이신가 여겼으매, 그러더니, 과연 을축(영조 21년, 사도세자 12살 때)년 즈음에 아기네 야단스럽게 날치며 노시는 것과 달리 어쩐지 예사롭지 않고 병환이 드시는 듯하더라.
『한중록』 42~43頁.

지금도 화장실에 가면 좀처럼 나오지 않는 사람이 있다고 합니다. 그런 사람들이 화장실에서 무엇을 하고 있느냐하면 계속 손을 씻고 있습니다. 한 번 씻어도 신경이 쓰여 또 씻게 되는 것입니다. 그래도 계속 걱정이 되어 계속해서 몇번이나 씻는 것입니다.

세자는 결국 살인을 반복하게 되고, 그대로 방치할 수 없게 되어, 부왕 영조는 어쩔 수없이 사도세자를 쌀통에 넣어 죽여 버리게 됩니다.

6.
동궁이 나가시며 대조께서 엄노하시는 음성이 들려 왔다. 휘녕전과 덕성합이 멀지 않아서 담 밑으로 사람을 보내서 보니, 벌써 용포를 덮고 엎으려 계시더라 하니 대처분이신줄 알고, 천지가 망극하여 창자가 끊어지는 듯하더라. 거기 있는 것이 부지러워서 세손 계신 데로 와서 서로 붙잡고 어찌할 줄 몰랐더니, 신시(申時 : 네시 전후)전후쯤 내관이 들어 와서 밖 소주방(燒廚房)에 있는 쌀 담는 궤를 내라한다. 이것이 어찌된 말인지 황황하여 내지 못하고 세손궁이 망극한 일이 있는 줄 알고 문정(門庭)앞에 들어 가서,
『아비를 살려 주옵소서.』 하니, 대조께서,
『나가라!』

하고 엄하게 호령하시다라. 세손은 할 수없이 나와서 왕자 재실(齋室)에 앉아 있었는데, 그때 정경이야 고금 천지간에 없으니 세손을 내어 보내고 천지가 개벽하고 일월이 어두웠으니 내 어찌 일시나 세상에 머무를 마음이 있으리요. 칼을 들어 목숨을 끊으려 하였으나, 옆의 사람이 빼앗아서 뜻을 이루지 못하고 다시 죽고자 하되 촌철(寸鐵)이 없어서 못하더라. 승문당(崇文堂)에서 휘녕전 나가는 건복문(建福門) 문밑으로 가니, 아무 것도 보이지 않고, 다만 대조께서 칼 두드리시는 소리와 동궁께서,

『아버님 아버님, 잘못하였으니, 이제는 하랍시는대로 하고, 글도 읽고 말씀도 다 들을 것이니 이리 마르소서.』

하시는 소리가 들리더라. 이런 소리를 들으니 내 간장이 마디 마디 끊어지고 앞이 막히니 가슴을 아무리 두드린들 어찌 하리요. 당신의 용력과 장기(壯氣)로 궤에 들어 가라 하신들, 아무쪼록 들어 가지 말실 것이지 왜 필경 들어 가셨는가.

처음엔 뛰어 나오려 하시다가 이기지 못하여 그 지경에 이르시니 하늘이 어찌 이토록 하였었는가? 만고에 없는 설움뿐이며, 내 문밑에서 통곡하여도 응하심이 없더라.

『한중록』80 ~81頁.

여기에서 중요한 것은 어디까지나 「자기 자식을 죽였다」라는 점입니다. 다시 말하면 아버지가 아들을 죽인 것입니다. 앞서 저의 전공은 일본 문학이라고 말씀 드렸습니다만, 일본 문학에서도 역시「자기 자식을 죽이」는 점이 중요한 주제로 부각됩니다. 歌舞伎나 人形浄瑠璃에 있어서도 실제로 부모들이 자기 자식을 살해합니다. 그것은 봉건사회에서 자기 주인을 위해, 또는 주인의 자녀를 위해 자기 자식을 대신해서 살해하는 형태를 취하는데, 예를 들면 오스트리아의 정신과 의사인 프로이트가 지적한 바와 같이 유럽에서는 문학 밑바탕에 깔려 있는 주제로서 「자기 부모를 살해」하는 일

은 앞과 대조를 이룬다고 할 수 있습니다. 사도세자는 이유없이 많은 사람을 살해했다고 되어 있습니다. 그러나 실제로 죽이고 싶었던 존재는 부친인 영조였을 것입니다. 하지만, 그러지 못하고 반대로 자신이 부모에게 살해 당해버립니다. 중국에 관해서는 잘 모르겠습니다만, 유럽과 다른 일본과 한국은 역시 「자식이 부모를 살해」하는 것이 아니라「부모가 자기 자식을 죽이는」사회가 아닐까하는 생각이 듭니다.

결국 『한중록』은 현대적인 문제의식에 대해서도 충분히 응해주는 훌륭한 문학 작품이라고 여겨집니다.

이상의 궁중여류소설을 번역해서 출판한 것은 2001년 때의 일입니다만, 다음으로 유몽인의 『어우야담』의 550가지의 이야기 중에서 230가지의 이야기는 번역해서 작년 8월에 간행하였습니다. 유몽인은 이른 바 임진왜란, 정유재란을 경험하고 그리고 인조반정 후에 처형되어 죽은 인물입니다. 조선시대의 사회 풍속, 사람들의 생활 등을 알 수 있어서 매우 재미있었고, 또 예를 들면 프랑스 몽테뉴의 소설을 방불케할 정도로 흥미진진해, 조선인의 ethos라고 해도 좋을만한 것들이 거기에는 넘쳐 있는 듯 했습니다. Que sais-je(나는 무엇을 알고 있는가)는 몽테뉴의 말입니다만, 그가 종교전쟁 속에서 회의론을 내세워 세계를 추궁하듯, 일본인에게 국토를 유린당한 후에, 조선은 과연 무엇인가하고 추궁했던 것이 유몽인의 『어우야담』이 아니었나 싶습니다.

한국 고전 시 번역 제고

케빈 오루크(경희대학교, 한국)
번역: 허정명(계명대학교, 미국학)

제임스 스카스 게일(James Scarth Gale)(1863~1937)은 번역을 통해 한국인의 정서를 영어권 국가에 처음으로 전달한 사람이다. 그는 신교도 선교사로서 40년간 한국에 살면서 약 50권의 책을 썼다. 일본의 라프카디오 헌(Lafcadio Hearne)과 달리 게일은 단순히 수필가, 주석자 이상의 업적을 이룩한 사람이다. 게일의 언어적 능력은 헌의 언어적 능력을 훨씬 능가하는 수준이었다. 그는 수년간 성경 번역 작업에 몰두하면서 최초의 문법책과 최초의 사전을 편찬하는 데 견인차 역할을 했을 뿐만 아니라, 광범위한 번역작업을 했다. 조선시대의 위대한 상징 소설인 「구운몽」은 아마도 그의 번역물 가운데 최고의 업적일 것이다. 그는 또한 한시, 시조, 가사, 당대의 토착 문학도 번역했다. 로스 킹(Ross King)박사는 게일의 출판된 번역물들은 필라델피아의 고문서보관소에 있는 그의 전체 업적에 비하면 빙산의 일각일 따름이라고 지적한 바 있다.

나는 1980년대 런던의 SOAS 도서관에서 연구를 하던 중 죠안 그릭스비(Joan Grigsby)의 작품을 처음 발견하게 되었다. 1935년 고베에서 처음 출판되었고, 1970년 퍼가몬(Pergamon)출판사에서 재판된 「난초문」(The Orchid Door)은 유려한 오보격(pentameter)의 시로 번역된 한국 고전 시가이다. 기교적으로 가장 탁월한 한국 고전 텍스트 번역가로 알려진 그래임 윌슨(Graeme Wilson)조차도 시도해 보지 않았던 작업이었다. 그릭스비는 에즈라 파운드(Pound)가 페넬로사(Fennelosa)판을 바탕으로 작업했던 것처럼 원문에 충실한 게일의 번역 작품들을 기초하여 재 번역 작업을 시도했다. 그녀의 번역 시집은 원전 텍스트와는 아주 다르기 때문에 학자들의 비판은 면하기 어렵겠지만 그럼에도 불구하고 유려한 번역시집임에 틀림없다. 이 시집의 서문에서 게일은 정확한 정보와 정확에 가까운 정보와 부정확한 정보들을 바탕으로 전문인이 아니라 식견보다는 문하생으로서 한국문화에 대한 식견을 피력하고 있다. 그녀는 신라를 "비단 향기(Silk Fragrance)", 고구려를 "높은 언덕과 빛나는 파도(high hills and sparkling waves)"라고 번역하고 있는데 이는 학문적인 정확성에서는 벗어나 있으나 시적인 감흥이 두드러지는 번역이라 하겠다.

1971년 캘리포니아 대학 출판부에서 간행된 리차드 러트(Richad Rutt)의 「대나무 숲」(The Bamboo Grove)은 영어로 번역된 시조의 정전으로 간주되어왔다. 러트 주교는 시조가 '소박한 산문체'의 서정시라고 지적함으로써 한국학자들의 빈축을 샀는데, 그의 이러한 지적은 분명 타당한 지적이다. 러트는 또한 한국번역가들이 번역을 할 때 오역을 한 부분이 많이 있다고 주장하여 한국학자들의 빈축을 사기도 했는데 이러한 러트의 주장 역시 타당한 주장이다. 러트의 이러한 주장들을 오만하다고 생각했던 한국학자들은 러트의 번역을 세밀히 분석한 후 방대한 오역 목록을 내놓았다. 한국인 번역가이든 외국인 번역가든 이토록 주도 면밀 하게 정확성을 잣대로 테스트를 받는다면 그러한 테스트에 통과할 수 있는 번역가는 없을 것이다. 한영사전들은 형편없는 수준이다. 예를 들어, 나무, 꽃, 새의 이름, 미묘한 감정과 색깔의 미묘한 차이 등의 영역에서 한영사전들은 지극히 제한적인 도움만을 줄 뿐이다. 더구나 고전 텍스트의 주석, 특히 가사의 경우는 초보적인 수준에 머물러있다. 따라서 한국인 번역가와 외국인 번역가들은 새로운 밭이랑을 쟁기질 해 만들어 가야하는 실정이다.

문학번역과 같이 무정형적인 작업에 대해 일반화된 이론을 제시하는 것은 위험한 일이다. 그러나 세계 문학을 통해서 볼 때 번역에는 크게 두 가지 접근법이 있다고 보는 것은 타당한 일일 것이다. 첫 번째 접근법은 번역가가 가능한 한 텍스트에 자신을 이입시키지 않고 원문 단어에 대한 동등한 의미의 번역어 단어를 찾아내는 학문적 접근법이며, 또 다른 하나는 번역가가 텍스트의 내용을 알리기 위해 자신을 이입시키는 작가적 접근법이다. 물론 이 두 접근법 사이에도 여러 가지 접근법이 존재한다.

대부분의 번역가들은 이 두 접근법을 동시에 사용하고 있는 것이 사실이다. 일반적으로 이야기하자면 게일의 번역과 그릭스비의 번역은 이 두 가지 접근법에 대한 훌륭한 예라고 할 수 있다. 게일은 학자적이고 원문에 충실한 번역을 했고 그릭스비는 원문에서는 거리가 있지만 특별한 시적 상상력을 바탕으로 문학적인 품격을 지닌 번역을 했다.

나는 원전에 없는 것을 아무것도 첨부하지 않는, 말하자면 원문에 충실한 번역을 함으로써 학자생활을 시작했다. 서양시를 최초로 한국어로 번역한 위대한 번역가인 김 억이 그의 초기 글에서 번역에 새로운 것이 없다면 그것은 시간낭비라고 지적했을 때 나는 그를 조소했다. 그러나 결국 나는 그 조소를 철회했고, 그의 주장이 비록 약간 과장되긴 했지만 일리가 있다는 것을 인정하게 되었다.

내가 생각할 때 단어와 단어, 행과 행을 일치시키는 번역은 훌륭한 시 번역이 아니다. 나는 점차적으로 초기 내가 지녔던 비타협적인 태도를 버리고 좀 더 유연성 있는 번역 이론을 선호하게 되었고, 번역가가 양질의 번역을 하기 위해서는 원문어구에 충실한 번역이 아니라 번역 내용을 해석해야 한다고 인정하게 되었다. 나는 게일에게서 기본 원리를 배웠다. 게일은 번역가가 단어, 구, 행과 같은 작은 단위보다는 연이나 문단과 같은 큰 단위에 초점을 맞추어야 한다고 지적한다. 여기에 풍부한 영어 운율체계를 보태면 원어시와 같이 읽혀지는 번역시를 만들어 낼 수 있는 것이다. 번역에서 정확성은 중요하다. 그러나 번역가는 정확성과 문체의 유려함을 융합해서 실행 가능한 규율을 만들어야 한다. 어떤 의미에서 번역된 시는 번역가의 시가 되며 이런 의미에서 번역은 창작이다. 번역가는 시의 원저자가 말하고자 하는 바가 무엇인지 결정한 뒤 영어의 온갖 자원을 동원해서 그것을 생생하게 만드는 번역작업을 해야 하는 것이다.

송대 시인 양 완리(Yang Wanli)는 다음과 같이 노래한다(죠나단 샤베즈 번역).

시란 무엇인가
당신이 단순히 단어들로 이루어진 것이라 말한다면
나는 대답 하겠소 훌륭한 시인은 단어들을 버린다고.
당신이 시란 단순히 의미가 중요하다고 말한다면
나는 대답 하겠소 훌륭한 시인은 의미 또한 버린다고.

단어와 의미가 없다면 시란 어디에 존재하느냐고 묻는다면
나는 대답 하겠소 단어와 의미를 없애고 나면
그 곳에 비로소 시가 있다고.

이 시는 열의에 찬 번역가를 절망시키는 논제를 품고 있다. 양 완리가 가벼운 필치로 장난스러이 써내려간 이 시는 동아시아 문학을 이해할 수 있는 관건을 제시하고 있는 것이다. 문학이란 상징적 담화이다. 서양세계의 우리들은 19세기말 불란서 상징주의 시인들의 시에서 드러나듯 문학작품 자체가 하나의 상징이라는 거대한 인식에 도달하기 전까지는 이러한 사실을 깨닫지 못했다. 물론 상징이란 무한한 의미를 생성하므로 의미의 고갈이란 불가능하다. 개개의 시는 시 작업이 완성된 후에도 시인의 가슴에 남아있는 상징적 핵심을 전달하고자 하는 시도이다. 이 점은 상징주의가 탄생하기 천년 전인 당, 송 대 중국이나 고려시대에 일반적으로 받아들여졌던 인식이었다.

한국 문학 번역가들 대부분은 많은 한국시를 그들의 모국어로 번역한 학자들이었기 때문에 기본적으로 원문어구에 충실한 번역을 했다. 내 생각에 한국 번역 문학이 시장성에서 실패한 근본적인 이유 중 하나가 바로 이 점 때문이다. 한국 번역 문학은 일반 독자들보다는 학자들을 즐겁게 하기 위한 것이었다. 내가 볼 때 이런 식의 번역으로는 결코 성공을 보답 받지 못한다. 번역된 시가 시적인 면모를 갖추지 못했다면 번역가는 실패한 것이다. 그러나 비학자적인 번역 또한 문제가 없는 것은 아니다. 예를 들어 에즈라 파운드(Ezra Pound)의 “강 가 상인의 아내(The River Merchant's wife)”는 멋진 시다. 그러나 중국어원전 시와 비교해서 읽어보면 파운드가 상당한 부분 바꾸고 생략해버렸기 때문에 원전 시가 지닌 감흥을 상실시키고 있음

을 알 수 있다. 이것이 바로 번역가의 딜레마이다.

한국에는 완전히 상이한 시 전통을 따르는 두 부류의 시인 한시와 토착한국어 시(Vemacular poetry)가 있다. 이 둘은 우선 사용된 언어가 다를 뿐만 아니라, 내용면에서 볼 때, 한시는 자아수양을 위한 반성적이고 명상적인 시들이고, 토착한국어 시는 즐거움을 위한 노래풍의 시이다. 그렇다고 토착한국어 시를 비하하는 것은 아니다. 왜냐하면 시의 첫 번째 기능은 즐거움을 위한 것이기 때문이다. 오든(W. H. Auden)이 "시란 아무것도 하지 않는다(Poetry does nothing)"라고 선언했듯이 자아수양과 같은 실용적인 목적은 시의 진정한 기능에 대한 부차적인 기능일 따름이다. 사실 이러한 기능은 교훈 시의 기능이다.

현대 영시 작법 관행에서는 기술(craft)과 기교(technique)를 구분하는데, 기술은 시작업의 암나사(너트)와 수나사(볼트)라 할 수 있는 운율, 음보, 음절 등을 의미하며 기교는 시인의 영혼이라고 할 수 있는 영감적인 측면을 의미한다. 기술은 학습될 수 있는 것이며, 잡지사의 시 공모에 당선되기 위해 시인들이 숙달할 필요가 있는 요소들이라 할 수 있다. 반면에 기교는 선천적인 재능이다.

한시에서 기술은 중국 시 작법 안내서에 명시되어 있는 관행을 따르는 아주 잘 정비된 쓰기작업이다. 그러나 토속어 시에서 기술의 개념과 작시법은 구체적으로 정의 내릴 수 없을 정도로 아주 미묘한 것이다.

영시는 리듬 즉 소리로 시작 하는 것이 일반적이다. 내 생각에 한국 시 작법은 이와는 다른 것이다. 내 생각에 한시와 토착한국어 시는 모두 이미지로 시작한다. 한국 시가 리듬이 아니라 이미지로 시작한다는 이 점이 시에 대한 담화의 본질(the nature of poetry discourse)을 변화시키고, 시작법에서 운율적 특징의 중요성을 감소시키는 것이다. 나는 한국어가 산문과 운문에 동시에 사용될 수 있다는 점이 세계 언어들 가운데 독특한 점이라고 생각한다.

한국어 주석자들은 한국어의 음악적 리듬을 서양의 운율이론으로 설명해내려고 엄청난 노력을 했지만 실패했다. 2음보격, 3음보격, 4음보격, 5음보격, 6음보격, 음량표기법(quantitative notation), 심지어는 자유시(free verse) 등의 서양 율격 개념은 한국어가 지닌 리듬을 묘사하는 데 부적합하다. 이들은 모두 둥근 구멍에 맞지 않은 사각 플러그일 따름인 것이다. 한국시가 약강 운율(iamb)을 사용하지 않고도 1,500년 이상을 살아남았다는 것은 자랑할 만한 것이다. 이는 영어시보다 훨씬 오랜 시간을 견뎌낸 것이다. 그러나 기존의 틀에 맞춰야 한다는 욕구 때문에 우리와 같은 한국학자들은 한국시에 대한 자신의 경험과 서구 시 전통의 경험을 등식화 하려고 노력한다. 에즈라 파운드와 이미지즘에 대한 몇몇 학자들의 찬사에도 불구하고 서양시가 동아시아에 지고 있는 빚은 한번도 정당하게 인정된 적이 없다.

1930년과 1950년 사이에 한국학자들은 토착한국어 시의 운율체계를 분명하게 설명해 보려는 노력을 계속했다. 그 결과 그들은 토착한국어 시의 운율체계는 음보(breath gump)가 주요 메커니즘이며, 3/4, 4/4율이 기본 리듬을 이루는 특징이 있다고 지적했다. 한국학자들은 음보가 한국시와 한국산문의 기본원리라고 분명히 주장한 것이다. 물론 영어로도 "뒷자리의/저 여인이/창문으로/저 책을 가져올까(Will the lady/in the back seat/bring up the book/in the window?)"라고 4/4리듬으로 쓸 수 있다. 그러므로 음보가 모든 언어의 기본적인 리듬이라는 것을 알 수 있다. 예를 들어, 이 리듬은 홉킨슨(Hopkins)의 도약율(sprung rhythm)에서도 기본을 이루는 리듬이다. "황조

롱이(The windhover)"의 마지막 몇 행은 다음과 같다

놀랍도다. 쟁기질이 밭이랑을
빛나게 하고, 쟁기날로 드러난 푸른색 어두운 재, 오 그대여,
금빛 주홍으로 빛을 발하네.
No wonder of it; sheer plod makes plough down sillion
Shine, and blue bleak embers, ah my dear,
Fall, gall themselves, and gash gold vermilion.

한국 시에서 행의 개념과 영어 시의 행 개념이 동일하지 않다는 것은 분명하다. 많은 시조집에는 산문 형식으로 된 시를 다수 싣고 있으며, 가사는 마디 없는 연속적 산문 형식으로 기록되어 있다. 한국 시의 행에는 특별한 강조점을 두는 곳이 없다. 한 행에 얼마나 많은 음보가 있느냐하는 것 역시 문제시 되지 않으며, 한 음보 내에 있는 음절수 또한 의미론적 가치를 지니지 않는다.

향가에 대한 연구는 일본학자 오구라 신페이(Ogura Shimpei)(1929)의 연구로 시작되었으며, 양주동의 획기적 연구서인 「조선 고가 연구」(1942)로 이어졌다. 이에 대해 몇몇 주요한 지적이 필요하다. 우선, 신라 향가는 14수뿐이므로 보편적인 결론을 이끌어내기에 수적으로 너무 부족하다는 점이다. 둘째, 각각의 향가가 수백 년에 걸쳐 집필되었다는 점 또한 일반적 결론을 도출하는 데 어려움을 야기한다. 셋째, 텍스트 해석에 있어서 학자들 간에 엄청난 차이가 존재한다는 점이다. 신라 향가는 6세기에서 10세기 사이에 집필되었다. 이들은 4행, 8행, 10행 등 형식에서 다양성을 보인다. 4수의 향가가 4행으로 되어 있으며, 8행으로 된 것은 3수, 10행으로 된 것

은 7수가 있다. 문학사가들은 4행 향가는 단순한 민요에서 발전된 것이며, 이 4행 향가가 8행 향가, 10행 향가로 발전해 나갔다고 지적한다. 학자들에 따르면 리듬은 음보(행당 1~5개)와 각 음보 내의 음절수(1~7개)에 의해서 결정된다. 행 당 1~5개 음보가 있고, 각 음보마다 1~7개의 음절이 있는 운율은 너무 탄력적이어서 표준적 규율로 기능하기 어렵다. 더구나 향가의 경우처럼 시의 음이 어떠한지 알지 못할 때는 운율에 대해서 논하기란 불가능하다. 학자들은 음보나 음절수 분석에는 결코 의미론적 무게를 둘 수 없음을 인식했다.

향가를 번역한다는 것은 상당히 어려운 작업이다. 향가가 향찰(hyang ch'al)로 기록되어 있기 때문에 번역은 한시와 같은 분위기를 띠는 경향이 있으며, 번역가에 따라 완전히 상이한 시로 탈바꿈하기도 한다. 번역가는 향가의 가장 훌륭한 하나의 번역 또는 다양한 번역들을 선택해서 각 향가의 형식을 스스로 만들어내야 한다. 4행, 8행, 10행 형식은 지침은 될지언정 결코 표준적 규율은 될 수 없다.

1170년 무신 정변 후에 창작된 고려후기의 토착한국어 시들은 고려가요(속요)로 알려져 있다. 이 용어는 민속가요(folk songs), 민속가요에서 차용된 궁중무용음악, 불교찬가, 무속가 등과 같은 다양한 가요를 지칭하는 포괄적인 용어이다. 이들 가요들은 원래 민속가요이거나, 대부분의 경우 세속적 사랑, 성에 관한 연가(love songs)들이다. 이들은 구전되다가 세종과 집현전학자들이 15세기에 훈민정음을 창제한 후 기록되었다.

현재 남아있는 고려가요는 그 시대 대표적인 시가들이 아니다. 인기를 누린 시가들만 살아 남았다. 이들은 주로 의례에 사용되던 노래, 사랑 노래, 배반에 관한 노래 등과 같이 좁은 범위이지만 매일의 일상생활과 밀접한 내용들을 노래하고 있다. 다시 말해, 이들 시가는 신들에 대한 두려움을 지닌 남녀가 사랑하고, 미워하고, 버리기도 하고, 버림받기도 하고, 열정과 감정이 유교적 가르침 아래 감춰지지 않고 솔직하게 표출되는 일상적 세계의 다양한 사건을 다루고 있는 것이다. 불행히도, 오늘날 남아있는 고려가요들이 당시의 가요들을 대표하는 것인지 아닌지 알 길이 없다. 대부분의 고려가요는 연대를 알 수 없으며 작가미상이다.

고려가요의 세 원전은 「악학궤범」(리듬의 정전), 「악장가사」(리듬과 가사), 「시용향악보」(당대리듬악보)이다. 이들 세 권은 모두 조선시대 것이다. 악학궤범은 "동동", "정읍사","처용가", "정과정곡"이라는 4수의 고려가요를 수록하고 있다. 이 책은 다른 가요들도 기록하고 있지만 모두 한문으로 되어 있거나 조선시대에 집필된 것이다. 악장가사는 24수의 가요가 있는데 이 중 10개가 고려가요이며 나머지는 한문으로 되어있거나 조선시대에 집필된 것이다. 고려가요는 "정석가(Chongsok Ka)", "청산별곡", "서경별곡", "사모곡", "쌍화점", "이상곡(Isang Kok)", "가시리", "한림별곡", "만전춘", "처용가"이다. 「시용향악보」는 고려시대부터 조선 초까지의 향토음악을 총망라한 저서이다. 편집자와 연도는 알려져 있지 않다. 그러나 종이, 잉크, 여타 자료들을 근거로 판단할 때 이 책은 정조, 명종, 아니면 아마도 선조(16세기와 17세기 초) 시대에 집필된 것이라고 여겨진다. 이겸로(Yi kyom no)의 몇몇 시는 1954년 사진 복사되어 학계에 알려졌다. 이 책은 26수의 가사를 소개하고 있는데 이 중 10수는 아직 알려지지 않고 있다.

주석자들은 보편적 음보 형식으로 고려가요의 형식에 대해 논한다. 그들은 다음과 같은 두 가지로 형식을 구분한다.

첫째 형식은 한 행 당 3~4개의 음보가 있으며, 각 음보 당 2개 내지 3~4개의 음절이 있지만 3음절이 가장 보편적으로 사용되며, 각 연의 중간이나 끝에 후렴이 있으며, 연 수가 정해져 있지 않다.

두 번째 형식은 각 행 당 3~4개의음보가 있지만 4개가 가장 흔하게 사용되며, 음보 당 2개 내지 3~4개의 음절이 있지만 4개가 가장 흔히 사용되며, 연 수가 정해져 있지 않다.

이러한 분석은 대부분 숫자놀음에 의존하고 있는 분석이다. 따라서 각기 다른 음절과 음보 배열이 전체 시에 어떤 영향을 끼쳤는가에 대한 논의가 전혀 없다. 그러므로 우리는 이러한 분석에서 지적되는 이들 패턴들은 한국어의 자연스런 리듬일 것이라는 느낌을 가질 따름이다.

고려가요는 번역가들에게 엄청난 어려움을 안겨준다. 각각의 고려가요는 판이하게 다르다. 각 가요는 그 원전이 지닌 매력적인 미묘함을 전달하기 위해 영어로 형식을 창조해야 하는 어려움을 번역가들에게 안겨주는 것이다. "서경별곡"을 예로 들어보자.

"서경별곡"은 사랑에 빠진 여인의 노래이다. 그녀는 평양에서의 삶을 좋아하지만 사랑하는 연인을 위해 안전한 평양을 기꺼이 떠나려 한다. 안정되고 평화로운 도회지의 삶과 열정적인 관계를 맺고 있는 폭풍우 같은 사랑을 따라가고자 하는 여인의 흥분된 마음은 아름다운 대조를 이룬다. 이 시는 평양을 떠나려는 여인의 결단, 흐르는 강물, 행인을 싣는 뱃사공, 막 나룻배를 타려는 연인 등 움직임으로 가득 차 있다. 이런 움직임은 단순히 삶의 유동성만을 반영하는 것이 아니다. 마음의 끝없는 변화, 즉 사랑과 증오, 기쁨과 슬픔, 평온과 불안 등을 반영하는 것이다. 여인의 확실한 사랑은 남성의 불확실한 맹세와 강한 대조를 이룬다. 이것은 원형적인 주제이다. 그녀는 자신의 사랑이 너무나 강하기 때문에 천년동안 혼자 남겨진다 하더라도 결코 신의를 저버리지 않을 것이라고 말한다. 그러나 모든 것이 순조로운 것은 아니다. 시 전체를 통해서 두 연인들 사이의 사랑의 연대가 얼마나 불확실하게 제시되어 있는가 주목해보라. 그녀는 사랑하는 남성이 사랑을 공표했다고 결코 주장하지 않는다. 사실 이 중대한 시점에서 사랑하는 남성은 그녀의 말에 귀를 기울이는 것 같이 보이지도 않는다. 그는 이미 대동강 저쪽을 향하는 보트에 올라타고 있다. 필사적으로 그녀는 뱃사공에게 그녀의 관심을 돌린다. 도대체 이 뱃사공은 아내의 성적 욕망을 모르고 있단 말인가? 어떻게 그녀의 연인을 데리고 갈 수 있단 말인가? 라고 그녀는 절규한다. 그리고 난 후 우연히 그녀는 자신의 궁극적 두려움, 즉 강 저쪽에 엄청나게 많이 피어있는 아름다운 꽃들을 보게 되며, 연인이 강 저쪽으로 가면 저 꽃들을 꺾게 되리라는 두려움을 갖게 된다. 남편이든 연인이든 무슨 짓을 할지 누가 알겠는가. 이것이 고려시대에서 조선시대 궁중 악사들에게 전해진 그대로의 원본인지 아니면 개작된 것인지 알아내는 것은 불가능하다. 진주구슬 줄 이라는 이미지는 다른 고려시가에서도 등장한다. 그러나 이것은 덧보태진 것일 가능성이 있다. 단순하고 신선한 시에 이러한 이미지가 등장한다는 점은 약간의 조작을 가한 냄새를 풍긴다. 이 시는 차가운 이성적 논리를 지닌 시가 아니다. 이 시에 나타나는 감정이란 보편적이고 근본적인 것이므로 감정의 줄다리기는 머리에서가 아니라 가슴에서 일어나는 것이며 애처로운 미소를 통해서 전달된다.

"서경별곡"은 반복과 이중후렴을 사용해서 음악적 효과를 거둔다. 각 연의 첫 행은 구(phrase)로 시작하며 그 뒤를 3음절의 후렴인 '아 즐 가'가 따른다. 초두의 구는 둘째 행에서 반복되며 그 뒤에 두 번째 후렴인 '위 두 오 롱 숑 다 랑 디 리'가 이어지는데 이 두 번째 후렴은 번역을 시도하는 외국인 학자들에게 발음상의 어려움을 야기할 것이다. 이 후렴들은 리듬을 맞추기 위한 장치일 뿐 의미를 지닌 것은 아니다. 번역 시를 보면 첫째 후렴은 생략되어 있고 단일한 강세가 주어지는 첫 행을 사용하고, 그 뒤에 세 번 강세가 주어지는 둘째 행과 원전의 음절을 얼마간 사용하지만 모든 음절을 사용하지는 않은 3개의 강세를 지닌 하나의 후렴이 따라 나온다.

평양,
평양, 우리들의 첫 도시.
위 타 링 디 리

평화로운,
평화로운, 재건된 요새.
위 타 링 디 리

나는 작정했네,
나는 작정했네, 노자루를 떠나기로;
위 타 링 디 리

나를 사랑하시니,
나를 사랑하시니, 눈물 흘리며 나는 따르리.
위 타 링 디 리
진주 구슬,
진주 구슬, 그들은 바위위에 던지네
위 타 링 디 리

저 줄이,
저 줄이, 저 진주 구슬 줄이 두 동강 날까?
위 타 링 디 리

혼자서,
혼자서, 천년을 기다리리,
위 타 링 디 리

나의 믿음이,
나의 믿음이, 깨어질까?
위 타 링 디 리

넓고도
넓도다, 대동강이여!
위 타 링 디 리

뱃사공아,
뱃사공아, 왜 노를 젓는가?
위 타 링 디 리

그대의 아내가,
그대의 아내가, 비밀리 원하는바 그대는 모르는가?
위 타 링 디 리
그대는 모르네,
그대는 모르네, 하여 그대는 내 사랑을 데리고 떠나네.
위 타 링 디 리

저 건너,
저 건너, 향기로운 꽃들이 피어있네.
위 타 링 디 리

내님이 가면,
내님이 가면, 저 꽃을 꺾으리.
위 타 링 디 리

P'yongyang,
P'yongyang, our first town.
Wi-ta-ring-di-ri

Peaceful,
peaceful, the rebuilt fort.
Wi-ta-ring-di-ri

I choose,
I choose, to leave the loom;
Wi-ta-ring-di-ri

Love me,
love me, I'll follow in tears.
Wi-ta-ring-di-ri
The pearls,
the pearls, they drop on the rock.
Wi-ta-ring-di-ri

The string,
the string, will the pearl−string snap?
Wi−ta−ring−di−ri

Alone,
alone, for a thousand years,
Wi−ta−ring−di−ri

my faith,
my faith, will it disintegrate?
Wi−ta−ring−di−ri

How broad
How broad, the Taedong River!
Wi−ta−ring−di−ri

Boatman,
boatman, why do you sail?
Wi−ta−ring−di−ri

Your wife,
your wife, don't you know what she craves?
Wi−ta−ring−di−ri
You don't
you don't, so you take my man.
Wi−ta−ring−di−ri

Across,
across, sweet flowers bloom.
Wi-ta-ring-di-ri

If he goes,
if he goes, he'll pluck those buds.
Wi-ta-ring-di-ri

시조에 대한 본격적 연구는 1920년대 이광수, 최 남선, 안자산, 이병기, 이은상과 함께 시작되었다. 20세기에 시조가 문학 텍스트로서 모습을 드러내기 이전의 시조 형식에 관해서 확실하게 이야기 할 수 있는 것은 없다. 단지 아래와 같은 기본적 사실을 알려져 있을 따름이다.

1. 어떤 고전 문헌도 오늘날 우리가 시조로 알고 있는 약 45음절의 정형시인 삼 '장' 에 대한 언급이 없다.
2. 고려 시대로 거슬러 올라가는 것으로 주장되는 가요로 기록된 것이 20수 이하이며, 이들은 모두 18세기에 집필된 시조집에 기록되어 있다.
3. 조선 초의 많은 짧은 가요(song)가 남아있으며, 이들은 모두 개인 문집과 시가집에 기록되어 있지만 시조라고 불리진 않는다.
4. 한글은 15세기 세종 재위 시 창제되었으므로 이 시기 이전에 기록된 모든 가요(song)는 한자로 기록되어 구전되었다. 이 때문에 연대를 확정하기 어렵다.
5. 시가집이나 개인문집에서 가요들은 한자, 한글 아니면 한자와 한글 혼용으로 기록되어 있다. 이들이 시조로 불리진 않는다.
6. 이 가요들은 '가곡 창' 이나 '시조창' 을 반주로 하여 불려질 수 있다. '가곡 창' 은 다섯 '장' 과 두 개의 기악 간주곡(청염과 태염)이 있다. 이

음악은 아주 복잡하여 연주하기 힘들며 수많은 연주자가 필요하다. 전문가만이 가요 부분을 맡을 수 있다. 더구나 '가곡 창'은 광범위한 '가곡' 곡조를 사용하기 때문에 연주가 더욱 어렵다. 반면에 '시조창'은 연주하기가 훨씬 수월하다. 이것은 4개의 가요멜로디만 있다. 이 음악은 아주 간단해서 가수(singer)가 장단지를 쳐 박자를 맞추면서 상당히 수월하게 '시조 흥'을 돋운다. '장' 텍스트의 길이는 '시조창' 연주에 결정적인 역할을 한다. 너무 짧은 '장'이나 너무 긴 첫 번째 또는 세 번째 '장'은 '시조창'에서 사용될 수 없다. 반면에 중간'장'은 아무리 길어도 연주될 수 있다. '가곡 창'은 이런 문제가 없다.

7. 김천택이 엮은 「청구영언」(1728), 김 수장이 엮은 「해동가요」(1763), 박 효관과 안민영이 엮은 「가곡원류」는 가장 방대한 시집이다. 「청구영언」은 「해동가요」 처럼 연속적인 산문형식으로 된 시들을 기록하고 있다. 「가곡원류」는 오'장' 형식으로 된 시들을 기록하고 있다. 이 세 시가집 모두 음악과 함께 시를 정리하고 있다.

8. 「가곡원류」는 텍스트를 배열할 때 '가곡 창'의 오'장' 형식을 사용하고 있다. 현재 길이의 시조 대부분이 '가곡 창'과 함께 불러졌다는 것은 확실해 보인다. 연주의 어려움 때문에 오'장' '가곡 창'은 박 효관과 안 민영 생존 당시인 19세기 말기에는 쇠퇴했다. 이 때는 물론 '시조'를 짓는 작업이 이미 쇠퇴했다. 대신에 단순한 삼'장' '시조창'이 계발되었다. 삼장 '시조창'이 언제 처음 나타났는지는 확실치 않다. 그러나 19세기 중반에 사용되었다는 점은 확실하다. 안 민영은 그의 가요집(a book of his songs) 「금옥총부」에서 삼'장' '시조창' 연주에 대한 자신의 감상문을 기록하면서 이 점을 증언하고 있다. 박효관, 안민영과 같은 전문가들은 오래된 '가곡 창'에 대한 신념을 잃지 않았다. 아마도 그들은 생업을 위해서 다른 선택이 없었던 듯 하다. 그러나 '시조창'은 결국 최초의 시조 형식으로서 '가곡 창'을 대신하게 되었다. 이러한 치환과정은 60년 또는 70년에 걸쳐 점차적으로 계속되어 온 과정이었으나

1920년 대 말 경 '시조창'은 '가곡 창'을 완전하게 대신하게 되었다. '가곡 창'과 '시조창'에 대한 완전한 해석은 조 규익의 「가곡창사의 국문학적 본질」을 참조하라.

9. 새로운 시조창이 최 남선과 그 이후 학자들이 채택한 현대적 삼'장' 구조의 기본이 되는 것으로 보인다.

20세기 학자들은 음악에 대해서는 단순히 언급만 한 채 시조를 문학 텍스트인양 취급해왔다. 이러한 경향은 최근에 시조형식의 음악적 배경을 밝혀내기 위한 상당한 노력과 함께 변화되었다. 모든 학자들은 음악이 원래는 시조형식에 통합되어 있었다는 점에 동의한다. 토속한국어 가요들(The vernacular songs)은 많은 한국시인들이 언급한, 어깨를 들썩 들썩 하게 만드는 기분인 '흥'을 돋우기 위해 머리보다는 가슴에 호소하도록 되어있다. 결론적으로 말해서 시조는 흥겨움을 목표로 하는 것이다. 시조가 언문으로 지어졌고 한문이 19세기 말까지 문학 언어로 남아있었다는 점은 시조가 흥겨움을 위한 것이라는 주장에 무게를 실어준다.

전통적으로 '시조' 번역가들은 삼'장' 6행 구조를 사용한다. 번역가들은 3행, 4행, 5행, 6행, 7행 또는 더 많은 행을 사용할 수 있다. 나는 가요들이 원래 함께 사용되었던 '가곡 창'의 다섯 부분 가요 구조와 일치되는 5행 영시 형식을 선호한다. 나는 이 형식을 삼'장' '시조창'과 조합하여 사용한다. 왜냐하면 이 형식은 오늘날 한국인의 의식 속에 너무나 깊이 스며들어 있기 때문이다. 시조가 무엇이냐고 중 고등학교 선생님들이나 학생들에게 물어보면 그들은 모두 삼 '장'으로 된 시이며 행 당 15음절을 지니고 4구로 되어 있으며 전체적으로 45음절을 넘지 않는다고 대답할 것이다. 3행이며, 행 당 15음절이며 총 45음절을 지닌다는 '시조'의 구조는 분명히

'시조' 의 형식에 맞는 이론이 형성된 20세기의 산물이다. 조선시대 기록에는 이러한 구조를 입증하는 문건이 없다.

나는 5행 영시 형식을 계발했다. 그 형식이 '시조' 의 역사에서 보증된 것이기 때문만이 아니라 영어번역의 엄청난 가능성을 열어주기 때문이다. 이 형식은 '시조' 자체가 그러한 것처럼 영어권 독자에게 새롭고도 독창적인 느낌을 줄 것이며, 시조를 영어로 번역할 때 기존에 사용했던 깔끔한 6행시보다 훨씬 더 나은 형식이 될 것이다. 5행 형식은 '가곡' 의 느낌을 문학적 텍스트에 첨가해서 시조의 핵심인 한국인의 흥을 영어로 접근할 수 있도록 해 보려는 시도이다. 5행 형식은 원래 시각적 장치이다. 음악적 구조와 시적인 구조가 하나라는 주장이 제기된 적은 없다. 따라서 이러한 영어가요들을 '가곡 창' 에 맞춰 연주하는 것이 문제될 리 없다.

한국시조의 영어번역에서 5행 형식을 사용하면 시조에다 특별한 시각적 효과를 부여함과 동시에 영어시의 표준을 뛰어 넘을 수 있는 독창성을 부여해준다. 이것이 가장 중요한 점이다. 영시에서 시조와 유사한 시 형식은 전혀 없다. 그러나 불행히도 전통적 시조 번역가들은 이 점을 분명히 하지 않고 시조를 깔끔한 6행시로 만듦으로서 하이쿠의 연장된 형태처럼 만들어 버리는 경향이 있었다. 그러나 5행 형식은 번역가들이 시조의 독창성을 시조의 외적인 형식을 통해서 독자들에게 알릴 수 있도록 해준다. 그래서 기존의 번역에서는 불가능했던 시조의 외양과 시조의 산문적이고 서창적(recitative)특징을 전달할 수 있게 된다. 특이한 5행 형식, 다양한 행 길이, 특히 긴 3행과 5행, 세음절로 된 4행, 이 모든 것은 영어 시에서는 완전히 새로운 한국적 독창성을 전달해준다.

그러나 5행 형식도 몇몇 문제들이 있다. 가장 명백한 문제는 일반적으로 독립적이지만 의미론적으로는 독립적이지 않은 4행이다. 번역가는 음악적 전개와 짧은 3음절 문학 텍스트를 조화시켜야 하는 문제에 부딪치게 되는 것이다. 무의미한 어구로 전락하지 않으면서 한국어의 엄격한 3음절을 반영하는 일관적인 영어 시 형식을 갖추기란 어렵다. 따라서 영어번역에서 4행의 음절수는 다양하게 나타날 수밖에 없다. 수학적인 계산 보다 상식이 지배하게 되는 것이다. 번역은 지면위에 시각적인 감각을 드러내주는 형식을 선호한다. 그래서 번역가들은 짧은 4행을 사용하여 마지막 '장'의 첫 '구'(Ku)가 지닌 간략한 느낌을 유지하면서 긴 3행과 5행을 사용함으로써 좀 더 긴 중간'장'과 마지막'장'의 특성을 전달하고자 시도한다. 그러나 영어번역의 3행이 시각적으로 나머지 부분과 균형을 이루지 못하는 것처럼 보일 때, 예를 들어, 지나치게 긴 3행이 짧은 5행과 결합될 때 나는 3행을 나누고 들여쓰기를 해서 연결되어 있다는 것을 보여준다. 때때로 1행, 2행, 5행도 나눠서 들여쓰기로 연결을 표시한다. 보편적인 원칙은 원전의 외양과 느낌을 유지하면서 지면위에 좋은 외양으로 드러나는 시를 창조하는 것이다. 이러한 작업이 어떤 경우에는 내가 수립한 시조 형식을 깨뜨리는 것일지라도 나는 주저하지 않았다. 아래에 내가 시조번역에 어떤 식으로 접근했는가를 보여주는 예가 있다. 이 시는 안 민영의 유명한 "매화의 사" 연작에서 발췌한 것이다.

어리고 성긴 柯枝 너를 믿지 않았더니
눈 期約 能히 지켜 두 세 송이 피었구나
燭잡고 가까이 사랑할 재 暗香조차 浮動터라
I didn't believe you

on that weak, scraggy branch.
You've kept your snow pledge: two three flowers have bloomed.
Candle in hand,
I approach in admiration: a delicate fragrance wafts through the air.

'가사'라는 용어는 한국시의 가장 큰 공통분모이다. 가사는 고려가요, 경기체, 시조, 한시를 포괄하는 용어이다. 그러나 오늘날 '가사'라는 용어는 고려 말 조선 초에 시작된 구체적인 장르를 의미한다. 학자들은 이것이 4음보 구조를 하고 있다는 점 이외의 모든 점에 대해 의견을 달리한다. 그것이 산문인지 시인지에 대해서도 의견이 상이하다. 어떤 학자는 가사를 산문이나 운문형식으로 된 산문으로 간주하고, 또 다른 학자들은 가요(song)로 간주하며, 또 어떤 학자들은 이 장르를 가사가요와 가사산문으로 구분하기도 한다. 조 동일은 드라마나 서정시도 아니고 서사시도 아닌 근본적으로 교훈적인 새로운 장르라고 단정한다.

주석자들은 가사의 특징이 운율이기 때문에 불확정적 길이를 지닌 '가요'라는 점에는 대체로 동의한다. 서정적 가사는 고정된 가락에 맞추어 읊조리는 것이다. 그러므로 단어와 음악의 조화는 이 장르의 보편적 특징이다. 학자들은 3:4 운율은 양반가사에 지배적이며 4:4운율은 규방가사와 대중가사에 지배적이라고 이야기한다. 11수 양반가사에 대한 연구는 2:3, 2:4, 3:3. 3:3 그리고 4:4 운율이 90% 이상임을 보여준다. 약 반가량이 3:4 운율이며 약 1/4이 4:4운율이다. 이것은 자연스런 한국 운율의 범위를 보여주는 것일 수 있으므로 아주 중요하다. 그러나 학자들은 이러한 결론을 도출하지 않는다. 한국의 주석자들은 운율이 어떻게 작용하는가에 대해 언급하지 않으며, 수적인 변화가 지닌 의미에 대해서도 아무런 결론을 내리지 않는다. 그들은 또한 치환에 의해 확보된 효과에 대해서도 언급하지 않으며, 단어 순서를 통해 달성되는 의미와 강조점에서의 차이에 대해서도 주목하지 않는다. 그들은 숫자를 나열하는데 만족하여 그 이상의 언급을 하지 않는다. 이것은 작시법에 대한 아주 만족스럽지 못한 접근법이다.

나는 35년간 한국 고전 시들을 번역해 오고 있다. 나는 한국 토속시가에서 기교(technique)가 기술(craft)보다 훨씬 더 중요하다고 믿는다. 고려가요는 운율이라는 특징 때문에 특히 괄목할만한 한국특유의 시 유산이다. 기교는 선(Zen)에서 드러난다. 여기서 선이란 사물의 근본본성에 대한 '통찰력'을 의미한다. 한시를 위시한 한국의 훌륭한 시들은 선사상이 넘쳐난다고 할 수 있다.

한국 자국어 운문을 외국어로 번역할 때의 주안점
-러시아어 중심으로-

구리예바 아나스타시아(세인트피터스버그 국립대학교, 러시아)

한국 자국어 운문을 외국어로 번역할 때의 주안점이라는 주제를 연구하면 100년을 넘는 러시아에서의 한국학 전통을 기반으로 놓고 1940~50년대부터 이어진 한국 자국어 고전 시가 번역/연구의 경험과 방법을 고려해가면서 서술해야 한다. 현재까지 향가, 시조, 가사 문학의 주된 작품 대부분이 러시아어로 번역되었고 장르자체가 연구의 대상이 되었다.

본 글에서 "남훈 태평가"(南薰太平歌)라는 가곡집에 수록된 텍스트를 예문으로 들고자 한다. "남훈 태평가"(南薰太平歌)는 편찬가 미상의 19세기의 가곡집이다. 시조, 가사(십이 가사의 종류), 잡가 장르의 작품이 수록되었다.

언급한 텍스트를 번역하는 과정에 텍스트에 있어서의 여러 가지 특징을 주의해서 번역하는 것이 중요함을 다시 알게 되었다. 번역할 때의 주안점이 되는 그 특징을 본 글에서 보고자 한다.

Ⅰ. 고전 시가 번역에서의 주안점

1. 중국 고전 문학에서 받아들인 한문 표현(Borrowed Chinese Images)

한국 고전 문학 텍스트의 중요하고 불가분한 일부분의 요소는 중국 고전 문학의 한문 표현(형상)들이다. 특히 시조, 가사 같은 고전시가의 텍스트에서 특별한 역할을 한다. 각 표현들은 조선 독자들이 잘 알고 익숙한 구체적인 상징을 표시한다.

그 표현들은 문법적으로 한문 문법으로 구성됨으로써 텍스트의 구조적 특징에 영향을 끼친다. 또 예술성/시성의 표상으로서 텍스트에 있어서 예술성을 형성하는데 한 몫을 한다. 따라서 텍스트에서 그 표현들의 역할과 의미가 아주 중요하다. 표현들은 텍스트적 특성을 만드는 요소들 중의 하나로서, 고전시가를 번역할 때 반드시 번역문에 반영해야 할 요소가 된다. 그러나 중국 문화 전통과 직접 연관이 없는 러시아어를 포함한 서구 외국어들 같은 외국어로 옮기기가 여간 어렵지 않다.

번역할 때 주안점이 되는 한문 표현으로 나오는 텍스트적 특징은 다음과 같다.

(1) 이중언어적 텍스트
(2) 한 두 개의 문자로 한 단어를 표현하는 한문 문법으로 조직한 한문 표현의 간결함으로 인한 구조적 특징
(3) 중국 한시나 조선 한시의 간접적인 인유(allusions): 러시아어로 옮길

때 인유가 된 표현의 성격을 합당한 표현으로 찾아서 옮겨야 한다.

(4). 중국 한시나 조선 한시의 직접적인 인용(citations): 인용되는 시의 러시아어 번역문이 있는가의 여부를 확인해서 옮겨야 한다.

(1) 한국어(조선어)와 한문으로 만든 이중언어 텍스트

원문의 텍스트가 다 한글로 되든 한자와 섞어서 되든 언어 자체적으로 보면 텍스트가 두 가지 언어 즉 한국어(조선어)와 한문으로 만든 것이다. 러시아어로 번역할 경우, 번역문에 이중언어적 성격이 없어진다. 따라서 한문 표현이 보편적으로 흔히 쓰는 상징일 경우 번역문에서 "…라는 말이 있듯이", "시에서 말하듯이" 등의 도입부를 쓴다. 예를 들어 "남훈 태평가"(南薰太平歌)에서 수록된 小春香歌에 있는 행 중에 "綠陰芳草 勝花時"가 있다. 그 말은 중국/한국 고전시가에서 널리 쓰는 말로써, 여름을 상징하고 독자들에게 구체적이고 특별한 형상을 연상시킨다. 번역할 때 위에서 언급한 바와 같이 "말하는 듯"("as they say", "as it is said")이라는 수식어를 붙인 다음에 표현자체를 옮긴다. 이 수법은 고전 시가뿐만이 아니라 다른 한국 고전 문학을 번역할 때 있어서, 상트-페테르부르그를 중심으로 한 러시아에서의 한국학의 전통이 되었다.

(2) 한문 표현의 간결함으로 인한 구조적 특징

한문은 한두 개의 문자로 한 단어의 뜻을 표현하고 한문 문법도 한두 개의 문자가 문장내의 문법적인 연관을 형성하기 때문에 한문으로 된 문장이 외국어로 된 문장보다 짧고 간결하다. 같은 뜻을 외국어로 전하면 문장이 많이 길어진다. 가사 相思別曲에서의 한 행을 예로 들면: "一朝郎君 離別

後에 消息조차 零落하니"라는 구절이 있다. 이만큼 많은 정보를 한 개의 행 안에 표현할 수 있는 것은 거의 전체의 행이 한문으로 되어있기 때문이라고 볼 수 있다. 그런데 시를 러시아어로 번역할 때는 긴 문장이 된다.

따라서 한문 표현이 있는 시의 구조의 행렬이 일정하지 않다.

예를 들면 處士歌에서 행마다 행간 휴지 앞부분은 한문으로 돼 있는가 하면 행간 휴지(cezura) 뒷부분은 한국어로 된다. 몇 줄을 예로 들 수 있다.

景概無窮 됴을시고 山林草木 푸르엇다.
蒼岩屛風 둘너는듸 白雲深處 되어셰라

러시아의 중국학 전통으로는 한시를 번역할 때 행을 행간 휴지로 나누어서 번역한다. 따라서 중국 원문의 행은 러시아어 번역문에서는 각각 두 개의 행이 된다. 한국학에서도 시조 텍스트를 위와 같은 방법으로 번역한다. 그런데 시조나 가사문학 텍스트는 한문뿐 아니라 한국어로 된 문장도 많다. 그래서 한문 표현이 있는 시 번역문의 문장 길이가 일정하지 않다. 따라서 행간 휴지로 나누어서 번역하는데 있어 단어를 모색할 때 그 의미와 형상뿐만이 아니라 구조적인 조건을 생각하면서 그 단어의 길이/구조까지 고려하는 것이 좋다.

(3) 중국 한시나 조선 한시의 간접적인 인유(allusions)

러시아어로 옮길 때 인유가 된 부분의 성격에 적합한 표현을 찾아서 옮겨야 한다.

예를 들자면 꿈과 현실에서의 사랑이 주제가 되는 가사 春眠曲에서 장자의 "나비의 꿈"에 대한 인유가 중요한 역할을 한다. 楚夢이 多情하다. 따라

서 번역문에서 그 형상을 번역할 때에 다음 같은 부언설명을 할 수 있다:

"[장자가 초나라에서 꾼] 꿈이 다정하다"라고 할 수 있다.

(4) 중국 한시나 조선 한시의 직접적인 인용(citations)

위와 같이 러시아어로 옮길 때 합당한 표현을 찾아 옮겨야 하는데다가 인용한 시가 러시아어로 번역한 적이 있는지 확인해야 한다. 만약 출판된 번역문이 있으면 그 표현을 찾아 사용해서 옮기는 것이 좋다.

예를 들면 春眠曲에서 다음과 같이 두견새의 울음이 주인공의 정서를 강조하고 표현한다.

슯흐다 뎌 새소리 내말갓치 불여귀다.

번역문에서는 촉의 望帝의 죽은 혼이 두견새가 되어 울 때 하는 말을 인용한 여러 가지 중국시가 러시아어로 번역된 것이 있다. 그러므로 본 표현을 그 번역문에 따라 번역하는 것이 좋다.

2) 구조적/시적 기법

각 고전 시가 장르는 특별한 구조적/시적 기법을 쓴다. 그 중 도치법(inversion), 대구법(parallelism) 등을 예로 들 수 있다. 그 기법들은 각 텍스트의 구조적 기반이 되는 특징때문에 번역문에서 빠질 수 없다. 위의 기법들은 모두 문법의 구조에 따라 형성된다. 그러나 한국어와 러시아어의 문법 구조가 판이하기 때문에 러시아어로 번역할 때에는, 러시아 어순과 비슷한 수단을 찾아서 옮겨야 한다.

(1) 도치법

"남훈 태평가"(南薰太平歌)에서 수록된 가사인 相思別曲 중에

"보고지고 임의 얼굴 듣고지고 임의 소리"

라고 하는 행이 있다.

이 행을 러시아어로 번역할 때 위에서 설명한 기법을 고려하는 것은 중요하며, 동시에 러시아어의 문장법에 따라 번역해야 한다. 이 행의 경우에 앞뒤 어순이 바뀐 것이므로 러시아어 번역문에서도 어순을 바꾸는 것이 가능하다. 한국어 원문과는 조금 다른 순서가 되겠지만, 번역문에서는 번역의 목적은 바로 기법 자체의 전달에 있기 때문이다.

(2) 대구법

대구법도 같은 식으로 번역한다:

"梧桐夜雨 성긴비에 밤은 어이 더디 가고
綠楊芳草 저문 날에 해는 어리 수이 가노"(相思別曲에서)

본 예문에서 두 행은 구조가 같다. 즉 첫 부분은 한문 표현의 서술로서 시간을 상징한 것이다. 그 뒤에 그 표현을 설명하는 한국어가 나온다. 행간 휴지 후 문법적으로나 구조적으로 같은 문장이 있다. 러시아어에서도 그 구조의 동일성을 전하는 것이 본 행의 아름다움을 제대로 전달하는 것이다.

3) 주석이 필요하다

위에서 언급했다시피 한국고전시가의 예술성은 번역물로 전하기가 쉽지 않은 특별한 수단과 기법으로 만들어졌다. 위에서 본 방법을 사용함으로써 번역문에서 그 예술성과 시성을 보존(유지)할 수 있지만 추가로 주석이 필요한 경우도 적지 않다. 번역문 텍스트에서 설명을 위한 도입부를 사용함으로써 텍스트의 동일성에 방해가 될 경우에는 따로 주석을 쓰는 것이 좋다. 주석이 필요한 요소를 주로 다음과 같이 분류할 수 있겠다.

상징(은유)
인유/인용
전통적인 형상
지명, 역사적 사건이나 인명
상징(은유)과 인유/인용을 좀 더 자세히 보고자 한다.

(1) 상징(은유)

은유는 자국어 고전시가에서 가장 보편적인 시적 기법 중에 하나다. 시간, 공간, 정서, 성격, 상황, 인간의 외모나 특성 등을 가리키는 상징으로서 텍스트에서 사용한다. 그 은유의 대다수는 한문 표현으로, 위에서 언급한 주제와 직결된다. 많은 은유들은 시뿐만 아니라 소설을 포함한 고전 문학 작품들에서 연속적으로 나오는 한문 표현들이다. 相思別曲에서 예를 들자면 내용을 보충하는 은유를 들 수 있다. 여자 주인공이 가사의 주제가 되는 님과의 이별을 그리면서 님과 자기 자신을 가리킬 때 은유를 쓴다.

《山鷄野鶩 길을 들여 놓을 줄 모르는가,
路柳墻花 꺾어 쥐고 춘색으로 다니는가》

본 은유는 보편적인 것으로서 이 표현을 읽는 독자가 구체적인 형상을 감지하기 때문에 은유는 독자가 상황을 상상하는데 도움이 된다. 러시아어로 직접 옮기면 아름다운 말이 되지만 은유의 의미가 모호해질 수도 있다. 따라서 외국독자가 텍스트를 충분히 이해하게끔 주석을 써서 은유의 뜻을 설명하는 것이 그 방법이다.

(2) 인유/인용

인유/인용의 경우에도 주석이 필요하다. 위의 본 예문은 텍스트에서도 직접 보충설명이 가능하지만 충분히 설명이 안된다. 따라서 주석에서 형상의 원천과 의미를 좀 더 설명할 수 있다. 특히 연구 목적 외에 동양 문화를 잘 모르는 일반 작가를 위한 번역문인 경우에 그 설명 없이 텍스트의 미학과 심도를 전하기가 불가능하다고 할 수 있다.

전통적인 형상과 지명, 역사적 사건이나 인명의 경우도 마찬가지다. 예를 들어 處士歌에는 화자가 자연의 아름다움을 풍월하면서 다음과 같은 표현을 쓴다:

"箕山潁水에 아니냐 別有天地 여긔로다".

기산과 영수란 중국 지명인데 해석이 없으면 그 뜻을 알 수 없는데다, 본 시가의 맥락에서 그 형상의 의미와 미학에 대한 이해도가 떨어진다.

또 같은 시에서

"淵明五柳심오신데 千絲柳支느러졋더"

본 시의 전체적인 문맥은 陶淵明이 지은 시와 기분이 비슷하다. 따라 陶

淵明의 이름과 오류라는 그에 대한 인유가 시를 장식하고, 화자가 자신을 중국 시인에 비유하는 것은 자연을 배경으로 반복되는 시간의 개념을 전한다. 그러므로 陶淵明과 그와 관련 형상을 반드시 해석하여 설명하는 것이 중요하다.

2. 현대 시 번역에서의 주안점

자국어 고전시가에서 볼 수 있는 특징은 현대시 번역에서의 주안점과 관련 없는 것이 아니다. 그 특징은 정현종이라는 현대시인의 작품을 중심으로 볼 수 있다.

1) 서양문화에서 받아들인 형상

서양문화에서 받아들인 외래어나 형상이 정현종의 시에 적지 않고, 내용적으로나 예술적으로 시에서 중요한 역할을 한다. 그 형상을 다음과 같이 분류할 수 있다.

한글이나 외국어로 쓴 외래어
한문이나 한국 고유단어라도 한국시의 전통적 관점으로는 새로운 언어가 된다.
인유, 직접적인 인용(성서에서 받아들인 형상)
서양문화 지명이나 인명

(1) 한글로나 외국어로 쓴 외래어

작품명에서도, 텍스트 안에서도 많이 사용한다.

(2) 한문이나 한국 고유단어라도 한국시의 전통적 관점으로는 새로운 언어가 된다.

"사과", "전등", "밤참" 등이 있다.

(3) 인유, 직접적인 인용(성서에서 받아들인 형상)

정현종의 초기 시를 비롯해서 작품세계에서 성서의 간접적인 인유(allusion)와 직접적인 인용(citation)이 많다. 예를 들면 "사물의 정다움"이라는 시에서 "헛되고 헛됨"이라는 구절이 있다. 성서 구약 전도서의 인용이 되는 이 말이 시 내용 따라 화자의 인생에 대한 실망을 말한다. 또 3가지 연(stanza)으로 나눈 이 시의 연마다 성서적 형상으로 볼 수 있는 단어나 표현이 있다. 즉 시의 화자가 인생에 실망하다가 구원이 왔다 하고 그 주제를 본다. 따라서 번역할 때 그 단어와 표현들의 의미를 찾아서 적합한 표현으로 번역하는 것이 중요하다.

(4) 서양문화 지명이나 인명

위에서 예문이 된"사물의 정다움"이라는 시에서 "오비드의 헤매는 침대"라는 형상이 있다. 시 맥락에서 그 형상이 화자가 겪고 있는 쾌락의 상징으로 사용한다.

2) 구조적/시적 기법

정현종은 다양한 기법의 구조를 사용하고 있다. 그 기법 자체는 한국고전 시가의 기법과 비슷하지만 텍스트의 역할은 조금 다르다. 1910~20년

대부터 이상을 비롯한 한국 시인들은 텍스트의 구조에 대한 실험을 해왔다. 20세기 후반에 시인이 된 정현종도 예외가 아니다. 그가 사용한 기법 중에는 도치법(inversion), 두운법(alliteration), 대구법(parallelism), 도약법(enjambement) 등을 사용한다. 그 모든 기법들을 러시아어로 옮길 때는 러시아어의 문법과 문장법에 따라 번역해야 한다.

Enjambement도약법의 예는 정현종의 후기 시에서 자주 볼 수 있다. 예를 들면 "그 가벼움. 페테르부르그 시편 3"이라는 시에서 두 번이나 사용되었다.

"이 도시의 고통과 생존과 우리의
발걸음의 모든 무거움을 단숨에
기화시키는 그 가벼움에 나는
손바닥이 아프도록 찬탄했으니"…

도약법은 러시아에서 발레를 보면서 느끼는 감동에 대한 이 시의 주제와 관련된 것이 아닌가 해석을 할 수 있다. 즉 발레리나가 도약할 때의 가벼움을 묘사하면서, 행에서 다음 행으로 도약하듯이 이어지는 기법으로 그 도약의 느낌을 준다.

두운법의 예를 들자면 "데스크에게"라는 작품에서 마지막 구절은 아래와 같다.

"그러나
그러면 날개를 기다릴까

어리석다
그리고 부러운 자가 있는 것 같다.
구름이나 기차
구름이나
기차, 또는 거북이나
차별 없는 폭풍이"

본 예문에서 보다시피 구절의 거의 각 행마다 "ㄱ"으로 시작한다. 동시에 시를 쓰는 작업의 어려움에 대한 이 시에서는 영감을 날개에 비유하고 있는데 화자가 날개를 가진 것을 부러워한다. "날개"란 단어에 "ㄱ" 낱말이 들어있고, "ㄱ"은 시 전체에서도 자주 쓰는 낱말이며 의미가 중요하다. 따라서 마지막 구절의 이 특징은 우연한 것이 아니라 일부러 쓰는 기법인 것을 확실히 알 수 있고 번역문에서도 전달하는 것이 좋다.

3. 결 론

고전 시가/현대 시에서의 특징을 비교해보면 여러 비슷한 점을 찾을 수 있다. 위에서 언급한, 현대 시가 서양 문화에서 도입한 형상들은 한국/동양을 벗어나 범세계적인 문학/예술/문화 전통으로의 접근을 강조하는 수단으로서 중요한 역할을 한다. 인유는 심도가 있는 개념을 내재하거나 혹은 텍스트를 해석하는 열쇠가 된다. 지명/인명은 주로 상징으로 사용된다. 그 특징은 고전 시가와 현대 시에서의 받아들인 형상/표현을 적용하는데 비슷한 경향이 있다고 지적할 수 있다. 전자는 중국 고전 전통을 기반으로 시의 표현성과 예술성을 풍부하게 하는 수단이며, 중국 문학 전통과 접하는 요소이다. 후자는 서양/세계 문화의 전통과 관련된 것인데, 서양 문화에 이르는 방법이며 시의 표현성을 도와주는 것이다.

현대 시에서의 구조적/시적 기법은 고전 시가에서 사용하는 기법과 마찬가지로 러시아어 문장법과 직결된다. 따라서 번역문에서 러시아어 문법/문장법 수단으로 전할 부분이다. 양 시대의 기법들은 비슷하기는 하지만 그 목적은 다를 수도 있고 현대에는 기법이 다양해지는 것을 볼 수 있다. 또 현대 시에서는 전통과 혁신성의 새로운 요소가 나타난다.

계명대학교 한국학연구 총서 21

한국학 고전 자료의 해외 번역 : 현황과 과제

1판 1쇄 | 2008년 6월 30일
1판 2쇄 | 2008년 12월 5일

저 자 | 조동일 외
펴낸이 | 신일희
펴낸곳 | 계명대학교출판부
704-701 대구시 달서구 달구벌대로 2800
전화 053-580-6233 팩스 053-583-5213

등록 | 1970. 9. 1. (신고번호 제347-1998-1호)

ISBN 978-89-7585-425-5 93000

값 16,000원